Research on the Integrated Criminal Governance of Internet Financial Crimes under the New Technological Revolution

# 新科技革命下

# 互联网金融犯罪的刑事一体化治理研究

宁势强 著

东北财经大学出版社
Dongbei University of Finance & Economics Press
大连

**图书在版编目（CIP）数据**

新科技革命下互联网金融犯罪的刑事一体化治理研究 / 宁势强著. —大连：东北财经大学出版社，2025.7. —ISBN 978-7-5654-5719-7

Ⅰ. D924.334

中国国家版本馆CIP数据核字第20251RS407号

**新科技革命下互联网金融犯罪的刑事一体化治理研究**

XIN KEJI GEMING XIA HULIANWANG JINRONG FANZUI DE XINGSHI YITIHUA ZHILI YANJIU

东北财经大学出版社出版发行

大连市黑石礁尖山街217号　邮政编码　116025

网　　址：http://www.dufep.cn

读者信箱：dufep@dufe.edu.cn

大连永盛印业有限公司印刷

幅面尺寸：170mm×240mm　字数：268千字　印张：18　插页：1

2025年7月第1版　　2025年7月第1次印刷

责任编辑：石真珍　孙晓梅　　责任校对：何　群

封面设计：原　皓　　版式设计：原　皓

书号：ISBN 978-7-5654-5719-7　　定价：90.00元

教学支持　售后服务　联系电话：（0411）84710309



如有印装质量问题，请联系营销部：（0411）84710711

本书受中国政法大学科研创新项目资助（25KYHQ002），中央高校基本科研业务费专项资金资助（supported by “the Fundamental Research Funds for the Central Universities”），系国家社会科学基金后期资助项目（24FFXB078）阶段性成果。

# 序言

随着新科技革命的到来，互联网金融行业迎来了前所未有的扩展与创新，数字化、智能化技术的广泛应用使得金融服务更加高效、便捷。然而，伴随着这一系列技术进步，互联网金融犯罪也呈现出前所未有的复杂性和多样性。这些犯罪行为不仅涉及金融科技和网络技术的深度融合，还表现出隐蔽性强、技术水平高、跨领域且国际化的特征，尤其是基于大数据、区块链、人工智能等技术手段的犯罪活动，已经打破了传统犯罪治理模式的界限和惯性思维。互联网金融犯罪的技术特征使得其侦查和打击工作变得异常复杂。传统的刑事司法体系在面对这些新型犯罪时暴露出明显的滞后性。如何在新科技革命的背景下，构建一个能够应对数字技术带来的互联网金融犯罪新挑战的刑事治理体系，成为亟待解决的关键问题。

本书的特色在于提出并探讨了刑事一体化治理的思路。在面对复杂多变的互联网金融犯罪时，单一的法律规范和治理手段往往难以形成有效合力，而刑事一体化治理强调通过不同法律领域的协同、技术工具的合理运用以及多学科的融合，形成一个动态且高效的治理体系，通过技术赋能和法治保障的有机结合，实现跨部门、跨领域的全方位治理，打破现有治理框架中的孤立性与碎片化，使得互联网金融犯罪的治理更加系统化、精准化和可持续。

本书的第一章探讨了新科技革命下互联网金融犯罪的现象与特征，通过系统分析互联网金融的技术性、跨域性和隐蔽性，揭示了这一新型犯罪在法律适用和治理中的难点。第二章提出了刑事一体化治理的理念，强调整体性和系统性对互联网金融犯罪进行全方位的把握，强调跨学科、跨领域的深度融合对于实现犯罪预防、追诉和治理的整体效能。后三章分别从刑法、刑事诉讼法和侦查学三个角度综合理解和探讨了刑事一体化治理问题。其中，第二章从刑法视角深入分析了互联网金融犯罪的实体法应对问题，明确了如何通过刑法的规范与调整，完善对互联网金融犯罪的刑事规制。该章特别聚焦于犯罪构成的厘清、平台责任的认定以及如何处理共犯等问题，为法律在应对互联网金融犯罪时提供了更加系统和具体的指导思路。第四章从刑事诉讼法的角度讨论了在数字化与技术化背景下，如何对互联网金融犯罪案件的诉讼程序进行适应性改造，特别是在证据审查和程序合法性方面的变革。通过对互联网金融犯罪案件诉讼理念的转型和程序机制的数字化赋能，该章提出了如何使刑事诉讼程序更好地适应新型金融犯罪的需求，确保在技术发展的背景下，司法公正和程序正义能够得到有效保障。第五章则从侦查学的角度，聚焦于互联网金融犯罪案件的侦查创新与数字化革新，分析了互联网金融犯罪案件侦查中的新困境与新挑战，并提出了如何通过技术创新提升侦查效率。该章探讨了如何在高科技背景下引入大数据分析、电子取证等技术手段，增强公安机关的侦查能力，以及如何借助数字化手段克服传统侦查方式在互联网金融犯罪案件中的局限性。

本书从三个不同的视角力图全面系统地展示如何在刑法、刑事诉讼法和侦查三个领域实现刑事一体化治理，突出技术与法律的融合。三者的有效结合不仅能够更好地应对新科技革命带来的互联网金融犯罪问题，还能推动刑事司法体系在面对新型犯罪挑战时的有效转型与发展，最终实现更加精准、全面的犯罪治理。

尽管恪守严谨规范的态度，但由于作者学术功底与专业理解的欠缺，本书必定还存在诸多不足之处，希望读者们批评指正。

著　者

2025年5月

# 目录

# 第一章

# 互联网金融犯罪刑事治理现状审视

## 第一节　新科技革命的内涵、特征及影响

### 一、新科技革命的内涵、特征与意义

（一）新科技革命的内涵

自18世纪中叶以来，人类已经经历了三次重大的科技革命，每一次都深刻改变了社会的生产方式与经济结构。第一次科技革命中，蒸汽机的发明开启了蒸汽时代，极大地提升了机械化生产效率，推动了社会的工业化进程；第二次科技革命中，电力设备的普及使人类进入电气时代，不仅提高了能源利用效率，还为通信和运输等行业注入了新的活力；第三次科技革命以电子计算机、原子能以及空间技术的发明和应用为标志，使全球经济与社会结构发生了颠覆性变化，人类由此迈入了信息化时代。[①]如今，随着第四次科技革命的加速推进，以人工智能为核心的智能技术正引领全球变革浪潮。

这场科技革命不仅展现了多学科技术的深度融合，也深刻影响了传统生产模式，推动经济与社会发展进入全新的运行逻辑。从智能制造到生命科学，从数字化金融到清洁能源利用，以计算机数字算法为基础的底层技术持续推动数字经济的发展和传统产业的数字化转型，这次革命在多个领域取得了重大突破。[②]可以说，新科技革命是指以信息技术、人工智能、区块链、量子计算、生物技术、材料科学等为代表的前沿技术群体所引发的生产方式、经济结构和社会组织形式的根本性变革。[③]不同于以往的工业革命和信息革命，新科技革命不仅涉及单一领域的技术突破，更是各类高新技术的集群式、交叉式、融合式发展。

（二）新科技革命的特征

首先，新科技革命的显著特征是技术突破逐步超越了单一学科的

---

① 邱耕田，强竞丹．人工智能时代的新科技革命：特点、风险和应对［J］．阅江学刊，2024，16（4）：5-14；170．

② 李韵，李皎．“算法革命”背景下数字帝国主义的政治经济学批判［J］．教学与研究，2023（12）：73-84．

③ 王婧．新一轮科技革命的发展特征、影响及举措建议［J］．发展研究，2025，42（2）：25-29．

界限，通过跨领域的协作释放出更大的创新潜力。例如，人工智能结合大数据，为医疗诊断和自动驾驶等领域开辟了新方向。与此同时，区块链与物联网技术的深度融合，推动了去中心化应用的发展，智能合约的普及和去中心化金融（Decentralized Finance，简写为DeFi）的兴起就是其典型的代表。再如，生物技术与材料科学的协同合作，为基因编辑技术和新型材料的研发提供了全新的可能性。这些技术之间的相互作用，不仅显著扩展了应用场景，也重新定义了行业发展的方向与模式。

其次，在新科技革命的背景下，数据不仅是技术运行的核心基础，也是推动经济增长和市场竞争的关键资源。人工智能、大数据和云计算等技术的发展，使得数据的收集、分析、存储和交易成为经济活动中至关重要的一环。[①]数据被形象地称为"新石油"，是各类平台企业实现市场竞争优势的重要战略性资源。快速崛起的平台经济，正是以数据垄断和算法驱动为基础，创造了一种全新的商业模式。[②]例如，在金融行业，互联网金融企业依靠用户交易记录、信用历史和社交网络数据，精准构建用户画像，并以此开展营销、风险评估以及定制化的金融服务，形成了一个高度智能化的金融生态系统。

最后，新科技革命的另一重要特征是技术的自主进化能力，这显著区别于以往需要高度依赖人为控制的技术系统。自主学习与优化的特性体现了技术系统逐渐摆脱人工干预的趋势，并开启了一种全新的自动化发展模式。例如，深度学习模型的应用就是新科技革命技术自治的重要表现之一。通过对大规模数据集的训练，自主学习模型能够在不断地迭代中优化算法，生成更加复杂且高效的模型结构，从而在图像识别、语言处理等领域取得突破性进展。自动驾驶技术也是技术自治在现实应用中的典范，通过场景模拟和反复测试，系统不断完善导航策略和避障能力，表现出智能化的自我改进功能。

（三）新科技革命的意义

新科技革命的意义不局限于技术和经济的革新，更在于它对全球

---

① 黄少安，王晓丹．"数字化经济"：基本概念、核心技术和需要注意的问题［J］．山东社会科学，2023（1）：82-88．

② 欧纯智，贾康，张晓．平台存在的意义在于促进更广泛的低成本交易——我国平台经济的反思与前瞻［J］．上海商学院学报，2025，26（1）：31-44．

社会和文明发展的深远影响。从技术层面看，新科技革命以人工智能、大数据、区块链等核心技术为支柱，打破了传统产业的界限，通过技术融合驱动生产效率的全面提升，催生了数字经济、智能制造和绿色能源等新兴产业①。从经济角度看，新科技革命推动了资源配置的精准化和生产关系的重构，通过数字化转型释放了经济潜力，为经济的可持续发展提供了新的动能②。更重要的是，这场革命为迎接全球性挑战提供了新工具。从社会层面看，新科技革命正在深刻改变人类的生活方式，推动社会向智能化、便利化和高效化方向迈进，同时也给信息共享、知识传播等领域带来巨大革新。然而，新科技革命带来的影响并非全然积极。从法律和伦理的角度看，技术进步的速度远远超出了社会治理和规范体系的适应能力。数据隐私、算法偏见以及技术失控等问题都对社会的公平性和安全性构成了挑战。③与此同时，这场革命的成果分配不均，也可能进一步加剧数字鸿沟，导致区域和阶层间的不平等。

新科技革命是一场潜力与挑战并存的全球性变革，其意义不仅在于推动人类社会进入数字化与智能化的新时代，还在于启发我们如何以负责任和可持续的方式利用科技力量，引导技术变革服务于全人类的共同利益。这一时代要求人类以更加开放的心态、更具前瞻性的思维和更健全的治理框架，应对新科技革命带来的复杂问题，从而塑造一个更加包容、公平和可持续的未来。

## 二、新科技革命的技术特性

### （一）新科技革命的智能化特性

新科技革命的智能化特性标志着技术系统从人类辅助工具逐渐向自主决策主体的方向转变。自主学习的核心在于机器通过算法模型的自我迭代与优化，形成独立于人类预设框架的决策能力。④这种智能

① 邢璐璐. 数字经济对制造业绿色发展的影响［J］. 大众投资指南，2024（16）：25-27.

② 许行舟. 产业数字化转型对我国经济高质量发展的影响研究［J］. 经营与管理，2025（3）：232-240.

③ 唐素琴，魏旭丹，赵宇. 新科技革命对法律的挑战及应对［J］. 科技智囊，2023（2）：44-52.

④ 孙全胜. 人工智能的机器学习助力数字法治政府建设的机理、挑战与路径［J］. 学术交流，2023（12）：17-33.

化并非局限于效率提升的表层变革，而是触及社会权力结构的深层重构。当深度学习模型通过海量数据的自我训练产生不可解释的决策逻辑时，我们传统的人类中心主义技术观将遭遇挑战。事实上，这种技术系统的自主性并非一蹴而就，而是一个递进的过程。我们可以把它的演进划分为三个阶段：

第一，初级阶段是规则驱动的自动化，即通过预定义的规则和逻辑进行决策和执行任务，此时的自动化适用于完成简单的任务。以量化投资服务为例，我们要通过人工建立合适的算法才能对以往累积的金融服务数据进行自动化分析，从而得出资产配置方案。此阶段的自动化能力相对较弱，而且分析结果依赖于算法的完美程度，不能应对复杂的情况，更不能预测未来。

第二，中级阶段是数据驱动的适应性学习，即通过收集大量数据并使用算法进行训练和学习，从而做出决策和执行任务。此阶段的自动化已经能够应对复杂多变的外部环境，也能够处理大量不确定性和变化。需要注意的是，它对数据质量和计算平台要求高，有一个说法可以概括此阶段的自动化："有的时候数据的作用会大于算法的作用。"[①]与初级阶段相比，此时即使你的算法不够完美，只要你的数据足够优质，也能够超过规则驱动的自动化。

第三，高级阶段是目标驱动的创造性演化，以实现特定目标为导向，通过设定目标并利用算法进行优化和决策。这种阶段性的演进使得技术系统逐渐突破工具属性，形成具有价值取向的行为模式。相较于前两个阶段，此阶段我们需要明确自己的目标，学会提问是获得良好效果的关键。在金融领域，智能化表现为风险定价模型从静态规则向动态博弈的转型，算法不仅能够预测市场波动，而且能够通过高频交易主动塑造价格趋势。然而，技术自主性的深化也导致责任归属的模糊化，当算法决策引发系统性风险时，既有的法律框架难以追溯技术黑箱中的因果链条。

（二）新科技革命的去中心化特性

新科技革命的去中心化特性将重塑工业文明层级化的结构，通过

① 何平平，范思媛，黄健钧．互联网金融［M］．2版．北京：清华大学出版社，2023：25.

分布式账本、共识机制与智能合约技术构建新型社会信任体系。这一特性会对社会管理结构产生较大影响。传统科层体系通常依赖于中心化的管理模式，而新科技革命则通过技术手段推动了去中心化趋势。数学算法以其可量化、透明和精准的特性，逐步取代了传统科层结构中人为决策所体现的权威性。这种技术推动的客观性，减少了主观因素对决策过程的干预，提高了效率和公正性。事实上，新科技革命通过去中心化的特性，也揭示了其本身的矛盾性。本质上，区块链技术虽然以节点民主为初衷，但在实际运行中却可能演变为算力和代币持有量的资本竞争场。因此，具体应用新科技革命给我们带来的这一特性时，应当注意对事物本身进行审查，避免事物本身形成特权而成为数字飞地。

（三）新科技革命的平台化特性

新科技革命中的平台化特性已成为一种全新的权力架构，通过数据的垄断和算法的控制形成了数字时代的技术主导力量。这一特性集中体现了新科技革命对市场结构的重塑逻辑，其核心在于网络效应取代了传统的规模经济，数据资产成为替代实体资本的重要资源，生态系统的建立取代了单一产品之间的竞争。平台经济的迅速扩张源于新科技革命中特有的正向反馈机制。用户行为数据通过机器学习不断优化服务质量，而服务的改进反过来又吸引更多用户参与，从而产生新的数据，最终形成了一个自我强化的闭环。由此，平台经济得以实现指数级的增长。与传统企业依靠控制生产要素的方式不同，平台型企业的主导地位源自其对交互界面、数据流通和算法规则的全面掌控。在金融科技领域，这种特点尤为明显。超级App将支付、信贷、理财等功能高度整合，形成了数字生态闭环。用户一旦融入其生态系统，其行为数据便被平台转化为信用资产，进一步实现了越使用越精准、越精准越依赖的模式。

（四）新科技革命的虚拟化特性

虚拟化特性是新科技革命最富哲学意义的突破，通过数字孪生、元宇宙与非同质化通证（non-fungible token，NFT）技术构建起平行于物理世界的价值维度。这一特性从根本上挑战了工业文明基于物质稀缺性的价值认知框架，将经济活动从实体约束中解放出来。新科技革命的虚拟化进程包含三重跃迁：一是价值载体的符号化，区块链通证技术使任意形态的权益均可转化为可编程数字凭证；二是价值创造的脱域化，智能合约支持跨时空、跨主权的自动交易执行；三是价值评价的多元化，注意力经济、社交资本等非物质指标成为价值衡量的新尺度。这种特性暴露出法律系统在应对数字原生资产时的认知滞后问题，更深层的矛盾在于虚拟化模糊了经济行为与数字游戏的边界。

## 三、新科技革命对互联网金融的影响

### （一）技术驱动的金融创新变革

新科技革命通过技术底层逻辑的革新，重新定义了互联网金融创新的基本模式。技术从最初的辅助工具逐步演变为创新的核心动力，促使金融活动从传统的中介服务模式向算法驱动的自动化体系转型。人工智能与大数据技术的深度融合，使得风险定价模型摆脱了对静态历史数据的依赖，逐渐实现了对市场情绪和实时波动的动态捕捉。区块链技术采用分布式架构，使金融契约的执行从依赖人工审核转变为通过代码实现自动验证。这些技术的创新不仅带来了服务效率的大幅提升，更对金融本质产生了深刻影响。当智能合约可以自主完成资产发行、交易和清算的整个流程时，金融中介的功能定位开始面临彻底的变革。技术赋予金融创新以强大的自我强化能力，算法模型通过不断迭代优化，加之网络效应的持续增强，正在推动新型业态的形成，并逐步脱离传统金融逻辑的约束。

### （二）市场竞争格局的维度升级

新科技革命带来的技术影响正在改变互联网金融市场的权力结构，引发竞争规则的重大变革。传统金融机构依赖的实体网点布局和资本储备优势，在新兴技术形成的数据控制与算法主导下迅速失去竞争力。市场竞争的重心从产品和服务的优化逐步转向对技术生态系统的掌控。技术平台通过接口的标准化和协议的私有化构建了相对封闭的网络，将用户行为数据转化为独特的竞争优势。这种竞争的变化反映了新科技革命对市场结构的深远影响，网络效应逐渐取代了规模经济成为主要驱动因素，数据积累的速度决定了市场地位，而算法优化能力则成为超越传统组织效率的新门槛。与此同时，新科技革命也表现出内在的矛盾性。技术带来的公平理想在实际应用中往往转变为新的垄断形式，开放和共享的技术特性在商业实践中演变为封闭和排他性。主要平台通过数据效应进一步稳固其市场地位，用户数量的快速增长带来了数据价值的持续提升，最终形成了强者愈强的局面。这种权力的重新分配并未实现技术理想中的公平化目标，反而促成了少数技术巨头主导的体系。市场竞争的重点也从服务创新转移到对生态系统的全面掌控，通过跨领域服务绑定形成多重壁垒，使用户脱离这些生态的成本持续增加。

（三）风险传导机制的异化升级

新科技革命在重构金融体系的同时，也培育出新型风险形态，其传导机制呈现复杂的异化特征。技术深度介入导致金融风险从可预测的周期性事件，演变为不可控的系统性变量。算法交易的自我强化机制通过机器学习模型的同质化训练放大市场波动，智能合约的自动执行特性使得风险突破传统金融的线性传导模式，形成跨市场、跨链的网状扩散路径。分布式架构的匿名性为非法资金流动提供技术庇护，去中心化协议的责任主体缺失则加剧风险溯源难度。

更深层的风险源于技术特性与金融逻辑的结构性冲突。区块链的不可逆性与金融纠错需求形成根本矛盾，人工智能的黑箱决策机制挑战监管透明度要求，数据垄断格局与金融普惠目标产生价值对立。这些矛盾在技术渗透过程中不断激化，导致风险具有自增强与非线性的破坏特征。当算法共振效应引发市场剧烈波动时，传统风控体系的事后处置机制完全失效。新科技革命在提升金融效率的同时，也暴露出技术深度嵌入金融系统后的结构性脆弱。

（四）监管体系的适应性断裂

新科技革命带来的金融变革已经远远超出了传统监管框架的承载能力，形成了制度供给与技术创新之间的代际差距。现有监管体系在三个方面出现了系统性失效。

在空间维度上，区块链网络的全球化节点分布削弱了属地管辖原则的有效性。在传统金融体系中，监管的有效性建立在区域范围内的司法和行政管辖权上。然而，区块链网络通过去中心化的节点分布，将其交易和存储数据分散在全球不同地区。这种去中心化的架构使得交易无法严格归属到单一管辖区域，导致各国监管机构在执法时难以确定权限。

在时间维度上，智能合约的即时交易特性使得事后追责机制难以发挥作用。智能合约通过区块链上的自动执行，无须人工干预即可完成交易。这种技术的优势在于提高了交易效率，但也带来了无法逆转和快速执行的特性。一旦合约被触发，交易即刻完成，给监管机构的事后干预造成了巨大障碍。

在逻辑维度上，去中心化协议的匿名化运行方式让传统的机构监管模式难以适用。这种适应性失调不仅暴露出监管工具在技术上的滞后性，更反映了监管理念和数字文明之间的认知差距。在传统金融体系中，金融机构扮演了信息中介和风险管理的角色，依靠身份识别和交易记录实现对用户和活动的有效监管。然而，在区块链驱动的去中心化金融中，用户身份通常被加密地址代替，交易活动也可以匿名进行。这种高度隐私和匿名性的设计本意是保护用户，实际上却导致监管机构难以追踪可疑活动和防范洗钱、诈骗等违法行为。

传统的监管模式建立在工业文明的基础之上，依赖实体经济的明确锚定，但这一模式在数字金融领域逐渐失效，无法有效应对算法驱动的复杂场景。例如，传统法律体系难以厘清算法主体的责任归属，会计标准无法准确反映虚拟资产的价值波动，而现有的风险预警模型也赶不上技术演进的复杂程度。当虚拟资产脱离实体价值锚定，当算法信用逐渐取代主体信用评估，监管体系的核心逻辑将受到全方位冲击。

更深层的问题在于价值观的冲突。监管机构依然试图用工业文明时期控制导向的理念去规范以技术为核心的数字金融生态，但这种传统思维与技术发展的内生逻辑之间存在结构性矛盾，导致监管效率的逐步降低。要应对这些挑战，需要将监管理念从注重风险控制转向关注生态治理，从静态规则设计转向动态适应性调整，构建能够与技术发展相协调的新型监管框架。

## 第二节　互联网金融与新科技革命的碰撞

互联网金融的发展不仅改变了传统金融业务的运行模式，也在技术与社会互动中塑造了全新的经济格局。从业务模式的创新到技术驱动的颠覆性变革，互联网金融表现出强大的生命力。然而，在推动金融民主化的过程中，这一领域也逐渐暴露出一些潜在的矛盾与挑战。

一方面，互联网金融通过降低金融服务的门槛，让更多的人享受到便捷和高效的金融服务，从而促进了金融普惠化；另一方面，技术的高度复杂性以及业务模式的快速变化，也使得风险的集中与外溢性问题日益显著，对金融监管、隐私保护和社会公平提出了新的要求，也滋生了互联网金融犯罪。不难看出，在此种背景下深入探讨技术演进和社会形塑之间的复杂互动关系，将为我们理解互联网金融的未来发展提供更加全面的视角，这也是互联网金融刑事治理的逻辑开端。

## 一、互联网金融的概念与特点

### （一）互联网金融的概念

互联网金融是基于互联网技术与现代信息通信技术的新型金融模式，它以线上平台为媒介，融合传统金融机构和互联网企业的优势，实现资金融通、支付、投资及信息中介服务。与传统金融相比，互联网金融具有突破地域限制、提升效率、降低成本的独特优势。虽然国外的互联网金融形态起步较早，如美国在1995年成立的安全第一网络银行标志着电子银行服务的诞生[①]，世界银行也早在1996的年度报告中提出了电子金融的概念等，但至今世界各国并未对互联网金融形成统一的定义，而是呈现出多样化的称谓。

在我国，互联网金融的发展与概念界定也经历了一个探索过程。不同领域对互联网金融的概念界定存在分歧，特别是“互联网金融”与“金融互联网”的争论，体现了互联网企业与传统金融机构在金融话语权上的竞争。例如，互联网企业的代表强调互联网思想和技术对金融业务的创新作用，认为互联网金融是互联网企业主导的新业务形态。[②]而金融机构的代表认为互联网金融并未改变金融的本质，而是通过互联网实现的金融活动。[③]这种讨论既揭示了互联网金融作为技术赋能的产物，也在业务模式上逐渐模糊了传统金融机构与互联网企业之间的界限。2015年，中国人民银行等十部门发布的《关于促进互联网金融健康发展的指导意见》（简称《指导意见》）首次明确了

---

① 徐昕，赵震翔. 西方网络银行的发展模式及启示［J］. 国际金融研究，2000（5）：70-73.

② 马云. 金融行业需要搅局者［N］. 人民日报，2013-06-21（10）.

③ 马蔚华. 互联网金融颠覆不了银行！［J］. 经理人，2014（10）：64-65.

互联网金融的定义。《指导意见》指出：“互联网金融是传统金融机构与互联网企业基于互联网技术和信息通信技术开展的新型业务模式。”该定义明确了互联网金融的技术基础及跨行业特性，解决了学界和业界关于互联网金融与传统金融创新业务边界不清的争论。

虽然《指导意见》概括地明确了互联网金融的概念，但随着科技的进步其外延不断延伸。在智能化发展的今天，我们可以将互联网金融视为传统金融行业与现代信息技术深度融合的新型金融模式，它以互联网为核心平台，通过大数据、云计算、区块链、人工智能等技术手段，优化金融服务的效率，提升资源配置的精准性。它不同于传统金融机构那种固定网点、单向服务的模式，而是以线上化、数据化、智能化为特征，为用户提供多样化、低成本的金融服务。可以说，当前互联网金融覆盖范围更为广泛，不仅涉及第三方支付（如支付宝、微信支付）、网络借贷、众筹融资等早期的金融创新产物，还包括智能投顾、数字货币、供应链金融等新兴领域，逐渐成为全球金融体系的重要组成部分。

（二）互联网金融的特点

在互联网技术与金融领域深度融合的背景下，互联网金融呈现出与传统金融截然不同的特性。这些特性源于技术的赋能和业务模式的革新，不仅改变了金融服务的方式，也大幅度提升和扩大了金融服务的效率和覆盖范围。互联网金融具有显著的高效便捷性、低成本性、普惠性、数据驱动和创新性，这些特点帮助其迅速崛起并对传统金融体系产生了深远的影响。

首先，互联网金融具有显著的高效便捷性。这种特点归因于现代信息技术的深度应用，特别是互联网基础设施的普及和移动终端的广泛使用。传统金融服务通常受到地理空间和营业时间的限制，而互联网金融彻底颠覆了这一局限性，使用户可以随时随地完成支付、转账、投资理财等多种操作。以移动支付为例，平台如支付宝和微信支付通过高效的交易系统，实现了即时转账和即时支付，大大缩短了交易时间并提升了用户体验。与此同时，互联网金融还显著降低了金融服务的复杂性，从传统线下银行需要排队和签署纸质文件的烦琐，到线上几分钟内完成所有流程的便利，这种变革让用户在不知不觉中对其形成高度依赖。这种便捷性不仅推动了互联网金融服务的普及，也为金融活动提供了极高的操作灵活性，进一步促进了经济活动的高效运转。[①]

其次，互联网金融的低成本特性也是其显著优势之一。传统金融服务常常需要依赖大量的物理网点、人力资源以及复杂的中间环节，这导致运营成本居高不下。互联网金融通过简化服务流程和减少实体资源的投入，极大降低了总体运营成本。以网络借贷为例，资金需求方和供给方可以直接对接，从而有效节约了中介成本。对于企业用户而言，互联网金融提供的融资服务显得更加灵活和高效，尤其是对于中小企业和创业者而言，互联网金融平台的出现减少了传统银行烦琐手续的限制，使其能够更快地获取所需资金。[②]同时，这种低成本结构也为消费者带来了实惠，比如较低的交易费用、无年费的虚拟信用卡等，使得金融服务更加触手可及。

再次，互联网金融展现了其强大的普惠性。[③]相比传统金融集中资源服务城市居民和高净值人群的局限性，互联网金融通过技术手段显著降低了金融服务的准入门槛，使偏远地区、农村人口以及小微企业都能够享受到金融服务。例如，在农村和边远地区，互联网金融借助移动设备和卫星通信技术，覆盖了传统银行无法触及的“金融盲区”。互联网金融平台也有效地为小微企业解决了融资难的问题。[④]一些信用评分模型能够基于企业主的经营数据和消费习惯快速生成信用评估结果，使得缺乏传统抵押物的小微企业也可以获得贷款。这种普惠性推动了经济的均衡发展，特别是在缩小区域经济差距、支持创新创业方面具有重要意义。

此外，互联网金融的发展高度依赖数据驱动。大数据技术作为互联网金融的核心支柱，帮助金融服务商通过海量数据分析精准洞察用户的需求和行为。例如，在信贷评估中，平台基于用户的消费记录、社交行为等非传统数据能够建立详细的信用画像，从而提高信贷决策

---

① 廖雪彤．互联网金融发展的中国模式与金融创新研究［J］．投资与合作，2022（1）：1-2.

② 武娟．基于中国模式和金融创新形势下互联网金融的发展［J］．商展经济，2020（8）：19-21.

③ 潘楚婷，张国普．互联网金融发展的中国模式及金融创新探析［J］．辽宁经济，2019（7）：22-23.

④ 刘颖聪．互联网金融发展的中国模式与金融创新［J］．市场瞭望，2025（1）：19-21.

的效率和精确度。[①]除了信贷领域，数据驱动在其他金融服务中也发挥着重要作用，如理财产品推荐和保险定价等。这种利用数据分析的方式，不仅提高了金融服务的质量和效率，也在一定程度上降低了金融体系的潜在风险。与此同时，数据驱动也对隐私保护和信息安全提出了更高的要求，需要在追求效率时兼顾合规性和用户权益。

最后，互联网金融因其持续的创新性脱颖而出。技术创新一直是互联网金融发展的核心推动力，它带来了全新的业务模式和服务形式。例如，智能投顾借助人工智能算法，为用户量身定制投资组合，提供高精度的个性化服务；区块链技术则通过分布式账本，确保交易的透明性和不可篡改性，有效提升了信任机制。此外，去中心化金融等基于区块链的新兴模式，正逐渐成为互联网金融领域的重要补充，这些创新不仅推动了全球金融服务的发展，也预示着未来金融系统可能发生更深层次的变革。[②]互联网金融的创新性不仅体现在技术层面，还体现在对用户体验的优化上，如无接触支付、虚拟银行等，为用户带来了更丰富的选择和更愉悦的服务体验。

## 二、互联网金融的历史发展

互联网金融的勃兴，绝非单纯的技术进步史，而是一部充满张力与悖论的制度变迁史诗。我国互联网金融的勃兴常被解读为技术赋能金融民主化的典范，但若置于技术社会学视角下审视，实则折射出工具理性对金融秩序的深层重构。从电子支付到智能投顾的技术迭代，不仅是效率革命，更是权力关系的再分配过程。互联网金融的勃兴本质上是数字技术与金融资本融合的产物，其发展历程呈现明显的技术代际特征。这场变革既展现了数字技术对传统金融秩序的颠覆性冲击，也揭示了现代社会中技术理性与人文价值的永恒博弈。

### （一）监管真空期的野蛮生长

20世纪末，互联网技术的浪潮首次冲击了传统金融体系的铜墙铁壁，一场静默的技术革命在监管的盲区悄然孕育。1998年，招商

① 林筱珊. 大数据环境下互联网金融风险管理思考［J］. 投资与合作，2024（7）：10-12.

② 蔡莹，肖炼格. 区块链技术在互联网金融营销中的应用与挑战［J］. 市场周刊，2024，37（27）：76-79.

银行推出“一网通”，这一看似简单的在线银行服务，实则是中国金融体系迈向电子化的里程碑。[①]用户首次摆脱物理网点的时空束缚，通过拨号网络完成账户查询与转账，这种去物质化的金融服务模式，预示着一场深刻的生产关系变革。更具颠覆性的是1999年PayPal（贝宝）的诞生，它不再满足于充当银行的电子化工具，而是以虚拟账户体系构建起独立于传统银行的平行清算网络。[②]PayPal通过电子邮件即可完成跨境支付，这不仅打破了银行对支付清算的垄断，更在制度层面通过技术完成了对法律的规避。此阶段各国的银行法均对存款业务设置了严苛的准入条件，PayPal以资金托管的名义规避监管，将用户资金池转化为新型信用中介。事实上，PayPal这种技术绕行策略的本质是民间资本对金融抑制政策的创造性回应，但在监管的灰色地带，电子支付系统通过虚拟账户体系重构了信用中介功能，也埋下了制度性风险的种子。

然而，这一阶段的监管如同面对未知文明的原始部落，既缺乏认知工具，又困于意识形态的桎梏。2000年的《全球暨全美商业电子签章法》（Electronic Signatures in Global and National Commerce Act）[③]与2004年的《中华人民共和国电子签名法》（简称《电子签名法》）之间四年的立法时差，不仅是技术传播速度的写照，更是全球监管协同机制失效的缩影，因为这一立法时差暴露了全球监管协同的缺失。互联网技术本质上具有跨国性，而法律和监管却是由各国独立制定的。在全球化背景下，技术的发展往往超越国界，但不同国家的法律体系和监管政策各自为政，缺乏统一性和协调性，从而导致了全球范围内的监管断层。在这一监管真空期，PayPal将用户资金存放于商业银行获取利差，却无须承担存款保险责任。不难发现，这种制度性放任的背后实际体现了金融监管的根本矛盾，既要维护金融稳定，又担忧过度监管扼杀创新。当美联储默许PayPal的灰色操作时，实质上是将技术资本置于公众利益之上，这种价值取向为后来的系统性风险埋下了伏笔。

---

① 佚名. 招行“一网通”支付正式上线［J］. 商周刊，2016（11）：58.

② 诸悦. 前车之鉴：美国版余额宝PayPal的倒掉［J］. 大众理财顾问，2014（1）：66.

③ 该法的颁布在互联网金融发展的初期起到了规范技术应用、保障交易安全和填补法律空白的重要作用，为技术创新与金融发展之间的矛盾提供了初步的制度解决方案。

（二）风险积聚倒逼监管觉醒

2000年伊始，移动互联网的普及开启了数据资本的原始积累时代。支付宝于2004年推出的担保交易机制，不仅是技术创新的胜利，更是数据权力建构的起点。用户在支付宝进行的每一笔交易事实上都在为平台积累用户画像的要素，这些数据最终会转化为信用评估的稀缺资源。[①]2011年微信支付的横空出世，彻底改变了传统的支付习惯，通过红包、转账、扫码等方式与社交关系链的融合，线上支付行为被深度嵌入日常生活。传统金融机构突然发现，自己固守的支付清算霸权已在不知不觉间被技术消解。更具颠覆性的是P2P网贷的兴起。拍拍贷、陆金所等平台通过爬取社交数据、消费轨迹等非结构化信息，构建起比中国人民银行征信系统颗粒化程度更高的信用评估体系。[②]这种算法权力的崛起，实质上是私人资本对公共治理领域的隐秘渗透。当平台可以依据教育背景、地理位置等参数实施差别定价时，传统的金融公平原则被数据歧视悄然瓦解。

2015年，e租宝非法集资500亿元的惊天骗局如同一记重锤敲碎了监管者的技术迷梦。这场以"互联网金融创新"为名的庞氏骗局，暴露出分业监管体系的致命缺陷。当P2P平台以信息中介之名行信用中介之实时，银监会的机构监管范式完全失效。[③]2016年，《网络借贷信息中介机构业务活动管理暂行办法》出台，标志着我国在面对网络借贷行业风险时迈出了制度重构的重要一步。这一办法的核心在于，从制度设计上推动了行业的规范化和透明化，尤其通过银行存管制度和"负面清单"管理模式等措施解决了长期存在的风险与乱象问题。[④]更具深意的是2017年国务院金融稳定发展委员会[⑤]的成立，这标志着中国开始从分业监管转向"功能监管"与"行为监管"并重的

---

① 李里涓子．第三方支付业务风险防范法律问题研究［D］．长沙：湖南大学，2012.

② 王帆，权军庆．我国P2P网贷平台风险管理研究——基于拍拍贷和陆金所的对比分析［J］．征信，2017，35（9）：57-61.

③ 王正位，王新程，廖理．信任与欺骗：投资者为什么陷入庞氏骗局？——来自e租宝88.9万名投资者的经验证据［J］．金融研究，2019（08）：96-112.

④ 李文吉．P2P网络借贷平台异化的刑法教义学分析——以《网络借贷信息中介机构业务活动管理暂行办法》为分析对象［J］．苏州大学学报（法学版），2020，7（1）：106-120.

⑤ 2023年3月，中共中央、国务院印发的《党和国家机构改革方案》决定组建中央金融委员会，不再保留国务院金融稳定发展委员会及其办事机构，将国务院金融稳定发展委员会办公室职责划入中央金融委员会办公室。

治理范式。[①]不能否认的是，制度的觉醒始终滞后于技术的狂飙，这种监管时滞的本质是工业文明法律体系与数字时代权力结构的根本性错位。

（三）穿透式监管重塑秩序

2016年开始，监管重拳下互联网金融行业进入洗牌阶段，这既是一场惨烈的市场出清，更是一次深刻的技术祛魅。P2P平台数量从峰值时的约6 000家锐减至2020年的3家，超过90%的平台因自融、资金池等问题被清退。这场洗牌活动不仅淘汰了劣质玩家，更是重塑了互联网金融的行业生态。幸存者开始从规模扩张转向合规经营，例如蚂蚁集团剥离借贷业务转型为技术输出，而京东数科也转型聚焦产业数字化。这场整顿的代价同样沉重，数百万投资者在网贷平台爆雷中血本无归，地方政府为处置风险耗费数千亿元财政资金。[②]这些代价揭示了一个残酷的真相：当技术创新脱离制度约束时，所谓的“金融民主化”不过是风险社会化的精巧包装。

在这一阶段，监管逻辑的转变显得尤为突出，其背后是一场深刻的制度调适，这场调适旨在应对技术快速发展与传统治理体系滞后之间的矛盾。具体来说，这一转变涉及从单一的金融风险防控到对技术权力的全方位规制，重点体现在数据保护、穿透式监管的实施以及对资本扩张行为的主动干预。一方面，2018年欧盟《通用数据保护条例》（GDPR）的实施，不仅在全球范围内确立了数据保护的高标准，还对其他国家的数据治理产生了强烈的示范效应。中国在此影响下，也开始加速数据领域的立法进程。2021年出台的《中华人民共和国个人信息保护法》（简称《个人信息保护法》），是中国在数据保护和数字经济治理上的重要里程碑，它标志着中国的监管重心不再局限于防范金融风险，而是扩展到对技术权力的平衡与约束。技术在赋能金融创新的同时，也带来了巨大的个人隐私风险和数据滥用问题，这使得传统仅关注金融稳定的监管逻辑显得单薄无力。通过明确数据保护原则与使用规范，《个人信息保护法》填补了法律空白，并成为应对

---

① 参见：佚名．国务院金融稳定发展委员会成立［J］．中国总会计师，2017（12）：10.另可参见：邢会强．国务院金融稳定发展委员会的目标定位与职能完善——以金融法中的“三足定理”为视角［J］．法学评论，2018，36（3）：88-98.

② 王昭莹，魏明怡，余宗建．P2P爆雷后投资者投资意愿影响因素的实证研究［J］．中国市场，2021（5）：1-5.

技术扩张的重要制度工具。这一变化反映出，治理技术权力已上升为与防控金融风险同等重要的议题。

另一方面，穿透式监管理念的落地实施，是监管逻辑变革的又一核心体现。从理论上看，穿透式监管旨在通过洞悉金融活动的底层逻辑和资金流向，精准捕捉潜在风险。从实践上看，中国人民银行通过“断直连”对支付清算体系进行了重构，将第三方支付平台接入中央对手方监管系统。[①]这一举措切断了支付平台直接与银行系统相连的灰色通道，规范了资金流转路径，减少了因资金混同或挪用引发的系统性风险。

同时，2020年蚂蚁集团首次公开发行（IPO）叫停事件被广泛认为是中国监管从事后救济向事前干预转变的标志性事件。[②]这一监管决策彰显了监管机构对技术资本迅速扩张的主动介入态度。蚂蚁集团的金融科技生态深度嵌入支付、信贷、理财等多个领域，其业务规模和资本积聚已引发了广泛的金融稳定担忧。监管者不仅关注其潜在的金融风险，更着眼于其对市场竞争秩序和金融主权构成的挑战。通过叫停IPO，监管释放出一个强烈信号，即创新必须以符合国家整体利益为前提，金融创新不能突破制度红线或危及公共利益。

### 三、新科技革命下互联网金融的新发展

2020年至今，人工智能与区块链技术的深度融合将互联网金融推入深层次的异化阶段，催生了全新的金融业态与风险形态。智能投顾系统通过机器学习和大数据分析优化资产配置，显著提升了投资效率，但其黑箱化的决策机制使得传统信义义务陷入解释困境[③]。当算法失误导致投资者损失时，责任主体将变得模糊不清，我们传统的过错归责原则在这种情景中难以发挥作用，亟待构建适应智能时代的责任认定框架。与此同时，去中心化金融试图用代码和算法取代传统银行等金融中介，其声称交易规则能够全靠技术来执行，但2022年Terra稳定币的崩盘事件证明，算法并不总是可靠的，它只是技术专

---

① 晏亭．“断直连”后时代：网联平台可持续发展问题研究［J］．湖北经济学院学报（人文社会科学版），2019，16（7）：79-82.

② 华富鑫，张倩．蚂蚁集团暂停上市案例分析［J］．河北企业，2021（8）：29-31.

③ 何重贺．摩羯智投业务发展的可行性分析［J］．商讯，2022（12）：5-8.

家构建的一种看似完美的假象，依然可能造成巨大损失。[①]这一事件不仅暴露了去中心化金融系统在风险控制上的脆弱性，也揭示了算法治理的局限性。可以说，当前技术还无法完全替代人类在金融活动中的价值判断与伦理约束。

新科技革命下互联网金融中更具颠覆性的产物是元宇宙中的金融实验，它以区块链为基础构建了一个虚实交融的金融生态系统[②]。在这一生态系统中，非同质化代币的出现正在模糊传统证券法用来界定证券的标准，而虚拟地产的投机炒作进一步反映了现实与虚拟之间的界限正在消失。这些技术的发展都在撼动现有的金融秩序。在这一虚拟生态世界中，货币的发行权被算法程序所取代，产权规则也在被重新定义，这不仅给监管机构带来了技术上的挑战，更是一场需要重新理解和调整社会规则的认知变革。元宇宙中的虚拟资产交易是否应该纳入现有税收体系，如何认定虚拟世界里的金融犯罪等问题，都迫切需要法律和监管框架作出创新性回应。

在新科技革命推动下的智能化金融产物，使得传统监管工具正遭遇前所未有的挑战。这种挑战不仅源于技术快速发展的复杂性与跨国性，还包括新型金融模式中隐含的高风险特性。传统监管体系以机构监管和属地管辖为核心逻辑，这种模式在面对高度去中心化、数据驱动与全球流动的数字经济时逐渐力不从心。例如，跨境支付领域的区块链技术使得资金流动更加隐蔽，这就会造成传统的反洗钱监管手段难以有效追踪。在这种背景下，监管者不得不重新审视既有机制，推动治理范式的革命性转型，以适应新科技革命的新需求。

总体而言，新科技革命下的互联网金融发展呈现出了技术驱动与风险共生的双重特征。技术的快速迭代为金融创新提供了无限可能，但也带来了前所未有的监管挑战。未来的金融治理需要在技术创新与风险防控之间找到平衡点，通过制度创新与技术赋能，构建适应智能时代的金融监管新范式。

---

① 巴曙松，陈博闻，陈洁. 去中心化借贷风险管理机制的比较研究［J］. 海南金融，2024（11）：64-75.

② 沈伟. 元宇宙金融：全新场景与风险监管［J］. 上海师范大学学报（哲学社会科学版），2025，54（1）：71-84.

## 第三节　新科技革命下的互联网金融模式

互联网金融的业务模式是传统金融与现代信息技术深度融合的产物，涵盖了多种创新形式，旨在通过技术手段优化金融服务的效率和覆盖范围。在新科技革命下，互联网金融的发展呈现出更加智能化、数字化和去中心化的特征。人工智能、大数据、区块链等技术的广泛应用，不仅提升了金融服务的精准性和可及性，还促使交易速度、成本控制以及风险管理达到了前所未有的效率。

### 一、互联网金融的历史业务模式

（一）第三方支付业务

第三方支付是互联网金融最基础的模式之一，指非银行机构通过技术手段为用户提供支付中介服务。它解决了线上交易中的信任问题，并显著提升了支付的便捷性和效率。[①]例如，支付宝和微信支付通过与银行系统对接，为用户提供了安全、快速的支付体验。第三方支付不仅应用于电商交易，还广泛覆盖线下场景，如扫码支付和移动支付。第三方支付的崛起绝非简单的支付工具革新，而是一场金融权力再分配的隐秘革命。当支付宝以担保交易机制破解电商信任难题时，其本质是通过技术手段将支付行为从银行体系中剥离，构建起平行于传统金融的信用网络。这一变革不仅提高了支付效率，还使得第三方支付平台掌控了原本由银行主导的货币流通权。这种虚拟账户体系的崛起，事实上已经完成了对传统金融生态的颠覆。与此同时，传统法律对支付行为的界定仍停留在以纸质票据为核心的制度框架中，难以适应快速变化的互联网金融环境，从而暴露了监管制度的滞后性与脆弱性。

微信支付的崛起更加深刻地体现了第三方支付对金融权力的场景化重构。通过红包裂变功能，微信支付不仅实现了指数级的用户扩张，更将支付行为深度嵌入到社交关系链中。这一创新使得支付数据

---

① 陈湘寒. 第三方支付对发展银行网络业务的影响［J］. 全国流通经济，2024（20）：156-159.

成为平台资本积累的新型货币，每一次支付行为不仅完成了经济交易，还帮助平台构建了用户画像和社交网络。这种支付即社交的模式，使得金融行为逐渐从银行机构迁移到社交平台，而用户的每一笔交易数据都为平台的算法优化和商业决策提供了价值。然而，这种模式也存在隐私与公平问题的隐患。边缘群体在享受第三方支付的便利时，被迫以隐私让渡换取金融服务的准入资格。例如，一些农村地区的商贩和摊主通过扫码支付参与数字化交易，但与此同时，他们的交易数据被平台存储和分析。这种数据资本主义[①]实际上是一种对日常生活的平台化“殖民”，它通过控制支付场景中的每一个数据节点，将个人隐私转化为平台资本的一部分。

面对第三方支付崛起带来的系统性挑战，监管者被迫调整治理逻辑以应对技术资本对金融权力的重构。如前所述，2017年中国人民银行推出“断直连”政策，要求第三方支付机构接入统一的支付清算平台，切断其直接与银行连接的通道。这一政策不仅旨在防范资金池风险，还进一步确立了国家对支付数据的主导权，保障了支付清算的合规性和透明性。从更深层次来看，“断直连”政策反映了国家在数字经济时代对支付数据主权的控制。当第三方支付平台的用户规模突破10亿时，其掌握的支付数据不再是单纯的商业资产，而成为影响国家经济命脉的核心要素。传统机构监管的范式逐渐让位于数据治理的新逻辑，国家对平台数据的掌控和治理，成为确保金融稳定与主权安全的重要举措。

（二）网络借贷业务

网络借贷是一种直接连接借款人与投资者的金融模式。通过P2P平台，借款人可以发布融资需求，投资者则根据需求提供资金。[②]这种模式降低了传统金融中介的成本，为小微企业和个人提供了更多融资机会。然而，由于缺乏有效监管，网络借贷曾面临高违约率和跑路风险。网络借贷的兴衰历程深刻揭示了现代金融民主化运动的幻灭，这种以“去中介化”为旗号的创新模式，最初被赋予了打破传统银行

---

① COHE M, SUNDARARAJA A. Self-Rgulation and innovation in the peer-to-peer sharing economy [J]. The University of Chicago Law Review Dialogue, 2015, 82: 116-133.

② 张正平，胡夏露. 网贷平台：国际发展与中国实践 [J]. 北京工商大学学报（社会科学版），2013，3（2）：87.

信贷垄断的乌托邦理想。然而，随着模式的发展与技术的深度介入，其背后隐藏的社会排斥与风险累积逐渐浮出水面，最终将普惠金融的叙事推向了反面的现实。这不仅揭示了技术赋能的两面性，也凸显了监管制度在适应新兴金融模式时的滞后与困境。

网贷在早期的发展中曾被寄予厚望，人们希望通过“去中介化”能够实现信贷资源的更广泛分配。这一理念主张通过技术手段将传统金融机构的角色弱化，直接通过平台连接借款人和投资者，从而打破银行体系对信贷资源的垄断。然而，这一运动在实际运行中却偏离了理想化的轨道。以拍拍贷为例，其通过爬取借款人的社交数据建立信用模型，将受教育程度、地理位置、社交活跃度等变量作为信用评分的重要参数。这种技术手段表面上看是一种创新，实际上却掩盖了更加隐蔽的社会排斥现象，受教育程度较低、地处偏远地区或社交网络薄弱的人群，往往因评分不足而被排除在金融服务之外。传统金融的排斥模式在这种算法驱动下以数字歧视的形式重新回归，表明技术赋能并没有实现真正的普惠金融目标，反而延续甚至放大了社会不平等。算法本质上并非中立，而是对既有社会权力结构的复制与强化，这进一步解构了金融民主化的理想叙事。

网贷从普惠金融的旗帜下逐渐演变为系统性风险的制造机。平台在推广时大肆宣传技术创新如何提升金融效率，弱化了风险讨论。当技术创新失去制度约束时，其结果往往并非市场效率的提升，而是对风险的掩盖与转嫁。例如，e租宝通过技术包装和虚假宣传，将投资者对普惠金融的信任转化为工具，最终积累了极大的系统性风险。这种演变表明，所谓的金融民主化在很大程度上成为风险社会化的借口，即风险最终被转嫁到普通投资者身上，而非被创新者或资本承担。这揭示了技术赋能背后隐藏的道德困境与现实矛盾。

网络借贷行业的崩塌是传统监管范式与技术变革之间代际鸿沟的集中体现。当网贷平台利用大数据和机器学习优化其业务模型时，监管者却仍在使用拨号上网时代的技术工具来审核纸质报表，这种治理认知上的滞后性使得监管难以跟上行业的创新步伐。事实上，代际鸿沟的背后是治理思路与技术逻辑的错配，例如机器学习算法不仅影响了借贷决策，还驱动了平台的流动性管理与收益模型。然而，监管者却未能掌握算法的运行机制、数据来源以及模型优化的后果。这种

“看不见的手”使得平台风险在监管者察觉之前就已迅速积累，最终导致了行业性的崩溃。

## 二、新技术革命下互联网金融的新模式

### （一）智能投顾业务

智能投顾是一种基于人工智能、大数据和算法技术的投资顾问服务，它通过分析用户的财务状况、风险偏好和投资目标，为用户提供个性化的投资建议，并自动化地进行资产配置和投资管理。[①]智能投顾的核心在于利用技术手段简化传统投资顾问的流程，降低服务成本，同时提升投资效率和精准度。智能投顾的兴起标志着金融决策权从人类向算法的历史性让渡，而这种技术赋权的背后却隐藏着金融理性的异化与社会责任的稀释。智能投顾本质上不仅是一个投资工具，还成为了平台扩展权力的媒介。

智能投顾依托于机器学习与大数据技术，能在极短时间内分析海量信息并生成投资策略。例如，招商银行的“摩羯智投”能够在0.5秒内提供资产配置方案，其运作基于3 000余个数据指标和50种机器学习模型。[②]这种高效运作看似体现了技术对金融效率的革命性提升，但其本质是金融理性的算法化与参数化。传统的马科维茨投资组合理论曾被认为是一种科学理性的投资理论，它通过资产的风险与收益特性进行权衡。[③]然而，当这一理论被智能投顾的技术逻辑接管后，它被简化为纯粹的数学优化问题。投资者的风险偏好被抽象为一串数字，投资决策被转化为算法模型中的变量调整。这种技术驱动的逻辑将投资行为从人性化的复杂判断转向算法化的冷冰冰选择，使得金融理性丧失了其原初的道德性和人文性。智能投顾的这一属性引发了技术迷信的困境，投资者被迫信赖看似“科学”且“精准”的算法结果，却忽视了其背后可能的局限和风险。换言之，算法将复杂的市场行为简单化，其精密性掩盖了其内在的偏见与局限，导致金融理性异化为算法暴政。

---

① 钟维．智能投顾规制：传统框架如何与智能金融业态契合［J］．法学论坛，2024，39（6）：52-62.

② 何重贺．摩羯智投业务发展的可行性分析［J］．商讯，2022（12）：5-8.

③ 刘科弟．马科维茨理论构造投资组合［J］．现代商业，2018（36）：44-45.

智能投顾的另一个核心问题在于信义义务的淡化与法律责任的转嫁。《中华人民共和国证券法》（以下简称《证券法》）规定金融机构有义务根据投资者的风险承受能力提供适当的投资建议，但在智能投顾模式下，当算法推荐出现问题而导致投资者遭受损失时，责任追究却变得困难。这主要源于"算法黑箱"现象，即智能投顾的运作过程往往难以被普通用户甚至专业人士完全理解。这可能使得某些法院在审理因智能投顾导致的投资纠纷时，以"技术中立"为理由驳回投资者的索赔请求。这种结果实质上是将技术的缺陷转嫁给普通投资者，而平台却借助技术的复杂性逃避了责任。算法设计者与平台的信义义务在这种情况下被稀释，使得投资者成为风险的主要承担者。这种现象表明，智能投顾并没有解决传统金融中的道德风险问题，反而通过技术手段模糊了责任边界，进一步扩大了权力的不对等。这不仅是技术问题，也是法律与道德边界的重新定义问题。

面对智能投顾的快速崛起与潜在风险，监管机构也尝试通过多种手段遏制其负面影响。例如，要求智能投顾平台进行算法备案和压力测试，以增强算法的透明性和可靠性。然而，这些措施在实际运行中往往面临形式化困境。一方面，算法备案与审查缺乏明确的标准，容易沦为数字游戏；另一方面，在资本与技术精英的共谋下，算法合规往往变成"合规式创新"——形式上满足监管要求，但实质上规避了责任承担。更重要的是，现有监管措施未能触及算法权力的根本问题，即技术与伦理、资本与责任之间的深层次矛盾。这种监管模式更多是在技术逻辑的框架内进行调整，而未能彻底改变平台资本主义的权力结构。

（二）去中心化金融业务

去中心化金融（DeFi）是一种基于区块链技术的金融体系，通过智能合约和去中心化应用（DApps），提供开放、无须许可、透明且点对点的金融服务，取代传统金融机构如银行和证券交易所的中介角色。[①]DeFi构建了一个依靠智能合约驱动的金融系统，消除了传统金融中介角色，实现了点对点交易。例如，Uniswap的自动化做市商

① 陈佳佳. 去中心化共识算法在金融网络防御中的应用［J］. 网络安全和信息化，2024（8）：153-155.

（AMM）协议通过算法将交易手续费降低至传统交易所的1/10，这种效率的提升被技术精英宣称为“金融民主化”的胜利。DeFi的核心逻辑在于通过代码规则代替人为干预，摆脱传统金融系统对信贷、支付和投资的主导权。然而，正如其“代码即法律”的理念所体现的，DeFi试图将复杂的金融行为程序化，以智能合约取代监管与制度，这种逻辑隐含着对传统主权规则的挑战。

这一技术乌托邦的最大吸引力在于其去中介化的潜力。用户无须信任银行或第三方，而只需信任公开可验证的代码运行。然而，这种信任基于代码的不可变性和透明性，实际上将金融运行从法律与国家体系的保护移交至算法本身，产生了潜在的重大风险。一旦代码出现漏洞或逻辑设计缺陷，整个系统可能在瞬间崩溃。如前文提到的，DeFi系统的缺陷在Terra稳定币崩盘事件[①]中暴露无遗。这一基于算法稳定机制运行的系统，通过其发行的UST稳定币和LUNA代币构建了自我循环机制。市场情绪稍有波动，LUNA的价格迅速崩盘，最终蒸发了几百亿美元市值。这一事件揭示了智能合约并非真正意义上的理性存在，而是依赖市场情绪与逻辑假设的脆弱构建。通过Terra事件可以看到，DeFi强调的“去信任化”实际上是技术民粹主义的现代神话。这一神话将代码和算法视为能够取代传统制度的终极解决方案，但当风险降临，智能合约只能按照既定规则运行，根本无法灵活应对复杂的市场环境。Terra的崩溃不仅击碎了代码乌托邦的幻象，还将风险外溢至更广泛的市场，成为DeFi系统化风险的典型案例。

DeFi运动的去中心化特性表面上看是对传统金融机构的解构，但实际上形成了新的权力中心。所谓的“去中心化”实验最终催生出的是一种更隐秘、更高效的“代码寡头”，这些少数权力掌控者通过治理代币操控平台的运行规则，比传统金融机构更加集中化。这种新型权力结构让人质疑DeFi是否真的实现了金融民主化。治理代币的分配机制在一定程度上使得平台控制权趋于被持有大量代币的少数人掌握，而普通用户则沦为系统中的“被服务者”，进一步加剧了不平等的金融格局。

---

① 黄荣．去中心化金融DeFi中的创新与风险分析［D］．北京：中央财经大学，2023.

总体而言，DeFi体系的全球性与技术特性，使得传统民族国家体系下的监管手段普遍显得无力。一方面，监管机构面临着规则适用范围模糊的问题；另一方面，平台运作的去中心化特质使得监管缺乏具体的对象和抓手。在这种背景下，我国出台全面禁止加密货币交易的政策，从根本上隔绝了DeFi平台对国内金融市场的影响。这种技术排异的策略凸显了我国对维护金融主权的高度关注，但也剥夺了普通用户接触金融创新的机会。DeFi运动表面上是技术推动的金融创新，实质上是对传统治理体系与主权结构的挑战。这种挑战不仅体现在技术与金融主权的冲突上，还涉及全球治理体系的深层裂痕。当一个DeFi协议可以绕过国界，通过去中心化自治组织（Decentralized Autonomous Organization，DAO）对全球用户分配收益时，现有的民族国家体系和国际监管框架就显得无能为力。DeFi的兴起引发了一场关于主权、技术和治理逻辑的深刻思考。

（三）元宇宙金融业务

元宇宙金融是指在元宇宙这一虚拟世界中，利用区块链、智能合约、虚拟现实等技术，构建和运行的金融体系。它不仅是传统金融在虚拟空间的延伸，更是对金融服务模式、经济活动和社会组织形式的重新定义。[①]元宇宙金融以虚实交融的创新形态打破了现代经济体系的传统认知边界。借助虚拟现实、区块链和智能合约技术，元宇宙经济从价值锚定机制到社会劳动形式，呈现出激进变革的特征。然而，这种变革不仅带来了技术与资本的广泛应用，也暴露了诸多深刻的社会、法律与认知困境。

Decentraland虚拟土地以200多万美元天价成交的事件堪称对传统价值锚定体系的尖锐挑战。在经典经济理论中，资产的价值通常基于其稀缺性、实用性和市场需求。[②]然而，虚拟土地的溢价完全脱离了物理资产的支撑，而更多依赖于对未来虚拟经济潜力的投机性期待。这种现象揭示了元宇宙金融如何通过资本化和商品化的逻辑，将传统价值锚定彻底虚拟化。同时，资本逻辑的扩张在虚拟经济中尤为

① 沈伟．元宇宙金融：全新场景与风险监管［J］．上海师范大学学报（哲学社会科学版），2025，54（1）：71-84.

② 高超越．区块链技术对在线平台用户交易决策的影响研究［D］．哈尔滨：哈尔滨工业大学，2024.

明显。例如，元宇宙不仅通过创造稀缺性吸引投资者，也通过以NFT为代表的数字资产进一步强化了这种稀缺的市场化价值。这不仅让资本在数字空间中无所不在地延展，也加剧了元宇宙中的投机行为和价格泡沫。然而，这种虚拟资产的激进资本化同时暴露了其经济与社会基础的脆弱性。一旦用户行为的热度减退或投机资本撤离，虚拟资产的价值可能迅速蒸发。这种高风险的金融生态，使得元宇宙经济成为现代经济体系的实验性领域，也给未来的经济治理提出了新课题。

元宇宙金融不仅挑战了价值机制，还重新定义了劳动和生产的概念。以Axie Infinity为例[①]，游戏玩家通过战斗积累代币的活动被称为“玩工”（playbor），它将劳动与游戏、娱乐结合在一起。但是，这一“玩中赚”的模式揭示了数字劳工的新型剥削形态，即玩家每天玩游戏10小时所得到的回报，更多的是为平台和资本服务的，而非为了玩家自身。这种劳动关系的本质仍然是对数据燃料的攫取，为平台资本的积累提供源源不断的资源。更进一步看，“玩工”体现了一种新型的权力结构，玩家对平台的依赖性深度强化，而平台通过对数据和用户行为的控制，进一步巩固了自身的资本优势。这种劳工形式的核心矛盾在于，虚拟劳动的成果并未回归劳动者，而是被平台用作其商业扩张和技术优化的工具。这使得元宇宙在革新工作形式的同时，也放大了劳动的不平等。

元宇宙金融的实验正在动摇现代经济体系的认知根基。Decentraland虚拟土地拍出240万美元天价的事件，不仅是对传统价值锚定机制的嘲弄，更是资本逻辑向数字空间疯狂扩张的症候。当玩家在Axie Infinity中通过战斗赚取代币时，“玩工”概念揭示了数字劳工的新型剥削形态——玩家日均游戏10小时所得，不过是平台资本积累的数据燃料。这种虚实交融的经济形态制造了前所未有的法律困境：法院虽然认定元宇宙租赁合同的效力，但虚拟资产执行标准缺失导致“数字老赖”横行；某元宇宙银行发行“世界币”挑战央行货币主权，迫使监管者重新思考《中华人民共和国中国人民银行法》（以下简称《中国人民银行法》）第二十条的适用边界。更深层的危机在

① 刘凯，王佳鑫，毛谦昂，等. 区块链游戏生态的角色动态识别与演化分析——以Axie Infinity为例［J］. 应用科学学报，2024，42（04）：642-658.

于认知秩序的瓦解：当AI生成的艺术品《太空歌剧院》拍出43万美元时，艺术价值评判体系遭遇釜底抽薪；Soulbound Token（中文译为“灵魂绑定通证”）试图构建去中心化身份，但女巫攻击（Sybil Attack）导致的身份欺诈，反过来消解了区块链技术的合法性根基。

事实上，元宇宙金融的快速发展制造了前所未有的法律困境，其虚实交融的经济形态使得传统法律框架难以适配。即使传统法律接受了元宇宙经济的契约属性，但缺少虚拟资产的执行标准等问题同样会导致“数字老赖”现象泛滥，这凸显了现有法律体系对虚拟资产追责机制的空白。更为深刻的挑战在于，元宇宙中的虚拟货币体系正在动摇国家货币主权。一些元宇宙银行甚至发行“世界币”，其去中心化和全球化的特点直接挑战了央行对货币发行和流通的垄断权。这迫使监管者重新审视《中国人民银行法》适用边界，思考如何在不影响金融创新的前提下维护国家货币体系的稳定。

## 第四节　互联网金融犯罪现象透视与解析

互联网金融犯罪作为一种新兴的金融违法现象，其复杂性与独特性源于技术应用的广度和犯罪手法的多样化。而新科技革命下的互联网金融犯罪更加智能化、隐蔽化，并具有跨地域性和产业化的特征。犯罪分子借助大数据、人工智能及区块链等新兴技术，不断刷新其手段和形式，拓展犯罪的规模和范围，形成了技术驱动与犯罪行为深度结合的独特图谱。在这种动态的犯罪生态中，明确和剖析互联网金融犯罪的特征，已成为法律监管与治理的关键任务。从技术异化的手法演变到犯罪行为的跨域传播，再到产业链的系统化发展，互联网金融犯罪的特征将为后续深入探讨其类型和机理提供全面的分析框架。

### 一、新科技革命下互联网金融犯罪的特征图谱

互联网金融犯罪逐渐成为金融违法犯罪领域的重要表现，其独有的特征决定了它在犯罪手法、传播路径和后果影响方面与传统金融犯罪有着显著的不同。在这种背景下，全面剖析互联网金融犯罪的特征图谱，不仅有助于揭示其复杂性和隐蔽性，还能够为法律规制和执法

实践提供指导。以下将从技术异化、风险传导和产业链发展等方面系统分析互联网金融犯罪的特征与演变。

（一）技术异化下的犯罪形态嬗变

互联网金融犯罪较传统金融犯罪有显著的差异性，其核心特征之一在于犯罪技术手段随着互联网技术的快速发展而不断升级迭代。这种犯罪形式的演变，使得金融犯罪在作案规模、隐蔽性和智能化方面都呈现出新的趋势，从而对法律治理与执法实践提出了更高要求。

1.犯罪技术的创新与智能化

在传统金融犯罪中，非法集资、金融诈骗等行为通常依赖于熟人网络或线下广告，以相对直接、粗放的手段获取受害人的信任。犯罪分子通常会以承诺高额回报的方式，引诱个体进行投资。然而，随着互联网技术的广泛应用，这类犯罪借助于大数据、人工智能和区块链等技术手段，已经演变出更加复杂和高效的模式。[①]

一方面，犯罪分子能够对犯罪对象进行目标精准画像，他们利用大数据算法，对用户的消费习惯、资金流向及行为偏好进行深度挖掘。例如，通过社交媒体、购物记录及搜索关键词等方式，犯罪分子能够精准识别潜在受害者群体，并设计量身定制的犯罪诱因。有些非法集资平台甚至会根据受害者的心理特点和投资习惯，提供定制化的虚假项目，使其难以抵抗诱惑。另一方面，由于人工智能技术的引入，犯罪行为更加智能化。部分非法借贷平台利用智能客服或语音机器人，以自然流畅的语言与受害者进行互动，降低受害者的防范心理。人工智能还能够模拟情感交流，给犯罪对象营造出高度真实的虚假业务场景，从而增强欺骗的有效性。

与此同时，犯罪分子利用区块链技术的去中心化、匿名性与不可篡改等特性，掩盖资金流向，隐匿犯罪所得，甚至借助该技术创建虚假的加密货币项目。这些项目通常以“高科技”或“高回报”为幌子，诱骗投资者参与其中。当违法行为被发现并进入司法程序后，资金往往已通过区块链网络实现分散化、多层级的跨境转移，导致资金流向难以追踪和追回，大幅增加了司法执法和资金追缴的难度。

---

① 王晓伟，郑瑶．人工智能背景下的犯罪演进及其侦查应对［J］．中国人民公安大学学报（社会科学版），2024，40（6）：1-7.

2. 犯罪行为的隐蔽化与规模化

互联网金融犯罪不再局限于传统的“一对一”诈骗，而是在技术的加持下，实现了犯罪行为的隐蔽化与规模化。犯罪分子通过互联网平台能够轻松地触达海量用户，并通过虚假信息散布和精密的操作手段，制造出合法、正规的假象，从而提高受害者的信任程度。许多犯罪行为隐藏在合法金融服务的外衣之下，例如伪装成合法的网贷平台、众筹网站或虚拟资产交易平台，这些平台进一步伪造数据报表、虚构用户评价，营造出“高收益、低风险”的假象，受害人常常会因缺乏专业知识而对其产生信任，进而被引诱参与。[①]同时，犯罪分子利用互联网的高传播性，能够快速将其犯罪手段推广到更广泛的受众中。例如，通过社交媒体、即时通信工具或短视频平台等途径，大规模散布虚假金融信息，迅速吸引大量投资者参与，这样一来往往在短短几个月内即可形成上亿元规模的资金链条。

3. 犯罪后果的复杂化与严重化

互联网金融犯罪在技术异化推动下，不仅犯罪方式更加复杂多样，犯罪后果的严重程度也呈现出显著的升级趋势。这种严重化后果突出表现为社会影响扩大、涉众范围广泛以及可能引发系统性金融风险等多个维度。如前所述，犯罪主体通常利用互联网的即时传播特性，以虚假的高回报承诺在短期内吸引大量社会公众资金，这样一来一旦资金链断裂，大量普通家庭将面临严重的经济损失，个体受害的累积甚至可能演变为区域性群体事件，诱发社会不稳定因素。[②]

同时，互联网金融犯罪在技术掩护下，对正规金融体系的渗透能力持续增强。特别是在虚拟货币诈骗案件中，犯罪分子依托区块链技术的匿名性、跨境性，将非法资金分散并隐匿至多个境外账户，迅速造成大规模资本外流。这不仅会严重损害国家金融安全与经济秩序，还可能通过国际资金流动网络进一步传导风险，引发国际金融市场的连锁反应。这种风险的积聚更可能形成系统性风险，给金融监管和治

---

① 龚懿婷. 金融资产的风险和收益成正比吗？——基于“低风险—高收益”异象的文献综述［J］. 中国外资，2021（13）：52-55.

② 曾源，邹家荣，宦小答. 预防网贷诈骗及有效取证的对策研究［J］. 产业与科技论坛，2023，22（6）：30-32.

理体系带来巨大压力。例如，一些大型互联网金融平台通过高度专业化的金融包装与技术操控，迅速汇聚巨额资金并渗透到银行、保险等传统金融领域，一旦犯罪行为暴露，所涉资金链条将引发传统金融机构资产质量恶化、资金流动性风险增大等系统性危机，在极端情形下甚至可能引发整体性金融风险事件。

（二）风险传导的跨域性与涉众性

互联网金融犯罪有别于传统金融犯罪的另一重要特征，在于其犯罪风险的跨域扩散与受害群体的广泛性。借助互联网信息传播与资金流动的便捷性，这种犯罪类型能够迅速跨越地理和行业边界产生影响，构建起超出国家和地区限制的风险传播链条，极大地扩散犯罪后果，给监管部门带来跨地域的治理挑战。

1.犯罪风险的跨地域传播与扩散

传统金融犯罪的风险传导通常局限于特定的地域或人群范围内，而互联网金融犯罪借助虚拟网络，能够突破地域限制，快速形成跨区域甚至跨国的犯罪影响网络。例如，在虚拟货币领域出现的传销诈骗案件中，以“Plus Token”平台[①]为代表的犯罪组织，利用区块链和社交媒体平台，通过构建全球化、多语言的在线社区招揽用户，并通过虚拟货币实现非法资金跨境流动。犯罪分子将资金多层嵌套转移至境外，规避监管机构和执法机关的管辖范围。这种跨域犯罪网络的形成，使执法部门面临跨区域协作困难，极大地削弱了法律监管和执法效率。

2.受害群体的普遍性与脆弱性

与传统金融犯罪相比，互联网金融犯罪的涉众性更加显著。由于互联网的广泛接入，犯罪组织可以更加高效地接触到不同社会阶层的人群，并且特别关注风险认知水平较低、经济能力较弱的群体。近年来发生的互联网金融犯罪案件中，工薪阶层、退休老人、农村居民、大学生群体成为主要受害人群。[②]例如，校园贷案件中，不法平台针

---

① Plus Token平台事件是近年来数字货币领域典型的庞氏骗局之一，被称为“币圈第一大案”。Plus Token平台打着提供数字货币增值服务的幌子，承诺高额返利，吸引广大群众参与，其实质便是传销。该平台于2018年5月上线，声称是一个多功能跨链去中心化钱包，并以“智能狗搬砖套利”为核心卖点，吸引投资者参与。该平台宣称通过在不同交易所之间进行套利交易，可以实现高额收益。为了吸引更多用户，该平台采用传销模式，要求用户通过推荐码注册，并缴纳至少500美元的加密货币作为门槛费。

② 侯亚郎．互联网金融诈骗犯罪研究［D］．长春：吉林财经大学，2020.

对学生群体的消费心理，设置隐蔽条款与高息陷阱，诱导大量在校学生过度消费甚至陷入债务危机，暴露出涉众犯罪中群体脆弱性与精准“收割”的残酷现实。

3.数字鸿沟扩大与金融排斥的加剧

互联网金融犯罪的跨域涉众特征还加剧了社会中的数字鸿沟与金融排斥现象。技术赋能下的犯罪行为，在表面上似乎扩大了金融服务的覆盖范围，事实上却利用技术手段对弱势群体实施定向剥削和风险转嫁。这部分群体往往缺乏足够的金融知识和风险识别能力，更易受高收益承诺的诱惑，而陷入金融骗局之中。长期来看，这种现象不仅加大了社会阶层之间的经济差距，还会进一步弱化社会公众对正规金融服务的信任，最终导致金融排斥现象恶化，加剧社会不平等。

（三）犯罪产业链的生态化与专业化

近年来，互联网金融犯罪还呈现出产业化、生态化与高度专业化的趋势。在这种犯罪形态中，犯罪主体不再单一，而是逐步演化形成了涵盖数据采集、平台运营、资金清结算、风险规避乃至法律服务等多个环节的完整犯罪产业链。犯罪产业链条中的不同犯罪主体之间密切协作、彼此配合，共同构建了一个分工明确、环环相扣的非法利益网络。

1.犯罪主体角色分工与专业化协作

互联网金融犯罪的专业化特征体现在犯罪过程中不同主体之间的精密分工与协作机制上。与传统的犯罪模式中单一主体完成所有犯罪行为不同，这种新型犯罪往往涉及多个专业化主体相互配合。例如在某些“套路贷”犯罪中，爬虫公司专门负责非法采集个人征信信息并出售给贷款平台，风控公司根据目标人群的数据特征设计高利率的算法模型，第三方支付公司则负责资金的分散化、多账户结算，最后某些律师事务所或法律服务平台为非法债务催收提供伪装成合法的法律文书。这种精细化的角色分工使犯罪过程更加隐蔽，增加了执法机关识别与打击的难度。

2.技术平台的基础性支持与犯罪生态圈构建

互联网金融犯罪产业链的专业化背后，是技术平台在犯罪生态中的核心作用。一些互联网技术公司或数据服务商，以提供数据服务、资金结算技术、人工智能算法服务等“技术中立”业务为名，深度介入犯罪过程。在一些互联网金融犯罪中，数据公司为犯罪平台提供潜在受害者的精准画像，第三方支付公司利用技术优势帮助犯罪资金快速流转，形成资金池闭环，从而推动犯罪产业链的高效运转。这种“生态圈”模式使得单一主体难以完全承担法律责任，形成一种“集体无责任”的灰色犯罪网络，增加了刑事追责的难度。

3.法律规避与犯罪合规化的隐蔽性趋势

在犯罪产业链的生态化发展过程中，法律规避和合规伪装成为一种重要趋势。犯罪主体利用产业链分工的模式，将违法犯罪行为分解为多个表面合法的环节，从而模糊法律追责边界。例如，在非法借贷平台中，对资金链路进行多次拆分，使得资金流动和债务关系难以被追踪与界定。同时，某些犯罪主体还利用合规程序与法律术语包装犯罪行为，试图使其表面上合法化。例如，非法债务催收公司借用法律术语进行“合规”催收，使受害人和执法机构难以有效区分合法与非法行为，这种法律规避和合规伪装行为严重阻碍了司法机关对犯罪行为的有效认定与打击。

## 二、新科技革命下互联网金融犯罪类型化解析

从以上内容不难看出，互联网金融犯罪的作案手法、技术手段和犯罪目的都呈现出高度的多样性与动态演化特征。传统的犯罪类型归纳通常以刑法罪名为标准进行简单的分类，但这种方法已不足以揭示现代互联网金融犯罪的深层次机理。因此，有必要从业务载体、技术工具和犯罪目的三个维度出发，深入探讨互联网金融犯罪的具体表现，以期为治理体系的完善提供更加清晰和全面的理论框架。

（一）以业务载体为轴心的基础类型

互联网金融犯罪在当代金融体系中呈现出鲜明的载体依赖特征，其犯罪行为通常与所依托的业务模式深度绑定。具体而言，网络借贷、虚拟资产以及互联网众筹三大业务载体成为互联网金融犯罪的典型实践场域，每一载体中的犯罪类型既反映了技术和商业模式的特征，也揭示了法律规制与风险控制的复杂性。

1.网络借贷类犯罪

网络借贷类犯罪是互联网金融犯罪中较为常见的一种类型，其犯罪特征多体现为形式上的创新与实质上的规避相结合。网络借贷模式

本意是实现普惠金融与金融创新，但在实际运作中成为部分犯罪主体进行非法集资、非法放贷的重要渠道。以“助贷转自融”模式为例，这类犯罪手段通常通过持牌助贷平台的伪装实施。表面上，平台协助金融机构完成借贷流程，实际上则通过虚构第三方借款人，将资金归集后转用于为自身关联企业输血。这一模式规避了银行信贷的传统约束，掩盖了资金实际使用去向，实质上构成了变相自融行为，对金融市场的信任体系造成严重破坏。再如，有的平台利用“AB贷”嵌套结构规避法律，其操作往往较为隐蔽，如表面上用A平台通过合规的低利率贷款达标，B平台则通过“会员费”或“技术服务费”等隐性费用进一步抬高贷款成本，实际综合年化利率早已突破法律允许的36%的上限，这种层层嵌套的设计不仅增加了司法认定的难度，也使得借款人难以察觉其中的违法陷阱。这类犯罪往往具有受害者人数众多、社会影响恶劣、资金链条复杂的特点，使得法律认定和资金追缴难度极大，成为司法治理的重大挑战。

2.虚拟资产类犯罪

在互联网金融犯罪体系中，虚拟资产类犯罪也逐渐发展成为新的风险热点。虚拟资产因其匿名性和跨国流动便利性，成为金融犯罪的理想载体。2022年区块链游戏平台Axie Infinity的专用网络Ronin Network遭受黑客攻击，超过6亿美元的资产被盗，凸显了虚拟资产领域安全漏洞对金融系统的严重威胁。[①]一方面，在虚拟资产洗钱犯罪中，DeFi协议成为犯罪分子规避监管的重要工具。犯罪分子利用跨链桥可以将非法所得转换为隐私币，并通过多个平台进行资金的分散化交易，最终把非法所得兑换成合法资产。这种利用零知识证明技术规避追踪的方式，使得传统执法手段难以有效识别资金流向。另一方面，非同质化代币已成为虚拟资产犯罪的新载体。一些犯罪者通过发行虚假的艺术品非同质化代币募集资金，随后迅速“撤池跑路”；还有犯罪分子将非同质化代币作为抵押工具，通过重复融资来欺骗投资人。这些行为不仅侵害了消费者的权益，也对正在兴起的虚拟资产生态造成了恶劣影响。这类犯罪一旦发

① JORDAN.遭6.24亿美元黑客攻击两年后Ronin卷土重来，哪些经验值得行业学习？[EB/OL].（2024-02-08）[2025-05-10]. https://page.om.qq.com/page/OOt9CoWkZo3QbZSZ3is92U-A0.

生，资金往往迅速跨越多个司法管辖区，增加资金追踪和执法的难度，传统刑事治理手段难以有效应对。

3.互联网众筹类犯罪

互联网众筹模式也被犯罪分子利用演化出新的犯罪形式。原本众筹是为创新项目和初创企业提供资金支持的合法融资手段，但部分犯罪分子将其异化为非法牟利的工具。他们通过发布虚假项目或者过度夸大的宣传信息，以较低门槛吸引公众参与投资，最终卷款逃逸，给公众造成严重经济损失。目前存在两种较为典型的犯罪形式：其一为“股权众筹+对赌陷阱”形式。在这种模式中，融资方通过虚增企业估值吸引散户投资，并与领投人签订抽屉协议，将对赌条款隐藏于投资合同之外。当企业经营不善时，领投人通过对赌协议抽走资金，最终让散户投资者承担全部损失。其二为“产品众筹+传销裂变”形式。犯罪分子以“回报型众筹”为名，通过这种模式引入多层级代理，再以高额佣金诱导代理人发展下线。

（二）以技术工具为标准的进阶类型

互联网金融犯罪出现了明显的技术赋能趋势，犯罪技术的升级迭代直接提高了犯罪行为的智能化和隐蔽化程度，这使得互联网金融犯罪呈现出工具依赖型特征，即犯罪分子通过对技术工具的深度应用和扩展，设计出更加复杂且难以追踪的新型犯罪模式。这些犯罪行为基于算法的驱动、数据的武器化以及虚拟环境中的特殊工具展开，欲通过技术手段规避法律制裁。

1.算法驱动型犯罪

算法在现代金融领域具有核心作用，其在犯罪行为中的滥用使得非法活动更加高效。智能合约犯罪是此类犯罪的典型表现，其本质在于利用区块链技术中智能合约的自动执行机制，通过预设后门代码（如时间锁漏洞）实施“退出诈骗”。犯罪分子利用人工智能技术的深度伪造工具，能够仿造企业高管的声音、图像甚至视频，以高真实性欺骗企业财务人员实施资金转账，造成企业重大经济损失。这一手法极大程度地利用了技术黑箱特性，使得交易的透明性与安全性成为伪命题。这种“AI诈骗”的兴起，使司法机关在案件侦查和证据认定方面面临新的挑战。2023年发生在Arbitrum链上的DeFi项目AnubisDAO的案件便是实例，犯罪分子通过后门卷走1 350万美元投资资金。[①]AI技术的快速发展催生了深度伪造欺诈，其特征表现为生成式AI对声音、图像和文本的精准伪造。例如，犯罪分子利用深度伪造技术模仿企业高管声音，诱导财务人员进行大额转账，或者通过生成虚假财务报告骗取投资。这类犯罪行为大大降低了传统防诈骗机制的防御能力，直接威胁到金融秩序的稳定性。

2.数据武器化犯罪

数据武器化也成为一种新的犯罪技术趋势。犯罪主体通过非法入侵金融机构或网络平台获取大量用户数据，随后利用数据进行精准诈骗或敲诈勒索活动。例如，近年来频繁发生的个人信息泄露案件中，犯罪组织通过非法获取公民的征信数据、银行流水数据乃至社交数据，精准定位具有高经济价值的受害人，实施金融诈骗活动，严重破坏了公民的财产安全和隐私权保护。这种数据驱动型犯罪在法律层面上的证据认定和追责难度较高，司法治理需要更加精细的技术手段与法律规则的协同。

3.元宇宙场景犯罪

元宇宙技术的兴起进一步拓宽了互联网金融犯罪的技术场景。虚拟世界的资产交易活动使得犯罪分子可以在虚拟空间内实施非法集资、诈骗、洗钱等行为。例如在虚拟地产交易领域，一些平台以“元宇宙土地投资”为名吸引公众投资，虚假宣传项目前景以制造投资泡沫，最终导致投资者遭受重大经济损失。例如，以“边玩边赚”为噱头的GameFi项目频繁出现庞氏骗局模式，使投资者成为受害者。[②]

（三）以犯罪目的为导向的实质类型

从犯罪目的的视角来看，互联网金融犯罪可进一步细分为资金掠夺型、权力攫取型和系统破坏型三种基本类型。

1.资金掠夺型犯罪

资金掠夺型犯罪是互联网金融犯罪中最直观、最常见的类型，其核心目的是利用非法手段获取大规模的资金。这种犯罪形式不仅表现在虚拟货币交易所的黑客攻击中，还包括针对区块链网络的专业化入

---

① 币界网. ARB链上DeFi项目DeltaPrime疑似遭遇攻击，当前损失约450万美元[EB/OL].（2024-09-16）[2025-05-10]. https://m.btcbaike.com/kx/xw1o.html.

② 大多数庞氏型GameFi项目的核心在于“外循环”模式，即通过吸引新玩家的资金来支付老玩家的收益。这种模式在初期可能表现出高回报，一旦新玩家数量减少或资金流断裂，整个系统便会崩溃。

侵，以达到掠夺加密资产的目的。以臭名昭著的“拉撒路集团”为例，该黑客组织多次针对全球范围内的加密货币交易所和区块链网络展开攻击。据统计，仅在2022年一年中，拉撒路集团就通过精心策划的网络攻击，从多个区块链网络中窃取了价值数亿美元的加密资产。[①]这类犯罪活动表现出高度的国际化与专业化特征，其复杂的资金转移路径和广泛的跨境洗钱机制大大增加了执法机构追踪与追责的难度。

2.权力攫取型犯罪

权力攫取型犯罪更加隐蔽，通常表现为对数据、技术平台或核心系统的操控，以获取经济或社会层面的更高权力。例如，黑客通过精准的网络攻击窃取政府机构、国际组织或跨国企业的敏感信息，继而将这些信息作为谈判或敲诈的筹码，实施政治影响或经济勒索。相比资金掠夺型犯罪，这类犯罪对公共安全和经济秩序的潜在威胁更为深远。实施这类犯罪者往往在暗网中策划和实施，善于利用加密通信、虚拟货币洗钱等技术进行隐匿，极大地提高了侦查与处置的难度。

3.系统破坏型犯罪

系统破坏型犯罪的目标则直接指向金融市场的核心稳定性，其目的在于利用技术手段制造大范围的混乱或危机。2016年发生在孟加拉国央行的黑客攻击事件便是这种犯罪类型的典型案例。当时，犯罪分子利用该央行连接到国际资金清算系统（SWIFT）网络的漏洞，试图非法转移近10亿美元资金，尽管最终只有8 100万美元被非法转移，但这一事件仍暴露出全球金融基础设施的安全漏洞。[②]系统破坏型犯罪的核心威胁在于其可能引发连锁反应，影响范围远超个别机构或国家。例如，如果全球外汇结算网络、证券交易清算系统等关键金融基础设施受到攻击，可能导致国际金融市场的系统性危机，甚至威胁到全球经济的稳定。这种犯罪的实施者通常拥有高度复杂的技术背景，并通过设计细致入微的攻击路径，成功规避现有的安全检测机制。

---

① 区块链卫道士．朝鲜黑客6年中窃取了30亿美元加密货币［EB/OL］．（2023-12-02）［2025-05-05］．https：//baijiahao．baidu．com/s？ id=1784186031009660853&wfr=spider&for=pc.

② CIMPANU C.黑客十年：2010年代最著名的网络安全事件（下）［EB/OL］．刘志勇，译．（2019-12-07）［2025-05-10］．https：//cloud.tencent.com/developer/news/490024.

第二章

# 新科技革命下互联网金融治理应对

## 第一节 互联网金融犯罪的技术代际更新

互联网金融犯罪的技术代际更新实质上反映了犯罪分子对新兴技术的滥用。技术的特性被不法分子利用，为其犯罪手段的复杂化、隐蔽化提供了更多的可能性。这种更新不仅表现为犯罪工具的不断升级，还体现在技术逻辑被恶意植入犯罪生态，推动了犯罪行为的系统化与效率提升上。与此同时，犯罪形式正从使用单一技术的简单模式逐步转向以技术为支撑的复杂模式，并从分散的局部行为发展为更具系统性的违法操作。在互联网金融犯罪现象透视与解析部分，我们看到现代技术为犯罪提供了更多途径和隐蔽手段。在新科技革命下，互联网金融犯罪已经从依赖传统工具的模式逐渐发展为以技术为核心驱动的非法活动。因此，在进入刑事治理讨论之前，有必要以技术代际更新为视角梳理犯罪的演进。

### 一、技术代际更新的演进逻辑

互联网金融犯罪的技术代际演进，清晰地呈现出由工具依附、技术嵌入再到技术主导的三重阶段性特征。技术在犯罪活动中的作用已从辅助性工具，演变为犯罪系统的核心构建要素，进而逐步改变了犯罪组织结构与操作逻辑。

（一）工具依附阶段

互联网金融犯罪的最初形态，是以传统金融犯罪模式为基础，通过互联网技术提升犯罪的传播速度和作案效率。在这一阶段，技术的作用主要体现为“效率放大器”，即在既有犯罪模型的基础上，利用互联网的便捷性和匿名性扩大犯罪规模，降低犯罪门槛。在早期的互联网金融犯罪中，技术的介入方式主要表现为信息传播和受众扩展。例如，利用电子邮件、网络广告、社交平台等手段，犯罪分子可以在短时间内向大量潜在目标推送虚假金融产品或投资方案。[①]这种“广撒网”的模式，虽然在作案方式上引入了技术介质，但其本质仍然

① 李兰英，孙亚．新型网络金融犯罪问题研究［M］．厦门：厦门大学出版社，2021：4.

是传统的欺诈模式。

在工具依附阶段，犯罪门槛的降低使得互联网金融犯罪逐步平民化和规模化。低技术门槛使得更多人参与其中，例如使用简单的网页搭建工具创建钓鱼网站，或模仿合法金融平台设计虚假投资平台。这类犯罪方式不需要复杂的技术技能，却能迅速吸引大量受害者形成规模效应。在此阶段，犯罪分子利用第三方支付平台、跨境支付系统、电子钱包等技术手段，能够在极短时间内完成多次交易与货币转换，从而在法律与监管部门介入之前完成赃款清洗和资产转移。[①]通过多层级的支付系统，犯罪分子可以绕开金融监管，构建隐蔽的资金流转网络。

（二）技术嵌入阶段

随着大数据、云计算和人工智能技术的迅速发展，互联网金融犯罪逐渐进入技术深度嵌入的新阶段。在这一阶段，技术已不再是单纯的工具，而是融入犯罪流程的各个环节，参与犯罪决策、目标筛选和风险规避等策略的制定，逐步形成技术与犯罪活动相互作用的新格局。借助大数据和机器学习技术，犯罪分子能够对海量数据进行挖掘并建立用户画像，以精准锁定受害者群体。例如，通过分析用户的浏览记录、购物偏好和社交网络活动，犯罪分子能够预测受害者的消费能力和投资倾向，进而设计出更具针对性的诈骗方案。[②]这种精准化的方式大幅提升了诈骗成功率，使犯罪活动从广泛撒网转向精确打击。

在这一阶段，技术被犯罪组织用来优化作案模式。例如，非法借贷平台利用人工智能技术分析用户的行为模式，制定吸引用户“上钩”的最优策略，或是虚拟货币交易平台通过操控交易量和价格波动，引诱用户陷入投机性交易。[③]这些手段依托算法的动态调整能力，使犯罪模式变得更加复杂和隐蔽，不再依赖于传统犯罪分子个人经验的判断。随着技术的深度应用，数据驱动型犯罪链条逐渐成形。

① 李兰英，等．网络金融犯罪的刑事治理研究［M］．厦门：厦门大学出版社，2021：12．

② 余绪鹏，郭文艳．数字化诈骗的概念阐释、运作逻辑与治理路径［J］．天津师范大学学报（社会科学版），2024（6）：109-119．

③ 吴超祥，陈玉祥，谢文峰．基于5G NWDAF实时构建用户画像防范电信诈骗方案的研究［J］．中国战略新兴产业，2024（35）：67-69．

犯罪分子通过爬取社交网络、电子商务平台和地理位置信息等数据，建立综合数据池，并运用算法模型生成自动化的诈骗方案。[①]犯罪分子通过自动化的信息推送、拟人化聊天以及交互式骗局设计，使犯罪活动从策划到实施实现了高度自动化和动态调整，能够形成完整的作案链条。此阶段在金融机构依赖智能风控系统监控风险的同时[②]，犯罪组织也在针对这些系统寻找漏洞。

（三）技术主导阶段

人工智能、区块链、元宇宙等新兴技术的高度成熟，使得互联网金融犯罪进入技术主导阶段。互联网金融犯罪在技术主导阶段展现了系统性的重构，这种变化深刻影响了犯罪手段和犯罪生态的运作逻辑。此时技术已深度嵌入犯罪流程，成为犯罪逻辑的关键支柱。犯罪活动不再单纯依赖人为操作，而是更多依靠技术系统的自动化、自主优化和自我组织能力完成。技术的主导作用使犯罪行为更加隐蔽，也在法律和监管层面带来了更复杂的挑战。以区块链技术为例解释这一问题，尽管该技术推动了去中心化交易平台和去中心化金融的发展，但犯罪分子很可能利用智能合约扮演犯罪中介的角色，通过编写特定的合约代码，使得洗钱、欺诈、操纵市场等行为被自动执行。[③]由于智能合约在执行过程中不受人为干预，传统的法律追责模式难以适配。

同时，生成式人工智能为犯罪活动提供了伪造身份、虚假材料和市场操纵的新工具。借助深度学习模型和对抗性网络，犯罪分子能够生成高度逼真的音视频内容，用于冒充金融机构或交易平台，诱骗用户提供敏感信息。[④]通过生成虚假的身份认证材料，犯罪行为更容易绕过现有的审核与验证机制。此外，元宇宙作为虚拟与现实结合的数字化场域，也为犯罪活动提供了新的隐匿空间和操作方式。元宇宙中的资产交易、身份互动和金融活动以虚拟形态运行，犯罪分子能够通

---

① 吕雪梅，徐志香．大数据驱动的犯罪治理模式的现实困境与破解路径［J］．北京警察学院学报，2021（4）：72-77.

② 周光友．互联网金融［M］．2版．北京：北京大学出版社，2022：262.

③ 赵丽君．智能合约的应用风险及法律规制［J］．理论观察，2024（11）：139-143.

④ 赖志茂，冯聪，廖广军．可视身份深度伪造诈骗犯罪的机理分析及防御策略研究［J］．公安研究，2025（2）：80-90.

过虚拟身份进行匿名操作。[1]这些虚拟资产还可以作为洗钱和隐藏非法收益的工具。由于元宇宙交易平台可能位于不同的司法管辖区，法律追责往往面临巨大的跨境障碍。

## 二、新科技革命下的代际特征

### （一）技术自主性驱动的犯罪升级

新科技革命赋予技术系统前所未有的自主决策能力，从根本上重构了互联网金融犯罪的运行逻辑。深度学习模型通过持续的数据训练与参数优化，能够自主生成超越人类经验范畴的犯罪策略。这种自主性并非简单的算法效率的提升，而是技术系统对犯罪全流程的深度介入。犯罪分子利用机器决策替代人类判断，从目标筛选、方案设计到执行优化，完全都可以依赖于机器。算法黑箱的存在进一步增强了犯罪行为的不可解释性，传统法律框架中的因果关系认定模式面临失效危机。

当智能合约基于预设逻辑自动触发资金转移、资产清算等操作时，犯罪过程呈现出去人化特征，技术系统成为事实上的犯罪主体。这种闭环运作模式形成机器策划、自动执行到动态优化的强化循环，而每一次犯罪行为的实施数据又都将反馈至算法模型，驱动其迭代升级犯罪策略，使得犯罪系统的适应性与抗打击能力呈指数级增长。技术自主性最终导致犯罪权力结构的根本性转移，人类从犯罪行为的直接实施者退化为技术系统的维护者与旁观者，传统以行为人为核心的刑事责任体系遭遇解构性挑战。

### （二）虚实交融扩展犯罪维度

前文提到，元宇宙技术的深度发展催生出虚实交融的新型犯罪空间，这彻底突破了传统犯罪行为的物理边界与法律管辖逻辑。虚拟身份缺乏清晰的法律属性，使得犯罪主体的身份认定变得尤为困难。数字分身与现实中的生物特征脱节，使行为责任难以被明确归属到现实个体，这为隐蔽犯罪行为提供了便利。与此同时，数字资产的跨链流动重新定义了价值转移的路径。借助异构区块链网络的桥接协议，犯

① 李钰彬，覃泽敏．元宇宙空间犯罪的规制逻辑、风险识别与应对理路［J］．治安学研究，2024（2）：59-83.

罪资金能够在多个区块链之间快速转换和匿名流转，传统基于账户体系的资金追踪机制在这种模式下完全失效。智能合约进一步增强了跨境犯罪的隐蔽性，利用代码的自运行和自动化特性，交易规则可以无缝适配全球网络节点，从而突破司法管辖的地域限制。这种自动化执行能力使得智能合约成为技术避风港，为犯罪行为创造了监管盲区。

在这样的背景下，犯罪行为逐渐演化为跨越多个维度的复杂过程。前期在物理世界中完成犯罪的技术准备与组织协调，然后在虚拟空间中完成交易谈判和执行智能合约，最终在区块链网络上实现痕迹隐匿和证据销毁，形成了完整且高效的攻击链条。这种多维犯罪网络模糊了行为实施地与结果发生地之间的对应关系，不仅使传统法律框架难以适应，还通过技术特性将单一犯罪行为的影响扩展到更复杂的虚实结合空间，令以物理空间为基础的法律规制机制面临全面挑战。

（三）技术特性异化的系统性风险

新科技革命的核心技术特性在犯罪场景中被深刻异化，从最初作为风险防控工具的角色，逐渐蜕变为系统性风险的源头。这种异化在区块链技术中尤为明显。区块链的不可篡改性原本旨在增强数据可信性，但在犯罪生态中，这一特性却成为犯罪证据的屏障。非法交易记录一旦记录在链上，便获得了时间戳认证，其不可删除的特性反倒为犯罪分子构建了技术壁垒，极大地限制了司法机构的证据取证能力。

人工智能的预测分析能力也被犯罪分子滥用，成为他们规避监管的有效工具。通过逆向开发，机器学习模型能够模拟监管规则的演化路径，动态调整犯罪行为以伪装成合规状态。这种算法对抗算法的模式削弱了监管的主动性，形成了技术驱动下的监管套利。同时，数据垄断现象进一步加剧了犯罪资源分配的不平等。头部平台凭借对用户行为数据和算力资源的掌控，形成了技术优势显著的犯罪特权阶层，而中小型犯罪组织则因缺乏数据和技术支撑，逐渐被排除在外。这种局面加剧了犯罪生态中的权力集中与阶层固化。

## 第二节　互联网金融治理的法律框架梳理

互联网金融的迅猛发展不仅以技术创新为动力重构了传统金融业态，更给法律治理体系带来了全方位的深刻挑战，折射出现代社会中技术与制度之间复杂而动态的博弈关系。在金融科技的推动下，互联网金融突破了传统金融的边界，其所涉及的业务模式不断演进，从第三方支付、网络借贷到虚拟资产交易和去中心化金融，每一项创新都深刻影响着法律规范的适用边界，并对传统监管工具提出了全新的要求。在这一过程中，法律治理体系的构建不再只是针对个别行业现象的被动反应，而是逐步发展为一种以制度理性驾驭技术创新的主动性探索。我国通过十余年的政策制定与实践改革，逐步形成了一套兼具回应性与前瞻性的治理体系，以《中华人民共和国民法典》（简称《民法典》）为基础提供整体性支撑，同时辅以专项法规的分类规制、技术工具的动态治理以及刑事司法的底线保障。这一多层次的治理框架既回应了互联网金融高速发展所带来的现实挑战，也体现了国家治理现代化进程中的法治逻辑与规范创新。随着金融稳定法立法进程的推进，我国法律治理将进一步完善，特别是在应对算法歧视、跨境数据流动和技术资本扩张等新型问题上，需要更具前瞻性和适应性的制度设计，为数字经济时代的金融发展提供坚实的法治保障。

## 一、顶层设计的政策框架

我国互联网金融治理始于政策引导阶段，通过明确监管职责和基本原则，为互联网金融的规范发展奠定基础。2015年中国人民银行等十部委联合发布的《关于促进互联网金融健康发展的指导意见》（以下简称《指导意见》）是这一阶段的重要里程碑。[①]该文件首次将互联网金融纳入监管范畴，提出“分类监管、协同治理”的基本原则，从制度层面为互联网金融提供了初步规范。具体而言，《指导意见》明确了互联网金融主要业务的监管归属，即第三方支付由中国人民银行监管，网络借贷由当时的银监会负责，股权众筹由证监会管理。这种分类监管模式奠定了我国互联网金融监管的基本架构，为互联网金融的分业管理和分工协作提供了制度保障。同时，《指导意见》提出促进创新与防范风险并重的方针，通过鼓励创新、规范发展

① 中国人民银行，工业和信息化部，公安部，等. 关于促进互联网金融健康发展的指导意见：银发〔2015〕221号［A/OL］.（2015-07-18）［2025-05-10］. https://www.gov.cn/gongbao/content/2015/content_2975901.htm.

的方式推动行业健康发展。这一政策的出台在快速发展的互联网金融领域实现了法律与制度的适时引导。

在互联网金融快速发展的背景下，风险问题逐步暴露，促使监管政策逐步转向“从严监管”，强化对行业的全面整顿。2016年国务院办公厅发布的《互联网金融风险专项整治工作实施方案》启动了一场系统性行业整顿，其主要目标是化解互联网金融领域累积的风险，解决网贷、第三方支付等领域存在的突出问题。该整治方案首先针对网贷行业乱象提出专项规范，通过要求平台备案、加强资金存管、全面清理违规机构等措施，大幅度降低了行业的潜在风险。[①]此外，在第三方支付领域，方案强调资金流向的透明管理与账户分离，切断风险隐患的链条。这一阶段的行业整顿不仅抑制了非法集资和信息中介角色异化等问题，还通过逐步压缩高风险模式的空间，重塑了行业的基本秩序。

互联网金融风险的复杂化和产品模式的创新化，促使监管政策进一步强化穿透式监管理念。2018年，中国人民银行联合银保监会、证监会等发布了《关于规范金融机构资产管理业务的指导意见》（银发〔2018〕106号）（简称资管新规），首次将互联网金融产品全面纳入穿透式监管范围。[②]穿透式监管的核心理念在于以功能为导向，通过剖析金融产品和活动的底层逻辑，发现潜在风险来源。互联网金融产品多采用复杂的技术手段和非传统运营方式进行包装，导致传统监管框架难以有效覆盖。例如，网贷平台常通过技术手段掩盖自融行为，甚至卷入资金池等高风险活动。穿透式监管以透明性为原则，要求剥离产品结构，通过洞悉资金流向和交易实质，实现精准化监管。这一监管模式不仅从根本上提升了对风险的感知和治理能力，也为互联网金融的规范发展注入了制度驱动力。

互联网金融治理政策的演变，折射出我国在创新激励与风险防控之间的动态平衡。这种平衡体现在政策从引导创新到强调整治的转变

① 国务院办公厅. 互联网金融风险专项整治工作实施方案：国办发〔2016〕21号[A/OL].（2016-10-13）[2025-05-10]. https://www.gov.cn/zhengce/content/2016-10/13/content_5118524.htm.

② 中国人民银行，中国银行保险监督管理委员会，中国证券监督管理委员会，等. 关于规范金融机构资产管理业务的指导意见：银发〔2018〕106号[A/OL].（2018-04-27）[2025-05-10]. https://www.gov.cn/xinwen/2018-04/27/content_5285330.htm.

过程中。早期政策对创新业务的包容态度，使得互联网金融快速发展，带动了金融服务模式的创新和效率的提升。然而，在风险暴露后，政策迅速调整，通过整顿和监管避免系统性风险的扩散。例如，网络借贷的兴衰充分反映了这种政策的动态平衡。早期鼓励性政策推动了行业的蓬勃发展，但随着不良平台的大量爆雷，监管政策及时加码，通过专项整治逐步实现了行业的出清与规范化。

顶层设计的政策框架逐渐从基础性规则向综合性治理演进，其演化过程体现了我国监管体系对互联网金融治理的灵活性与适应性。然而，随着新技术和新模式的不断涌现，现有政策框架仍需持续优化。例如，针对算法权力带来的歧视问题、跨境数据流动涉及的主权争议等新挑战，应通过更具前瞻性的立法与政策设计予以应对，为互联网金融的高质量发展提供更为坚实的制度保障。

## 二、分业监管的专项法规框架

根据《中华人民共和国银行业监督管理法》、《中华人民共和国商业银行法》（以下简称《商业银行法》）、《中华人民共和国保险法》、《证券法》等法律法规的规定，我国金融机构主要包括银行类、保险类、证券类和信托类机构，并实行分业监管。随着分业监管法律体系的逐步确立，我国金融监管格局也随之不断演进与调整。中国人民银行的部分监管职能逐步划转至其他专门监管机构，监管分工日益细化和完善。

我国金融监管格局经历了几个重要的阶段：（1）起步阶段（1949　1978年）：新中国成立初期，金融市场主要由中国人民银行统一管理，其负责中央银行职能和商业银行业务。（2）过渡阶段（1979—1992年）：改革开放后，逐步确立社会主义市场经济体制，中国农业银行、中国银行、中国建设银行、中国工商银行等银行从中国人民银行独立出来，保险、信托、证券等非银金融机构也迅速发展。（3）发展阶段（1992—2017年）：1992年国务院证券委员会和中国证券监督管理委员会（简称证监会）成立，1998年中国银行业监督管理委员会（简称银监会）和中国保险监督管理委员会（简称保监会）相继成立，形成“一行三会”分业监管格局。（4）继续发展阶段（2018—2023年）：2018年银监会和保监会合并成立中国银行保险监督管理委员会（简称银保监会），形成“一委一行两会”的格局，进一步强化金融监管协调。（5）完善阶段（2023年至今）：2023年3月，中共中央、国务院印发《党和国家机构改革方案》，决定在银保监会基础上组建国家金融监督管理总局。2023年5月18日，国家金融监督管理总局正式揭牌，标志着我国金融监管体系从“一行两会”迈入“一行一总局一会”新格局。

当前，中国人民银行负责制定和执行货币政策，维护金融体系稳定；国家金融监督管理总局统一负责除证券业之外的金融业监管，包括机构监管、行为监管、功能监管等；证监会专门负责资本市场的监管，包括股票、债券等证券业务。互联网金融的业务开展同样在“一行一总局一会”的监管下进行，其所依据的专项法规可以根据互联网金融的业务进行以下分类：

（一）支付结算类

支付结算类业务作为互联网金融的重要组成部分，主要涵盖了第三方支付、电子支付和跨境支付等形式，涉及大量的资金流转和交易行为。为了确保支付结算领域的安全、透明与高效运行，中国人民银行承担起总体监管职责，并通过专项法规予以规制，而中国人民银行的分支机构根据授权，承担起支付结算业务的区域性监管职责。例如，分支机构负责支付机构备案管理、业务审查以及日常监管，并对辖区内的资金流向和交易行为进行动态监控。这种多层级的监管体系为支付结算市场的有序运行提供了制度保障。

其中，《非银行支付机构网络支付业务管理办法》（2016年实施）和《非金融机构支付服务管理办法》（2010年实施）构成了支付结算类业务的法律基础。这些法规明确了支付机构的业务准入条件、资金存管要求以及风险防控机制，要求支付机构必须将客户的备付金全额存放于指定的商业银行账户中，以确保用户资金与支付机构自有资金隔离，杜绝挪用风险，并对网络支付业务的流程设计、安全性要求以及数据保护作出了具体规定。①

随着第三方支付市场的迅速发展，行业集中化趋势逐渐显现。

① 王君权.《非银行支付机构网络支付业务管理办法》述评［J］. 吉林金融研究，2016（2）：73-76.

2021年的《非银行支付机构条例（征求意见稿）》首次引入反垄断规制，明确规定支付机构的市场支配地位认定标准，尤其对市场份额超过1/3的支付机构提出了更严格的合规要求。这一政策的出台不仅规范了支付市场竞争秩序，还避免了头部支付平台形成垄断地位。同时，为了提升用户体验和保障消费者权益，支付结算法规还提出了支付机构的信息透明化义务与投诉处理机制。[①]例如，该条例要求支付机构向用户充分披露交易费用和清算时间，并建立高效的客户服务机制，快速处理客户投诉，保障支付交易的公平性与安全性。

支付结算类业务在互联网金融中承担着重要的基础性功能，其规范发展直接关系到金融市场的稳定运行。通过中国人民银行总行及分支机构的分层监管、《非银行支付机构网络支付业务管理办法》等专项法规的实施，我国支付结算领域的行政监管法律框架已初步形成并不断完善。未来，随着支付行业技术创新的加速，监管政策仍需在促进创新与防控风险之间取得更精准的平衡，以应对支付生态的复杂性和多样化挑战。

（二）互联网众筹类

众筹类业务是互联网金融的一种重要模式，主要包括奖励众筹、股权众筹和公益众筹等形式，涉及社会公众通过互联网平台集资以支持特定项目或企业融资的活动。众筹业务因其便捷性和普惠性而迅速发展，但也引发了非法集资、信息不透明等风险。因此，监管机构通过出台专项法规，加强了对众筹业务的监管，确保行业健康发展。根据《私募股权众筹融资管理办法（试行）》（2014年发布），众筹业务总体由证监会负责监管。同时，证监会下属的地方派出机构根据授权，承担具体的众筹业务审批、备案以及日常监管职责。例如，地方派出机构对辖区内众筹平台的合规性进行动态监控，确保信息披露充分、资金流向透明。这种中央与地方协作的监管体系为维护众筹市场秩序提供了制度保障。

作为众筹监管的基础性法规，《私募股权众筹融资管理办法（试

---

① 顾尧舜．非银行支付机构反垄断规制措施研究——兼议《非银行支付机构条例（征求意见稿）》[J]．上海立信会计金融学院学报，2021，33（5）：25-34．

行）》明确规定了平台的准入条件、运营范围及信息披露要求。[①]然而，随着众筹业务模式的创新和复杂化，行业内出现了一些违规现象，如利用众筹平台开展非法集资或欺诈行为。为进一步加强监管，2019年证监会启动了对股权众筹行业的清理整顿，对未完成备案或存在违规行为的众筹平台进行严格处置。这一措施显著提高了行业的透明度和规范性。

此外，众筹类业务的法律框架还注重消费者权益保护，要求众筹平台建立健全的用户投诉处理机制，并通过加强技术防控（如智能风控系统），提高对项目真实性的审核能力，从而减少欺诈行为的发生。众筹类业务在互联网金融中展现出巨大的创新潜力和经济促进作用，但其伴随的高风险也对监管提出了更高要求。因此，随着众筹模式的不断演变，监管政策应进一步完善，通过强化透明度、推动技术创新以及加强与其他金融业务监管的协同，确保众筹行业在合法合规的轨道上稳健运行。

（三）互联网保险类

互联网保险业务是互联网金融的分支之一，其通过在线化的保险销售和服务，为消费者提供了更便捷和多样化的选择。目前，互联网保险模式逐渐成为传统保险业的重要补充，但其也暴露出平台资质不足、产品设计不规范等问题，为此国家加强了对互联网保险业务的监管，通过颁布和实施专项法规明确其经营边界和合规要求。[②]根据《互联网保险业务监管暂行办法》（2015年发布）及其后续的《互联网保险业务监管办法》（2021年实施），彼时互联网保险类业务总体由中国银保监会负责监管。如前所述，由于国家机构改革，国家金融监督管理总局接管了银保监会的职责，目前国家金融监督管理总局根据专项法规对互联网保险进行监管。

《互联网保险业务监管暂行办法》首次明确了互联网保险的定义及经营规范，要求所有从事互联网保险业务的平台和机构必须取得银保监会颁发的经营许可，并对保险业务的线上化销售提出了准入要

① 王斐民，郭辉．股权众筹投资者适当性的法律问题与制度塑造——兼评《私募股权众筹融资管理办法（试行）（征求意见稿）》的相关规定［J］．经济法学评论，2015，15（1）：229-242.

② 高玉洁．金融审计视角下互联网保险风险控制与对策［J］．产业创新研究，2024（21）：95-97.

求。而《互联网保险业务监管办法》在《互联网保险业务监管暂行办法》的基础上，对互联网保险平台的经营行为提出了更严格的要求，进一步明确了“持牌经营”与“合法合规”的原则，要求只有持有保险业务牌照的机构才能在网上经营保险业务，禁止无牌机构开展任何形式的保险业务。[①]为了提升互联网保险业务的透明度和用户体验，法规规定保险平台和机构需履行全面的信息披露义务，包括但不限于产品条款、服务内容、费率信息以及风险提示。

互联网保险业务高度依赖于技术平台，对用户数据的收集与分析是其核心运作模式之一。在这种情况下，监管部门应当依据《中华人民共和国网络安全法》（以下简称《网络安全法》）和《个人信息保护法》，对数据管理进行严格监管，确保平台能够保护客户的信息安全和隐私，禁止平台滥用大数据进行差异化定价或剥削客户权益。值得注意的是，随着人工智能、大数据等新兴技术的普及，互联网保险领域的新模式和新产品将会层出不穷。例如，智能保险顾问和微型保险产品日益受到市场欢迎。此时监管部门在鼓励创新的同时，也应加强风险控制措施，确保新兴技术的使用合法、合规。

（四）网络借贷类

网络借贷类业务主要包括个人消费贷款、小额信贷和中小企业融资等形式。随着网络借贷行业的快速发展，其在提升金融普惠性和服务效率方面发挥了积极作用，但其高风险特性也对监管提出了较高的要求。经过多年的探索，目前我国已初步建立起覆盖网络借贷业务全链条的行政监管法律框架。2016年8月，银监会发布了《网络借贷信息中介机构业务活动管理暂行办法》，对网络借贷平台的性质等问题进行了明确，规定了平台的信息披露要求、风险管理措施、资金存管制度等内容。这一文件的出台标志着我国网贷平台监管进入了制度化、规范化的新阶段，为网贷平台的健康发展提供了政策支持和法律保障。[②]

同年10月，银监会又发布了《网络借贷信息中介机构备案登记

---

① 李昂．由监管制度演进看《互联网保险业务监管办法》［J］．当代金融家，2021（3）：88-90.

② 李文吉．P2P网络借贷平台异化的刑法教义学分析——以《网络借贷信息中介机构业务活动管理暂行办法》为分析对象［J］．苏州大学学报（法学版），2020，7（1）：106-120.

管理指引（试行）》，要求网贷平台在开展业务前进行备案登记，并对备案程序、备案材料和监管要求作出详细规定，以确保平台合规运营，这进一步强化了对网贷平台的监管，为行业规范发展奠定了基础。2019年7月，中国人民银行、银保监会等部门联合发布了《关于做好网贷机构分类处置和风险防范工作的意见》，提出了网贷机构分类处置的原则和措施，包括清退、转型和合规发展，旨在进一步加强网贷行业的风险防控。这一文件的出台，为网贷机构的健康发展和市场稳定提供了重要指导。

通过这些行政法规和规章，国家对网贷平台的运营和管理提供了全面的法律指导和规范，为行业的健康有序发展奠定了坚实的基础。随着网络借贷行业的整顿和规范化发展，监管政策逐步从风险出清转向支持合规平台的创新发展。例如，鼓励持牌机构通过金融科技手段提升服务效率，为中小企业和个人消费者提供更优质的金融服务。同时，监管机构将继续加强对跨境借贷和新兴业务模式的监控，确保行业在合法合规的轨道上稳健运行。

（五）互联网基金销售类

互联网基金销售类业务是互联网金融在资产管理领域的重要实践，主要通过线上平台向投资者提供公募基金产品的申购、赎回及信息服务。这类业务依托互联网技术突破传统销售渠道的地域限制，显著提升了基金产品的可获得性和交易便利性，但也存在销售适当性管理不足、信息披露不充分、技术安全风险等问题。我国通过构建以证监会为核心的多层次监管体系，并颁布专项法规，对互联网基金销售业务进行全面规范。

互联网基金主要依据《中华人民共和国证券投资基金法》（2015年修正）（以下简称《证券投资基金法》）及证监会颁布的配套规章开展和监管业务。《证券投资基金法》是基金行业的基本法，规定基金募集、销售、托管和当事人的权利义务。该法明文要求基金份额的募集与销售只能由基金管理人或其委托的符合资格的基金销售机构办理。在基本法下，证监会制定了《证券投资基金销售管理办法》等规章对基金销售业务进行细化规范。《证券投资基金销售管理办法》（证监会令第91号）最初发布于2011年，对基金销售机构的业务范围、执业规范等作出了具体规定。随着行业的发展和监管需求的变化，证监会于2020年对该办法进行了全面修订，发布《公开募集证券投资基金销售机构监督管理办法》（证监会令第175号），自2020年10月1日起施行。新规在发布施行时明确废止了原《基金销售管理办法》，实现新旧规则的衔接过渡。[①]此外，基金销售业务还需遵守一些交叉适用的监管规定，如《中国人民银行反洗钱办法》、证监会《关于证券期货经营机构及其工作人员廉洁从业规定》、《证券期货投资者适当性管理办法》等，这些法律法规共同构成了当前互联网基金销售的监管体系。

当前，互联网基金销售已形成以持牌独立销售机构、商业银行及第三方支付平台为主体的市场格局。随着“基金投顾”等创新业务的发展，监管重点逐步从准入审批转向行为治理，强调销售机构需以投资者利益为核心，平衡服务效率与合规底线。随着跨境基金销售试点推进与人工智能技术的深度应用，监管需进一步强化跨境数据流动审查，并建立算法伦理评估机制，确保技术创新与投资者保护并重。

（六）征信类

互联网征信是利用互联网技术和大数据对个人或企业的信用信息进行采集、分析和评价，并提供信用报告或评分的服务。这一新兴领域在促进普惠金融、提高借贷决策效率方面具有重要作用，但也带来了数据安全和隐私保护等挑战。为确保互联网征信业务健康发展，我国逐步建立了完善的监管体系和法律框架。我国互联网征信业务的监管采取“中央银行主管、金融监管协调”的模式。[②]中国人民银行作为征信业的主管机关，负责征信机构的市场准入许可、业务规则制定以及日常监督检查等。国家金融监督管理总局作为国务院直属机构，统一负责除证券业外整个金融业的监管，包括对银行、保险、信托等机构的监管和消费者权益保护。这意味着在征信领域，中国人民银行与国家金融监督管理总局需密切分工协作。中国人民银行侧重于对征信行业本身的监管，而金融监管总局侧重于监督持牌金融机构在业务中对信用信息的合理使用和风险防范。双方通过法规衔接和信息共

---

① 程雪军．互联网消费信贷资产证券化的法律规制研究［J］．经济法论坛，2022，29（2）：97-114.

② 高勇，陈芸．征信新规下企业征信市场合规监管和持续发展的路径研究——以安徽省芜湖市为例［J］．金融科技时代，2023，31（06）：10-13；20.

享，形成对互联网征信业务的协同监管，防止出现监管真空或重叠。此种监管框架在近年金融监管改革中不断完善，有助于弥补多头监管的漏洞，强化对大型科技平台等从事征信相关业务的监管约束。

在互联网征信出现之前，我国的征信体系主要服务于传统金融领域。20世纪80年代，一些地方开始探索建立征信机构，但进展有限。直到2006年，中国人民银行主导建立全国集中统一的金融信用信息基础数据库，收录了数亿人的银行信贷记录。这一官方征信系统极大改善了银行业的信息不对称问题，但其覆盖面主要限于持牌金融机构的信贷数据。也就是说，没有办理信贷业务的人不会在中国人民银行征信系统留下信用记录。例如，许多中小微企业主、农民和大学生等群体，他们可能没有银行贷款或信用卡，但在互联网经济中产生了丰富的替代性信用数据。这为互联网征信的兴起孕育了需求动因。2013年之前，我国对征信活动缺乏专门立法规范，不同机构各自为政，市场比较混乱。2013年《征信业管理条例》的出台，正是为了回应征信业快速发展中的立法空白问题，标志着征信行业进入有法可依的新阶段。

伴随着互联网金融的蓬勃发展，传统征信无法覆盖的领域出现了大量信用服务需求。电商平台、网贷平台、消费金融公司等积累了丰富的用户交易和行为数据，希望对这些数据加以利用，为客户提供信用评估服务，方便发放小额贷款、办理分期付款业务等。2015年前后，被称为“互联网征信”的各种大数据风控和信用评分产品涌现。在当时监管尚不明确的情况下，这些关于互联网征信的探索为推进普惠金融提供了创新工具，但也引发了人们对数据隐私和算法公平的担忧。为引导行业规范发展，2015年中国人民银行选择芝麻信用、腾讯征信等8家机构开展个人征信业务准入试点，允许它们探索业务模式，但试点机构须按照监管要求改进数据合规和业务能力。可是，中国人民银行并未直接向8家试点机构中的任何一家发放个人征信业务牌照，而是推动一种创新的“联合征信”模式。2018年2月，中国人民银行核准筹建了百行征信有限公司[①]，这是一家由中国互联网金融协

① 安小雪. 个人征信业务中数据共享与信息保护问题研究——以百行征信为例[J]. 征信，2021，39（5）：44-48.

会牵头、联合上述8家试点机构共同出资成立的市场化个人征信机构。百行征信成为我国第一家也是当时唯一获得个人征信业务牌照的市场机构。

随着金融科技巨头的影响力日增，我国监管部门开始了强力监管整顿，以防范系统性风险和垄断。2021年中国人民银行发布的《征信业务管理办法》就是重要的里程碑，它针对互联网征信的新特点增补了规则，例如明确将“以信用信息服务、信用服务、信用评分、信用修复”等名义实质开展征信业务的活动纳入监管适用范围。同年生效的《个人信息保护法》和《中华人民共和国数据安全法》（简称《数据安全法》）也为征信数据处理戴上了法律“紧箍咒”，迫使征信机构和互联网平台强化数据合规和安全投入。

（七）虚拟资产领域

我国对虚拟资产领域实行多部门协同监管，以防范系统性金融风险，中国人民银行在其中发挥牵头作用。根据2021年中国人民银行等十部门发布的《关于进一步防范和处置虚拟货币交易炒作风险的通知》（银发〔2021〕237号，以下简称《通知》），中国人民银行作为牵头单位统筹虚拟资产监管政策的制定与执行，明确虚拟货币和相关业务活动的非法属性，并强化建立跨部门协调合作机制。[①]值得注意的是，该协调机制还将最高人民法院、最高人民检察院纳入其中，强调通过法律手段打击虚拟资产相关违法行为。司法机关的参与使监管体系覆盖行政、刑事和民事各个层面，提高了监管威慑力。

尽管我国尚未出台专门针对虚拟货币的立法，但现行多部法律法规共同构筑了规范虚拟资产活动的法律网，涵盖反洗钱、刑事惩戒、金融稳定、数据安全等领域。在实践中，中国人民银行已要求银行、支付机构严密监测虚拟货币交易特征，切断资金支付链路，防范虚拟资产交易可能掩盖的洗钱活动。2022年，《中华人民共和国金融稳定法（草案征求意见稿）》（简称《金融稳定法（草案征求意见稿）》）强

① 《关于进一步防范和处置虚拟货币交易炒作风险的通知》（银发〔2021〕237号）明确指出：（一）虚拟货币不具有与法定货币等同的法律地位；（二）虚拟货币相关业务活动属于非法金融活动；（三）境外虚拟货币交易所通过互联网向我国境内居民提供服务同样属于非法金融活动；（四）参与虚拟货币投资交易活动存在法律风险。

调所有金融活动都必须纳入监管[①]。该草案填补了对新型金融活动监管的空白，为包括虚拟资产在内的金融创新设定底线和框架。根据该草案，中国人民银行将建立宏观审慎监管框架，覆盖主要金融机构、市场和金融基础设施，防范系统性风险。该草案若通过，将为处置虚拟资产风险提供更明确的法律依据。例如，一切未经许可从事虚拟资产交易、融资等的行为都可被认定为非法金融活动。同时，《数据安全法》《网络安全法》《个人信息保护法》等也适用于虚拟资产服务提供者，为虚拟资产行业发展设置了必要的安全底线。

可见，目前虚拟货币交易平台在我国无法取得合法牌照，相关业务也被界定为非法金融活动。事实上，2017年中国人民银行等七部门发布《关于防范代币发行融资风险的公告》[②]后，曾在国内运营的加密货币交易所（如火币、币安等）纷纷退出或迁至境外，监管部门要求境内存量业务限期清退。《通知》进一步明确，海外虚拟货币交易所通过互联网向中国境内居民提供服务也属非法金融活动，一经发现将依法予以处置。因此，无论境内主体设立交易平台，还是境外平台向中国用户拓展业务，均被禁止。换言之，我国尚未建立针对虚拟资产交易所、代币发行的准入许可制度，而是采取负面清单式的全面禁止态度，以避免监管套利和金融风险累积。

对于仍然存在的边缘业务形态，监管部门设定了严格的红线。银行和支付机构不得为任何虚拟货币相关活动提供账户开立、资金划转、清算结算等服务。这一要求实质上切断了虚拟资产交易的资金渠道，迫使相关交易转入地下或出海，从而降低体系内金融风险。在互联网平台和网站方面，网信部门加强了对炒币信息的监控，关闭违法宣传、引流的网站和社交媒体账号。应用商店也下架了虚拟货币交易相关的App，以防止大众接触此类交易。实际上，监管部门对于打着“区块链技术”旗号、实则提供代币交易的行为持零容忍态度，不允

---

① 《金融稳定法（草案征求意见稿）》第四条：维护金融稳定，应当坚持强化金融风险源头管控，将金融活动全面纳入监管，按照市场化、法治化原则处置金融风险，公平保护市场主体合法权益，防范道德风险。

② 该公告指出：国内通过发行代币形式包括首次代币发行（ICO）进行融资的活动大量涌现，投机炒作盛行，涉嫌从事非法金融活动，严重扰乱了经济金融秩序。代币发行融资是指融资主体通过代币的违规发售、流通，向投资者筹集比特币、以太币等所谓“虚拟货币”，本质上是一种未经批准非法公开融资的行为，涉嫌非法发售代币票券、非法发行证券以及非法集资、金融诈骗、传销等违法犯罪活动。该公告被业内称为ICO禁令。

许任何形式的“擦边球”存在。因此，国内区块链企业多聚焦联盟链、企业服务等合规领域，而不敢涉及公开代币发行或交易。

针对智能合约、去中心化金融（DeFi）等新技术，我国监管机构保持高度关注并及时表明态度。智能合约本身是中性的编程工具，但若被用于发行代币、非法集资或经营金融业务，同样受法律规制。例如，一些智能合约生成所谓“算法稳定币”或自动做市商交易，对此监管部门会视其实际功能认定为代币发行或交易所行为，进而认定其违法。对去中心化金融（DeFi）的监管更具挑战性，因为其没有集中主体。我国目前尚无专门针对去中心化金融的法规，但根据金融活动需持牌开展的原则，去中心化金融若向境内用户提供服务，其实质仍是无照从事金融业务。事实上，我国并非全盘否定区块链等创新技术，而是强调“区块链不等同于虚拟货币”[①]，在政策层面鼓励区块链技术在供应链金融、商品溯源、存证等领域的应用创新，只是明确反对炒作加密代币。这体现出监管的态度，鼓励技术发展服务实体经济，但严格禁止借技术之名行非法金融之实，从而在创新与风险防范之间取得平衡。

## 三、基础性规制的民事框架

我国互联网金融蓬勃兴起，从最初的第三方支付拓展到网络借贷、股权众筹等领域，法律的滞后性导致打着互联网金融旗号的非法集资、金融诈骗等违法行为出现。前文已经对监管层面的内容进行了梳理，下面在民事法律层面梳理现有法律框架如何适用于互联网金融活动，其中包括合同关系、责任承担、消费者保护等问题，以期总结经验并展望未来法律演进方向。

### （一）民事法律基础

互联网金融活动本质上属于民事法律关系，受民事基本法规范。《民法典》作为私法基础，确立了平等、自愿、公平、诚信等原则，互联网金融交易的各方主体法律地位平等，意思表示自由，并受诚信原则约束。原《中华人民共和国合同法》自1999年起统一规范合同

① 2019年《人民日报》发文指出区块链技术创新不等于炒作虚拟货币，参见：孙欣祺．人民日报：区块链技术创新不等于炒作虚拟货币［EB/OL］．（2019-10-28）［2025-05-16］．https：//www.whb.cn/zhuzhan/rd/20191028/297623.html.

关系，现已由《民法典》合同编取代，其原则和规则同样适用于网络环境下的金融合同。例如，《民法典》第四百六十九条明确，合同可采用书面、口头或其他形式；电子数据交换、电子邮件等方式能够有形地表现所载内容，并可以随时调取查用的数据电文，视为书面形式。[①]这意味着互联网平台上的点击确认、电子协议，只要符合法律要求，即具备与书面合同同等的法律效力。此外，《民法典》第四百九十一条进一步规定，当事人一方通过互联网等信息网络发布的商品或者服务信息符合要约条件的，对方选择该商品或者服务并提交订单成功时合同成立，但是当事人另有约定的除外。[②]这一规定为网络借贷、线上支付等合同的订立提供了直接的法律依据。

互联网金融往往涉及广大普通消费者，适用《中华人民共和国消费者权益保护法》（以下简称《消费者权益保护法》）等保护消费者权益的法律。《消费者权益保护法》赋予消费者知情权和公平交易权等基本权利，要求经营者提供真实准确的信息，不得虚假宣传或误导。例如，《消费者权益保护法》第二十六条规定经营者不得以不公平格式条款减轻自身责任[③]，第五十五条规定经营者有欺诈行为时消费者可要求加倍赔偿[④]。这些条款在互联网金融场景下保障投资人、借款人等弱势一方的权益。特别地，《消费者权益保护法》第二十九条要求经营者及其工作人员对收集的消费者个人信息严格保密，不得

---

① 《民法典》第四百六十九条：当事人订立合同，可以采用书面形式、口头形式或者其他形式。书面形式是合同书、信件、电报、电传、传真等可以有形地表现所载内容的形式。以电子数据交换、电子邮件等方式订立合同，需要签订确认书的，签订确认书时合同成立。当事人一方通过互联网等信息网络发布的商品或者服务信息符合要约条件的，对方选择该商品或者服务并提交订单成功时合同成立，但是当事人另有约定的除外。

② 《民法典》第四百九十一条：当事人采用信件、数据电文等形式订立合同要求签订确认书的，签订确认书时合同成立。当事人一方通过互联网等信息网络发布的商品或者服务信息符合要约条件的，对方选择该商品或者服务并提交订单成功时合同成立，但是当事人另有约定的除外。

③ 《消费者权益保护法》第二十六条：经营者在经营活动中使用格式条款的，应当以显著方式提请消费者注意商品或者服务的数量和质量、价款或者费用、履行期限和方式、安全注意事项和风险警示、售后服务、民事责任等与消费者有重大利害关系的内容，并按照消费者的要求予以说明。经营者不得以格式条款、通知、声明、店堂告示等方式，作出排除或者限制消费者权利、减轻或者免除经营者责任、加重消费者责任等对消费者不公平、不合理的规定，不得利用格式条款并借助技术手段强制交易。格式条款、通知、声明、店堂告示等含有前款所列内容的，其内容无效。

④ 《消费者权益保护法》第五十五条：经营者提供商品或者服务有欺诈行为的，应当按照消费者的要求增加赔偿其受到的损失，增加赔偿的金额为消费者购买商品的价款或者接受服务的费用的三倍；增加赔偿的金额不足五百元的，为五百元。法律另有规定的，依照其规定。经营者明知商品或者服务存在缺陷，仍然向消费者提供，造成消费者或者其他受害人死亡或者健康严重损害的，受害人有权要求经营者依照本法第四十九条、第五十一条等法律规定赔偿损失，并有权要求所受损失二倍以下的惩罚性赔偿。

泄露、出售或非法提供给他人，并应采取必要措施确保信息安全[①]。这一规定为互联网金融平台的用户数据保护提供了直接法律依据，违反者将承担相应民事责任。此外，《网络安全法》《个人信息保护法》也进一步强化了对个人金融信息的保护和违规处理措施，对互联网金融业务合规提出了更高要求。

除上述基础法律外，互联网金融活动可能触及的其他民事法律还包括《电子签名法》、《中华人民共和国担保法》和《民法典》“侵权责任编”等。《电子签名法》第三条[②]、第十三条[③]等确立了可靠电子签名与手写签名具有同等法律效力的原则，保障了在线签约的法律效力。总之，现行民事基本法为互联网金融提供了法律框架基础，确保线上线下适用标准一致。在此框架下，互联网金融的新型业务模式可以被认定和调整，必要时通过司法解释和类推适用予以细化。

（二）互联网金融合同法律关系

互联网金融涉及多样化的合同类型，不同业务模式下合同的法律性质各异，合同效力和当事人权利义务亦有区别。

1.互联网借贷合同

互联网借贷模式中，借款人与出借人通过平台撮合直接形成借贷关系。其法律性质属于民间借贷合同，即自然人、法人或其他组织之间的借款合同，受《民法典》合同编中借款合同章的规范。当事人一方作为借款人负有按约定利率和期限还本付息的义务，另一方出借人享有按期收回本息的债权。网贷平台在此过程中扮演信息中介角色，为借贷双方提供信息搜集、资信评估、撮合等服务。平台与用户之间

① 《消费者权益保护法》第二十九条：经营者收集、使用消费者个人信息，应当遵循合法、正当、必要的原则，明示收集、使用信息的目的、方式和范围，并经消费者同意。经营者收集、使用消费者个人信息，应当公开其收集、使用规则，不得违反法律、法规的规定和双方的约定收集、使用信息。经营者及其工作人员对收集的消费者个人信息必须严格保密，不得泄露、出售或者非法向他人提供。经营者应当采取技术措施和其他必要措施，确保信息安全，防止消费者个人信息泄露、丢失。在发生或者可能发生信息泄露、丢失的情况时，应当立即采取补救措施。经营者未经消费者同意或者请求，或者消费者明确表示拒绝的，不得向其发送商业性信息。

② 《电子签名法》第三条：民事活动中的合同或者其他文件、单证等文书，当事人可以约定使用或者不使用电子签名、数据电文。当事人约定使用电子签名、数据电文的文书，不得仅因为其采用电子签名、数据电文的形式而否定其法律效力。前款规定不适用下列文书：（一）涉及婚姻、收养、继承等人身关系的；（二）涉及停止供水、供热、供气等公用事业服务的；（三）法律、行政法规规定的不适用电子文书的其他情形。

③ 《电子签名法》第十三条：电子签名同时符合下列条件的，视为可靠的电子签名：（一）电子签名制作数据用于电子签名时，属于电子签名人专有；（二）签署时电子签名制作数据仅由电子签名人控制；（三）签署后对电子签名的任何改动能够被发现；（四）签署后对数据电文内容和形式的任何改动能够被发现。

一般另行签署服务合同或居间合同，约定平台义务（如审查借款项目真实性、披露风险）及收费标准等。依据监管规定，平台不得提供额外增信服务或变相承担借贷风险，即平台不作为借款担保人或还款义务人，其收益主要来自服务费，而非利差。需要注意的是，网络借贷合同的效力还取决于利率是否合法。如最高人民法院《关于审理民间借贷案件适用法律若干问题的规定》设定了利率上限，约定利率超过法定上限的，超出部分利息不受法律保护或合同无效。[①]这一规定在2015年版本中将年利率上限划定为24%和36%的区间，2020年根据经济形势又调整为以中国人民银行一年期贷款市场报价利率的四倍为标准。由此，若网贷合同约定利率畸高，将面临部分条款无效的法律后果，借款人仅需按合法利率清偿。

2.第三方支付合同

第三方支付是指非银行支付机构通过互联网为交易双方提供支付结算服务的业务模式，典型的如支付宝、财付通等。其法律关系可理解为一种新型的金融服务合同。[②]用户与第三方支付平台之间通过注册协议或用户协议订立合同，约定平台为用户提供资金账户管理、支付指令执行等服务，用户支付手续费并遵守平台规则。此类合同综合了委托合同、居间合同和储蓄合同的某些特征，即用户授权支付机构从自己的银行账户或预付账户划扣款项并转付给指定收款人，支付机构则负有按照指令及时、安全完成资金划转的义务。如果支付机构未能正确履行指令（例如延迟支付或错误支付）造成用户损失，将构成违约，需承担赔偿责任。又由于第三方支付机构实际管理着用户的预付资金账户，其对用户资金负有保障和分账管理的义务，若擅自挪用资金或因安全防护不当导致资金被盗，将可能因合同违约或侵权而承担民事赔偿责任。

此外，支付机构通常与商户也签署服务协议，约定代收货款及结算周期等。这构成了用户、平台、商户之间的三方合同网络。需说明的是，第三方支付合同虽为民事合同，但该领域受中国人民银行等金融监管机构的严格监管。根据中国人民银行颁布的《非金融机构支付

---

① 陈建华. 互联网金融风险法律防范研究［J］. 应用法学评论，2021（1）：70-82.

② 胡玉玺，余梦娜. 关于产权交易中第三方支付问题的研究［J］. 产权导刊，2022（7）：42-46.

服务管理办法》等的规定，从事第三方支付业务须取得支付业务许可证，并遵守客户备付金集中存管、客户实名制等监管要求。这些行政规定虽不直接决定合同效力，却影响合同履行方式和当事人义务。例如，实名制要求意味着用户开户时必须提供真实身份信息，平台有义务核实用户身份。若平台违规操作导致用户资金损失，不仅可能被行政处罚，其与用户的合同履行也构成严重瑕疵，用户可据此追究违约责任甚至主张合同无效。

3.众筹合同

众筹是指通过互联网平台向大众募集资金用于特定项目的模式，大致分为股权众筹、商品众筹和公益众筹三类。不同类型的众筹，其法律性质和适用法律有所区别。[①]其一，股权众筹属于投资合同，支持者以出资入股形式参与项目，获得股权或分红回报。本质上是融资企业与出资人之间订立的股权投资协议，受《公司法》和《证券法》制约。[②]根据《证券法》的规定，向不特定公众发行证券须经依法注册或核准，且非公开发行每次不得超过特定投资者人数上限（一般为200人）。因此，通过网络公开面向社会大众募集股权资金的众筹实际上构成变相公开发行证券，未经批准即属违法，相关认购合同可能因违反强制性法规而无效。为此，2015年前后证监会一度开展股权众筹试点，但总体上股权众筹在我国被严格限制在私募范围，只有合格投资者、小范围募资的情形下才具有合法性。

其二，商品或回报众筹常见于电商平台，即发起人承诺项目完成后向支持者提供一定产品或服务作为回报，支持者则在项目启动阶段出资预购。[③]这类关系可认定为附条件的买卖合同或服务合同，受《民法典》有关买卖合同的规定及《消费者权益保护法》调整。消费者有权要求按期交付约定的产品回报，发起人逾期未交付或项目失败需退款的，构成违约需承担返还资金、赔偿损失等责任。众筹平台作为中介，一般通过用户协议明确自身仅提供信息发布和资金代收服

---

① 关于众筹合同的类型问题，可参见：袁毅．中国众筹的概念、类型及特征［J］．河北学刊，2016，36（2）：133-137.

② 谢黎伟．产品众筹的风险分析与法律规制［J］．石河子大学学报（哲学社会科学版），2024，38（1）：64-72.

③ 郑通．回报型众筹中的合同关系类型分析——兼评沈志强诉奇酷、京东产品销售者责任纠纷案［J］．厦门大学法律评论，2020（1）：206-217.

务，不对项目成败作保证。这类平台定位类似于网络交易平台，对于发起人的资质和项目真实性负有初步审查义务，并应在网站公示风险提示。如果平台明知项目存在欺诈仍予以发布或虚假宣传，则可能与发起人一起对支持者承担连带的侵权或违约责任。

其三，公益众筹是通过互联网向公众募集捐赠，用于慈善或个人救助目的。[①]例如，患者在水滴筹等平台筹款治病。在法律性质上，捐赠人和受助人之间形成赠与合同关系。捐赠一般具有无偿和不附对价回报的特征，捐赠款一经实际交付合同即成立且生效。捐赠人原则上不得任意撤销已赠与的款项，但如果受助人在筹款中存在欺骗行为，例如夸大病情、挪用款项，捐赠人可依据《民法典》合同编中关于重大误解或欺诈的规定主张撤销赠与合同，并要求其返还捐款。同时，公益众筹平台则需遵守《中华人民共和国慈善法》等法律的特别规定。《中华人民共和国慈善法》要求公开募捐须由具有公募资格的慈善组织进行，个人求助信息服务平台不得代替个人公开募捐而应当备案管理。因此，许多公益众筹平台采取与慈善组织合作、设立求助信息公示专区的形式，以符合法律要求。众筹合同的效力取决于模式的合法合规性，合法的众筹受民事法律保护，而超出法律许可范围的众筹（如非法集资）将不受法律保护甚至被追究法律责任。

（三）责任承担的法律框架

互联网金融交易中各方当事人违反合同或侵权时，将依据民事法律承担相应责任。同时，由于这类交易往往涉及新型业态和众多散户，当纠纷发生时的救济途径和争议解决机制也具有自身特点。

1.违约责任

在互联网金融合同中，一方未按照约定履约即构成违约，应依法承担继续履行、赔偿损失、支付违约金等民事责任。《民法典》合同编对违约责任作了一般规定（如第五百七十七条等），同样适用于网络环境下的合同违约情形。以网络借贷为例，借款人逾期不还款是最常见的违约行为，出借人有权依据合同约定要求其偿还剩余本金和利息，并可主张逾期利息或违约金。在司法实践中，法院处理此类纠纷

---

① 张卫，张硕．“互联网＋慈善”新模式：内在逻辑、多重困境与对策［J］．现代经济探讨，2021（11）：91-97.

时基本比照民间借贷案件结果，即判令借款人返还借款本息。若合同对利息或违约金约定过高，法院会依前述利率红线酌情调整其金额或不予支持相关诉求，既保护出借人利益，又防止剥削性高利贷。

在第三方支付场景下，违约情形如支付机构未按时将资金结算给商户，或用户违反协议将支付账户用于非法交易等。支付机构违约给用户或商户造成损失的，应承担赔偿责任；用户违约可能面临账户冻结、合同终止并需赔偿平台损失等后果。又如众筹中，项目发起人未兑现回报承诺构成违约，需向支持者退款并赔偿相应损失。值得注意的是，某些互联网金融平台曾经宣称为用户提供“保本保息”承诺，但根据网贷监管规定，这属于禁止行为。若平台私下与出借人签订所谓“本金保障协议”，由于违反监管强制规定，可被认定无效，平台可能无法按照该协议约定对出借人的损失免责，相反还可能因误导而承担法律责任。

2.侵权责任

除了合同违约，互联网金融活动中也可能出现侵权损害，要依据《民法典》侵权责任编追究民事赔偿责任。常见侵权情形包括：平台或金融服务提供者侵犯用户个人信息权益、名誉权等；一方当事人有欺诈、虚假陈述行为导致他人损失；平台技术或安全漏洞引发用户财产受损等。根据《民法典》第一千零三十二条等的规定，自然人的隐私和个人信息受法律保护，任何组织和个人未经授权不得侵扰、非法获取他人个人信息。[①]如果互联网金融平台未尽到个人信息保护义务，导致用户权益受损，用户可提起侵权之诉要求损害赔偿。消费者权益保护法也明确经营者及其工作人员对收集的消费者个人信息必须严格保密，防止泄露、丢失，一旦发生泄露应立即采取补救措施。若平台因疏忽导致用户信息泄露并被不法分子利用造成资金损失，则平台应对此承担侵权赔偿责任。

在欺诈场景下，如平台方或融资方故意提供虚假信息诱使用户投资或出借资金，构成对用户的欺诈侵权。受害用户可以此主张合同无效并要求对方返还款项、赔偿损失。对于平台而言，若明知入驻的借

① 徐建刚.《民法典》第1032条（隐私权）评注［J］. 中国应用法学，2023（2）：181-194.

款人、项目方实施诈骗仍放任不管，可能被认定与之形成共同侵权，要与直接实施欺诈者对受害人承担连带责任。在司法实践中，人民法院在审理网络借贷纠纷时，会考查平台是否尽到了合理审查和风险提示义务；如平台与借款人恶意串通损害出借人利益，则依据《民法典》第一百五十四条对“恶意串通损害他人利益”的规定，可认定相关居间合同无效，并由平台与借款人对出借人损失承担连带责任。

总体而言，对于互联网金融领域侵权行为的责任认定，遵循过错责任原则：谁有过错谁担责，过错程度决定担责大小。需要强调的是，一些侵权行为已经超出民事范畴触犯刑法，例如网贷平台设资金池自我放贷、公开向不特定公众集资等违反金融管理秩序的行为，可能构成非法吸收公众存款罪或集资诈骗罪。在这种情况下，侵权人除了承担民事赔偿责任外，还将面临刑事追诉。不过，即便移送刑事处理，受害人的经济损失赔偿问题通常仍通过刑事附带民事诉讼或事后财产返还的方式来解决，确保受害人得到一定的民事救济。

（四）消费者权益保护的法律框架

保护金融消费者合法权益是互联网金融法律规制的重要目标之一。相较传统金融业务，互联网金融面向更广泛的大众人群，其中相当比例是缺乏专业投资知识、处于信息劣势的个人投资者。因此，我国法律框架从多个方面入手强化对互联网金融消费者的保护：

1.信息披露与风险提示

充分的信息披露是保障投资者知情权、避免盲目参与高风险项目的前提。无论是网络借贷还是股权众筹，平台和融资方都有义务向出借人或投资人披露必要的信息。[①]《网络借贷信息中介机构业务活动管理暂行办法》专设“信息披露”一章，对网贷平台的信息披露事项、频率作出明确要求。例如，平台须在官方网站显著位置设立信息披露专栏，公开借款人基本情况、融资项目内容、风险评估和可能产生的风险结果、已撮合未到期的借款余额等信息。同时，该办法还要求平台定期披露经营管理信息，如年度报告、监管规定，聘请会计师事务所和信息安全机构对资金存管、信息披露和系统安全进行审计评

① 黄健傑，吴弘. 数字经济时代个人投资者知情权的保护研究［J］. 特区实践与理论，2023（5）：47-54.

估，并将结果向公众披露。这些规定旨在使出借人充分知悉借贷风险，避免平台利用信息不对称误导投资者。

在第三方支付领域，信息披露同样重要。支付机构需向用户清楚地说明收费标准、交易处理流程、资金到账时间等事项，并在发生重大服务变更时及时通知用户。对于股权众筹，尽管法规尚不完善，但实践中有参考证券发行的信息披露要求，要求融资企业在众筹页面详细披露其商业计划、财务状况、已有风投资金等，使投资者可以理性判断项目可行性和风险。法律还要求平台进行风险提示，即平台在宣传推介互联网金融产品时，必须明示"投资有风险，请谨慎决策"等字样，不得承诺保本保收益。《网络借贷信息中介机构业务活动管理暂行办法》明确禁止平台进行不实宣传和夸大收益承诺，要求加强风险教育，引导出借人以小额分散方式参与借贷。《消费者权益保护法》也规定经营者提供商品、服务不得作引人误解的虚假宣传。违反这些要求的平台将面临行政处罚和民事责任。例如，若平台对高风险理财产品作保本承诺，投资者据此投入资金遭受损失的，可主张该承诺无效并要求平台赔偿相应损失。

2.个人数据与隐私保护

互联网金融业务高度依赖于数据的收集和分析，包括用户的身份信息、交易记录、信用报告等。法律对此类个人金融信息提供了严格保护。《消费者权益保护法》第二十九条已明确平台对消费者个人信息的保密义务和信息安全义务。《网络安全法》进一步要求网络运营者在收集、使用个人信息时遵循合法、正当、必要原则，并经被收集者同意，同时对泄露个人信息的行为设定了法律责任。《个人信息保护法》则建立了更完整的个人信息处理规则，包括事先告知与同意，敏感信息的额外保护，个人对信息的访问、更正、删除权利等。这些法规同样适用于互联网金融机构。[①]例如，网贷平台、小贷公司在获取借款人授权后查询其征信记录、大数据风控资料时，必须在授权范围内使用，不得超范围收集。

对违规滥用数据、侵犯隐私的行为，监管机关可给予罚款、吊销

① 张可法. 个人金融信息私法保护的困境与出路［J］. 西北民族大学学报（哲学社会科学版），2019（2）：91-97.

牌照等处罚，个人也可提起诉讼要求赔偿精神损害和财产损失。实践中，一些网贷平台曾存在过度爬取借款人通讯录、暴力催收时骚扰其亲友等行为，不仅违反伦理，也侵害个人信息权益。根据《民法典》第一千零三十二条等的规定，未经同意获取、提供他人私密信息造成损害的，应承担侵权责任。消费者在这方面受法律保护，可以依法维权。

3.防范欺诈与安全保障

互联网金融由于门槛低、跨地域，加之早期监管滞后，曾滋生大量欺诈风险，消费者保护的另一重点在于防范和打击各类欺诈行为。中国人民银行等部门要求金融机构加强交易安全管理，例如通过支付指令验证、交易限额、异常交易监测等技术手段保障用户资金安全。一旦消费者账户发生未授权扣款或被骗转账，就及时冻结资金、止付并协助调查，最大限度减少损失。预防和制裁，在公共监管层面，主要依靠行政处罚和刑事处罚，以打击和震慑各类欺诈行为，而在民事法层面，主要集中于民事救济。如果消费者因平台安全漏洞或管理不善遭受损害，可以主张平台未尽到安全保障义务而要求赔偿，这在法律上属于侵权中的特殊责任形式，可参考《民法典》第一千一百九十八条[①]关于经营场所、公共场所的经营者、管理者等的法定义务的规定。其可以类推适用于金融服务提供者，因为两者在为客户提供服务时，都承担保障客户权益和防范风险的职责。

## 四、底线保障的刑事法律框架

互联网金融的刑事法律框架以打击非法金融活动、保障金融安全为核心，《中华人民共和国刑法》（简称《刑法》）总则和分则的规定，结合相关司法解释，形成了覆盖互联网金融全链条的规制体系。一方面，《刑法》总则中关于诈骗、非法经营、信用卡犯罪等基本罪名的规定，为惩治网络借贷诈骗、第三方支付洗钱、虚拟货币非法集资等行为提供了法律依据；另一方面，《刑法》分则结合互联网金融

① 《民法典》第一千一百九十八条第一款规定：宾馆、商场、银行、车站、机场、体育场馆、娱乐场所等经营场所、公共场所的经营者、管理者或者群众性活动的组织者，未尽到安全保障义务，造成他人损害的，应当承担侵权责任。该条款强调的是提供安全保障的职责，即经营者有义务采取合理措施防止危险事件的发生。

的特殊性，通过具体罪名如集资诈骗罪、非法吸收公众存款罪、洗钱罪等，对互联网金融领域的违法行为进行明确规制。随着大数据和区块链技术的应用，刑事法律框架也逐步加大对智能合约滥用、数据篡改以及网络攻击的惩治力度。总体而言，我国互联网金融刑事法律框架有效维护了金融秩序，保障了社会公众的财产安全，也对创新与合法合规之间的平衡提出了更高的要求。

（一）互联网金融的刑事法律风险

互联网金融的便捷性和普惠性在推动经济发展的同时，也带来了刑事法律风险。这些风险表现为非法集资、金融诈骗、非法经营、数据泄露及洗钱等犯罪行为，不仅侵害了投资者的财产安全，也威胁到社会的金融秩序和市场稳定。在构建具体刑事法律框架前有必要了解互联网金融的刑事法律风险问题。

1. 非法集资的刑事法律风险

非法集资是互联网金融领域中最为常见的刑事法律风险之一。特别是随着网络借贷、股权众筹、虚拟货币等新型互联网金融产品的出现，非法集资行为更为隐蔽且跨地域，给监管和司法部门带来了巨大的挑战。《刑法》中并没有专门的“非法集资”的概念，可对应非法吸收公众存款、集资诈骗等罪名。非法集资通常表现为未经相关金融监管机构批准，以虚假宣传、高额回报等手段非法吸收公众资金。

在互联网金融的语境下，非法集资的形式多种多样，尤其是通过网贷平台进行的非法集资。部分平台以“高回报、低风险”的投资承诺吸引大量投资者，而实际运营中并无可持续的盈利模式，甚至将后来的投资者资金用于支付前期投资者的本金与利息，形成典型的“庞氏骗局”。这类行为不仅违反了国家金融管理的基本规定，还极大地危害了金融市场的稳定。

2. 诈骗类的刑事法律风险

互联网金融中的金融诈骗是指通过虚构投资项目、承诺虚高回报、披露虚假信息等方式，骗取公众资金，进而获取不当利益。金融诈骗是互联网金融领域中危害较大的刑事犯罪形式之一。在互联网金融平台，尤其是网络借贷平台、虚拟货币交易平台中，诈骗者通过发布虚假项目信息、伪造投资回报等手段诱导投资者投入资金。诈骗案件的隐蔽性强，受害者往往在资金被骗后才意识到问题所在，导致无法及时挽回损失。金融诈骗罪包括通过虚构事实或隐瞒真相骗取他人财物的行为。尤其是在互联网金融平台，诈骗者通过技术手段和虚拟平台构建虚假的金融产品或项目，以图获得非法利益。这种虚假宣传往往借助大数据、人工智能等技术，以伪装的专业性和技术性让投资者误信，从而实施诈骗。值得注意的是，诈骗类刑事法律风险具体涉及的罪名较多，需要根据具体的情形区分普通诈骗、集资诈骗、合同诈骗、金融诈骗等。

3.非法经营的刑事法律风险

非法经营是指未经相关部门批准，擅自开展金融活动的行为。互联网金融平台若未经批准从事融资、借贷、理财等金融活动，涉嫌非法经营的刑事法律风险。这类犯罪行为通常通过平台设立虚假的金融产品、推销非法理财项目等方式吸引资金，严重扰乱了正常的金融市场秩序。例如，部分未经许可的网贷平台以“理财产品”的名义吸引投资者，实际并无合法的金融产品或服务。这些平台不但未获监管批准，而且常通过虚假宣传或隐瞒投资风险，误导投资者参与非法集资活动，最终导致资金链断裂，投资者遭受巨额损失。

4.侵犯公民个人信息的刑事法律风险

互联网金融中的数据保护问题尤为重要，平台往往需要收集大量用户的个人信息，包括身份证号、银行账号、投资记录等。然而，部分平台出于牟利目的，未经过用户授权或同意，将这些个人信息出售、泄露或非法使用，构成侵犯公民个人信息罪。侵犯公民个人信息罪是指非法获取、出售或提供他人个人信息，造成严重后果的行为。在互联网金融平台中，侵犯个人信息的行为通常表现为非法收集和滥用用户信息。例如，部分平台未对信息的使用做出明确的告知或未获得用户同意，便将其用于广告推广或出售给第三方。此类行为严重侵害了消费者的隐私权，并可能进一步导致金融诈骗等犯罪行为的发生。

5.洗钱的刑事法律风险

洗钱是指通过一系列活动隐瞒资金来源的非法行为，目的在于使非法所得的资金“合法化”。在互联网金融平台上，洗钱罪的形式通常表现为利用网络支付、虚拟货币交易、跨境资金转移等方式掩盖资金流向，最终将非法资金转化为看似合法的财产。在互联网金融环境中，洗钱的途径与方式更加多样化。例如，一些不法分子通过虚拟货币进行资金跨境转移，利用其去中心化的特点逃避监管，或者通过网贷平台进行资金“洗白”，通过大规模的小额交易掩盖资金的非法来源，最终将非法资金转为“合法”资产。犯罪分子还可能利用跨境支付和第三方支付平台进行洗钱，尤其是在对这些平台的监管尚未完全到位时，洗钱活动极易通过多个平台之间的资金流转逃避追踪与管控。目前，互联网金融的洗钱方式一般可以总结为以下几种：

其一为虚拟货币洗钱。虚拟货币作为一种去中心化、匿名性强的金融工具，常被用于非法资金的洗白。通过虚拟货币交易所，不法分子可以在不同国家或地区之间转移资金，从而掩盖资金来源。这些资金通过多次交易、购买和销售虚拟货币的方式被“清洗”，最终转化为看似合法的资金。例如，比特币等加密货币的匿名性使得其成为洗钱活动的主要工具。尽管我国已禁止境内虚拟货币交易，但非法交易仍然通过海外平台进行。

其二为跨境支付。互联网金融的跨境支付功能，使得不法分子可以通过全球网络将非法资金转移到其他国家或地区，逃避境内监管。不法分子利用各种跨境支付工具，如PayPal、支付宝国际版等，可以将资金迅速转移至国外账户并进行洗钱活动。这些支付平台通常未能对每一笔交易进行严格的监管与审查，导致洗钱行为较容易进行。

其三为第三方支付平台的滥用。第三方支付平台，如支付宝、微信支付等，常常被用来处理各种交易，且具有较高的便捷性。在一些情况下，犯罪分子通过这些平台进行资金转移，利用支付账户之间的大规模资金流动来掩盖其非法性质。由于一些支付平台未能及时监测到异常交易，洗钱行为通过小额频繁交易的方式掩盖其资金流向。

其四为网贷平台和股权众筹平台的非法融资。网贷平台、股权众筹平台等也被部分不法分子作为洗钱工具。在这些平台上，不法分子通过伪造借款人信息和融资项目，使非法资金通过平台表面上的合法融资渠道进行转移。不法分子通过多个账户的频繁交易来隐匿资金来源，使得资金看似经过合法的融资渠道流入市场。

（二）我国互联网金融刑事规制框架

《刑法》是我国刑事法律体系的核心文件，涵盖了包括非法吸收公众存款、集资诈骗、诈骗、合同诈骗、非法经营、侵犯公民个人信息等在内的多项互联网金融犯罪的刑事规定。

1.非法吸收公众存款罪

依据《刑法》第一百七十六条[①]的规定，非法吸收公众存款罪是指未经国家金融监管部门批准，公开或变相公开吸收公众存款，扰乱金融市场秩序的行为。在互联网金融领域，该罪名主要表现为网络借贷平台未经金融监管部门批准，公开宣传高息回报，非法向社会公众吸收资金的行为。司法实践中，认定此罪关键在于行为人是否具备金融资质、是否向不特定公众公开吸收资金、是否承诺回报，以及资金吸收规模与影响程度如何。随着互联网技术的发展，非法吸收公众存款罪在互联网金融场景下的表现形式趋于复杂化，特别是在以网络借贷形式进行的网络融资中，该罪名成为规制非法集资行为的重要法律武器。

2.诈骗类罪名体系

互联网金融犯罪中诈骗类犯罪较为常见，其中最为典型的是集资诈骗罪。依据《刑法》第一百九十二条[②]的规定，集资诈骗罪是指以非法占有为目的，使用诈骗方法非法集资，数额较大的行为。这一罪名的核心在于行为人的主观“非法占有目的”和客观上的“诈骗手段”。在互联网金融环境下，行为人通常通过网络平台发布虚假投资项目、虚高收益承诺或伪造投资回报，诱骗投资者投入资金，并最终侵占资金。司法实践中，对“非法占有目的”的认定是集资诈骗罪与非法吸收公众存款罪的核心区别。具体而言，如果行为人募集资金后并未用于承诺的投资项目，而是用于个人挥霍或转移资金潜逃，通常将被认定为集资诈骗罪。

其次，诈骗罪也是互联网金融犯罪中常见的罪名。诈骗罪在互联网金融中通常表现为网络平台或个人通过虚假的网络投资项目、虚拟

---

① 《刑法》第一百七十六条：非法吸收公众存款或者变相吸收公众存款，扰乱金融秩序的，处三年以下有期徒刑或者拘役，并处或者单处罚金；数额巨大或者有其他严重情节的，处三年以上十年以下有期徒刑，并处罚金；数额特别巨大或者有其他特别严重情节的，处十年以上有期徒刑，并处罚金。单位犯前款罪的，对单位判处罚金，并对其直接负责的主管人员和其他直接责任人员，依照前款的规定处罚。有前两款行为，在提起公诉前积极退赃退赔，减少损害结果发生的，可以从轻或者减轻处罚。

② 《刑法》第一百九十二条：以非法占有为目的，使用诈骗方法非法集资，数额较大的，处三年以上七年以下有期徒刑，并处罚金；数额巨大或者有其他严重情节的，处七年以上有期徒刑或者无期徒刑，并处罚金或者没收财产。单位犯前款罪的，对单位判处罚金，并对其直接负责的主管人员和其他直接责任人员，依照前款的规定处罚。

货币交易、虚假金融产品推介等手段实施诈骗。依据《刑法》第二百六十六条[①]的规定，此种以虚构事实或隐瞒真相的方法骗取他人财物的行为构成诈骗罪。但与集资诈骗罪不同，这里的诈骗罪并非以公开集资为主要形式，而更倾向于点对点的虚假交易或骗局。

此外，合同诈骗罪同样存在于互联网金融犯罪中。依据《刑法》第二百二十四条[②]的规定，合同诈骗罪特指在签订或履行合同过程中，以非法占有为目的，使用欺骗手段骗取对方当事人财物的行为。在互联网金融环境下，此类行为多表现为通过互联网签署电子合同的方式，利用虚假投资项目或产品，诱导投资者或消费者与之签订合同，进而非法占有合同标的。该罪与诈骗罪的区别在于，合同诈骗罪更强调在合同关系这一特定场景中的欺诈行为，包括虚构合同主体、合同内容，或签订合同后无意履行而意图非法占有财产的情况。

3.非法经营罪

依据《刑法》第二百二十五条[③]的规定，非法经营罪是指未经国家有关部门许可，擅自从事法律规定需要许可才能经营的特定业务，并扰乱市场秩序的行为。在互联网金融领域，该罪名主要适用于未取得金融监管部门审批而擅自从事网络借贷、支付结算、证券业务、外汇交易等互联网金融业务的行为。对该罪名的认定通常以经营行为的许可性为核心标准。在司法实践中，司法机关通常根据金融监管机构

---

① 《刑法》第二百六十六条：诈骗公私财物，数额较大的，处三年以下有期徒刑、拘役或者管制，并处或者单处罚金；数额巨大或者有其他严重情节的，处三年以上十年以下有期徒刑，并处罚金；数额特别巨大或者有其他特别严重情节的，处十年以上有期徒刑或者无期徒刑，并处罚金或者没收财产。本法另有规定的，依照规定。

② 《刑法》第二百二十四条：有下列情形之一，以非法占有为目的，在签订、履行合同过程中，骗取对方当事人财物，数额较大的，处三年以下有期徒刑或者拘役，并处或者单处罚金；数额巨大或者有其他严重情节的，处三年以上十年以下有期徒刑，并处罚金；数额特别巨大或者有其他特别严重情节的，处十年以上有期徒刑或者无期徒刑，并处罚金或者没收财产：（一）以虚构的单位或者冒用他人名义签订合同的；（二）以伪造、变造、作废的票据或者其他虚假的产权证明作担保的；（三）没有实际履行能力，以先履行小额合同或者部分履行合同的方法，诱骗对方当事人继续签订和履行合同的；（四）收受对方当事人给付的货物、货款、预付款或者担保财产后逃匿的；（五）以其他方法骗取对方当事人财物的。

③ 《刑法》第二百二十五条：违反国家规定，有下列非法经营行为之一，扰乱市场秩序，情节严重的，处五年以下有期徒刑或者拘役，并处或者单处违法所得一倍以上五倍以下罚金；情节特别严重的，处五年以上有期徒刑，并处违法所得一倍以上五倍以下罚金或者没收财产：（一）未经许可经营法律、行政法规规定的专营、专卖物品或者其他限制买卖的物品的；（二）买卖进出口许可证、进出口原产地证明以及其他法律、行政法规规定的经营许可证或者批准文件的；（三）未经国家有关主管部门批准非法经营证券、期货、保险业务的，或者非法从事资金支付结算业务的；（四）其他严重扰乱市场秩序的非法经营行为。

的许可范围与经营资质，对相关互联网金融机构是否涉嫌非法经营进行认定与追诉。

4.侵犯公民个人信息罪

侵犯公民个人信息罪是《刑法修正案》[①]中的新罪名。依据《刑法》第二百五十三条之一[②]的规定，侵犯公民个人信息罪是指非法获取、出售或提供公民个人信息，造成严重后果的行为。互联网金融活动高度依赖个人信息，尤其是涉及个人身份、银行卡、征信信息等敏感数据。在互联网金融领域中，平台或相关人员未经用户同意，将用户信息非法出售、泄露或用于非法目的的情形，都构成侵犯公民个人信息罪。认定侵犯公民个人信息罪的关键点在于行为人是否非法获取、出售、提供信息，以及造成的实际危害或潜在的社会风险如何。

5.洗钱罪

根据《刑法》第一百九十一条[③]的规定，洗钱罪是指掩饰、隐瞒犯罪所得及其收益的来源和性质，通过各种手段将其转化为看似合法的资金的行为。互联网金融交易的匿名性和跨境性，为洗钱提供了便利条件，尤其是虚拟货币交易平台、第三方支付工具、跨境支付工具等，极易成为洗钱的媒介或工具。《刑法》对于洗钱罪的认定强调犯罪所得资金来源的非法性、资金流转行为的隐蔽性以及行为人主观上的明知故意。在司法实践中，通过虚拟货币、网络支付渠道实施的洗

---

① 自1997年新《刑法》生效后，《刑法修正案》已经历十二次修正，分别是：1999年的《刑法修正案（一）》，2001年的《刑法修正案（二）》和《刑法修正案（三）》，2002年的《刑法修正案（四）》，2005年的《刑法修正案（五）》，2006年的《刑法修正案（六）》，2009年的《刑法修正案（七）》，2011年的《刑法修正案（八）》，2015年的《刑法修正案（九）》，2017年的《刑法修正案（十）》，2020年的《刑法修正案（十一）》，2023年的《刑法修正案（十二）》。

② 《刑法》第二百五十三条之一：违反国家有关规定，向他人出售或者提供公民个人信息，情节严重的，处三年以下有期徒刑或者拘役，并处或者单处罚金；情节特别严重的，处三年以上七年以下有期徒刑，并处罚金。违反国家有关规定，将在履行职责或者提供服务过程中获得的公民个人信息，出售或者提供给他人的，依照前款的规定从重处罚。窃取或者以其他方法非法获取公民个人信息的，依照第一款的规定处罚。单位犯前三款罪的，对单位判处罚金，并对其直接负责的主管人员和其他直接责任人员，依照各该款的规定处罚。

③ 《刑法》第一百九十一条：为掩饰、隐瞒毒品犯罪、黑社会性质的组织犯罪、恐怖活动犯罪、走私犯罪、贪污贿赂犯罪、破坏金融管理秩序犯罪、金融诈骗犯罪的所得及其产生的收益的来源和性质，有下列行为之一的，没收实施以上犯罪的所得及其产生的收益，处五年以下有期徒刑或者拘役，并处或者单处罚金；情节严重的，处五年以上十年以下有期徒刑，并处罚金：（一）提供资金账户的；（二）将财产转换为现金、金融票据、有价证券的；（三）通过转账或者其他支付结算方式转移资金的；（四）跨境转移资产的；（五）以其他方法掩饰、隐瞒犯罪所得及其收益的来源和性质的。单位犯前款罪的，对单位判处罚金，并对其直接负责的主管人员和其他直接责任人员，依照前款的规定处罚。

钱行为已成为监管和司法机关打击的重点领域之一。

## 第三节 互联网金融犯罪的刑事治理困境

互联网金融犯罪的刑事治理难题，实际上体现了数字技术与传统法律体系之间的深层对立。数字技术在改变金融交易方式的同时，也模糊了行为责任的边界，进一步使刑事规制的适用面临重重矛盾。这些矛盾不仅包括法律规则和技术动态性之间的不协调，还涉及传统归责理论对技术主导犯罪的局限性，以及司法主权与跨境犯罪协作的制度张力。这些问题集中体现为刑事治理滞后于技术赋能的犯罪生态，最终形成规制失效和风险外溢的结果。

### 一、互联网金融犯罪中的刑法规制困境

我国互联网金融犯罪的刑法规制在近年来取得了显著的成效，但在快速发展的数字经济背景下，刑法与互联网金融犯罪的现实形态之间仍存在诸多不协调的问题。这种不匹配主要体现在法律体系的滞后性、罪名的模糊性与竞合性、归责逻辑的困境以及刑罚配置的不合理等多个方面。由于这些现实问题的存在，在实际处理互联网金融犯罪案件时，司法机关面临较大的困难。

（一）技术异化与构成要件解释力衰减

传统刑法理论建构在犯罪行为、犯罪结果与因果关系的基本框架之上，通过对犯罪构成要件的形式化解释，实现对社会危害行为的有效规制。[①]然而，随着互联网金融中虚拟货币和智能合约等新兴技术的广泛应用，犯罪行为的实施手段和组织模式发生了根本性改变，传统刑法构成要件的解释力和适应性陷入适用困境。这种困境的直接表现是互联网金融领域犯罪活动对传统构成要件的规避和掩饰，导致司法机关在法律适用和归责逻辑上遭遇重重阻碍。例如，按照现行司法解释，非法吸收公众存款罪在适用上设定了“150人”的人数标准作

① 黎森予. 构成要件外结果在量刑中的客观归属［J］. 安徽大学学报（哲学社会科学版），2025，49（2）：124-131.

为衡量罪与非罪的界限。[①]然而，当犯罪行为与技术手段结合时，这一标准的严谨性就显得捉襟见肘。算法的广泛运用使犯罪行为人可以通过智能拆标，将单次交易人数精准控制在入罪标准之下，但这种规避并未真正降低行为的社会危害性。相反，这种“合法形式掩盖非法目的”的操作手段在短时间内吸引了数以万计的投资者，不断累积风险，最终形成难以控制的系统性金融危机。

同时，技术异化会引发共同犯罪方面的理论难题。传统刑法在认定共同犯罪时，强调主观上的合谋与客观上的协同行为，两者之间必须存在因果联系。[②]某些犯罪分子在利用虚拟货币平台洗钱时会将涉案资金通过平台的程序化交易接口自动完成拆分、流转和归集，在这一过程中他们之间并不存在直接的“意思联络”，而是通过算法与智能合约的自动执行机制，形成事实上的犯罪合谋。此种情形使得因果链条被技术手段切断，司法机关难以直接将技术设计者、平台管理者与最终的洗钱行为建立直接关联，导致刑法归责逻辑在事实认定和法律适用上陷入困境。

（二）平台权力与责任主体认定困境

互联网金融犯罪的归责难题在于平台权力的膨胀与责任主体认定的模糊化，尤其在涉及技术中介的责任边界时，传统刑法体系在事实认定与法律适用中陷入深刻的制度困境。假设支付平台涉嫌帮助洗钱，其操作过程是平台运营中通过对异常交易的容忍或选择性纵容，为洗钱行为的发生和延续提供了事实上的技术便利，但平台方面以技术中立为理由进行抗辩，强调技术本身不具有主观故意或直接的犯罪意图，此时如果司法机关无法证明平台在算法配置和规则执行中存在主观故意，就会导致平台作为技术中介缺乏刑法意义上的主观归责条件而不能被定罪。

平台在技术架构中所扮演的实质支配角色，进一步加剧了刑法归责困境。以虚拟货币交易平台涉嫌洗钱为例，如果平台在交易撮合和

---

① 《最高人民法院关于审理非法集资刑事案件具体应用法律若干问题的解释》第三条：非法吸收或者变相吸收公众存款，具有下列情形之一的，应当依法追究刑事责任：（一）非法吸收或者变相吸收公众存款数额在100万元以上的；（二）非法吸收或者变相吸收公众存款对象150人以上的；（三）非法吸收或者变相吸收公众存款，给存款人造成直接经济损失数额在50万元以上的。

② 苏新建，沈运峰．算法共谋主观联系标准构建：从主体依赖性迈向算法交互性[J]．浙江社会科学，2024（12）：36-49；156.

资金清算过程中，通过智能合约和应用程序编程接口（Application Programming Interface，API）自动完成订单拆分和资金归集，由于智能合约具有高度自动化和去中心化特征，平台并未直接参与交易环节，平台管理者也未直接介入订单匹配和资金流转。然而，平台在算法协议设计和智能合约执行过程中，设置了多层次的手续费比例和撮合优先权，实质上形成了对交易模式和用户行为的间接支配力。此时，由于现行刑法对于算法协议与犯罪故意之间的关联认定缺乏明确的规范依据，而且平台管理者并未直接介入交易行为，所以我们在责任认定中难以直接锁定其“故意”或“放任”状态，从而导致刑事追责在法律适用层面陷入僵局。

（三）刑罚配置与犯罪能力传导失衡

刑罚配置与犯罪能力传导之间的失衡，已成为互联网金融犯罪治理中的结构性难题。传统刑罚体系在应对互联网金融犯罪时，面临着威慑效能与犯罪能力扩散之间的矛盾。刑法在理论上通过自由刑和罚金刑的配置，能够实现对犯罪主体的惩罚与威慑。[①]然而，互联网金融犯罪的技术扩散特性，使这一传统威慑模式在现实中陷入失灵。互联网金融犯罪的核心在于技术与行为之间的高度关联性，犯罪主体往往通过技术手段重构交易路径、规避追溯，并在法律适用的空白地带形成新的犯罪形态。

一方面，刑罚威慑效能的衰减体现在刑法对于犯罪能力剥夺的有限性上。传统刑罚体系将人的主观恶性和行为的可归责性作为处罚基础，通过自由刑的剥夺和罚金刑的经济制裁，试图消除犯罪动机并切断犯罪能力的再生。[②]然而，互联网金融犯罪的核心犯罪能力往往以技术模型或算法协议的形式存在，犯罪主体即使受到刑罚制裁，其所掌握的技术能力仍然可能通过代码共享、技术转让等方式迅速扩散。在刑法框架下，自由刑剥夺的是犯罪主体的行动能力，罚金刑制裁的是犯罪主体的经济利益，但在互联网金融犯罪中真正支撑犯罪行为的算法能力和技术模型却难以通过传统刑罚手段直接被剥夺或消除。

---

① 孙道萃．我国轻刑体系的反思与完善［J］．环球法律评论，2025，47（1）：24-42．

② 陈俊秀，林鸿珠．我国刑罚附随后果之体系检视与调适路径［J］．宁夏大学学报（社会科学版），2024，46（4）：109-121．

另一方面，互联网金融犯罪的代际进化特性，进一步加剧了刑罚威慑的失效。在传统犯罪模式中，犯罪行为的再生产往往取决于犯罪主体的直接动机和行为能力，刑罚通过个案威慑可以有效打击犯罪链条中的关键环节，进而形成整体性的犯罪抑制效应。然而，在互联网金融犯罪中，犯罪能力的传导机制更多依赖于技术共享和模式创新，犯罪主体之间并不需要形成直接的共谋或协同行为，技术模型的开源化和算法协议的复用，使犯罪能力在群体间通过技术模板而非犯罪合意实现扩散。在这种犯罪模式下，对单个案件的惩处无法切断犯罪能力的扩散路径，刑法通过个案惩治建立的威慑力，往往被技术的快速更新与迭代抵消。

## 二、互联网金融犯罪中的诉讼程序困境

尽管互联网金融犯罪并没有革新诉讼制度，但在技术的催生下，诉讼活动中的证据规制与管辖问题却遭到挑战。一方面，在证据规则层面，数字化行为的兴起冲击了以物理证据为基础的传统法律体系，使得算法逻辑与技术可信性成为证据审查中的关键问题；另一方面，在跨境治理上，去中心化的技术架构和全球化的犯罪行为颠覆了基于属地和属人原则的司法管辖体系。这些变化不仅暴露出当前诉讼程序在规则适配和技术认知上的短板，还凸显了司法主权在技术权力面前的被动局面。

### （一）证据规则与数字行为的认知错位

互联网金融犯罪的证据形态革新，正在瓦解传统证据制度的理论基础。在传统刑事诉讼框架下，证据规则是建立在物理证据的直接性和可感知性基础之上的，法庭通过对物理证据的真实性、相关性和完整性的审查，来判断案件事实的成立。[①]然而，互联网金融犯罪的核心行为依托于算法协议和数据模型，证据形态逐渐从物理载体转向数字信息。哈希值校验、零知识证明等密码学技术的应用，使得电子证据的真实性不再取决于物理载体的完整性，而是取决于技术架构的可信性。换言之，证据的真实性不再由可直接感知的物理特征决定，而

① 熊晓彪．生成式人工智能证据认定的困境与规范进路［J］．法律科学（西北政法大学学报），2025，43（1）：72-93.

是嵌入在算法生成的黑箱逻辑之中。

这种证据形态的技术性变革，直接冲击了传统证据规则中真实性与相关性的判断基准。算法生成的欺诈概率报告、区块链存证的交易记录，往往涉及复杂的建模与数据运算过程，司法机关在审查此类证据时，面临知其然而不知其所以然的技术困境。同时，由于算法逻辑具有高度的自学习和动态调整特征，其决策路径难以通过外部审查进行还原，司法机关在证据认定过程中不得不依赖技术提供方的黑箱输入。在这种情况下，当事人对证据的质证权难以实质性行使，程序正义逐渐被技术垄断所侵蚀。[①]

（二）跨境治理与主权管辖的解域化冲突

互联网金融犯罪的全球化和去中心化特征，进一步加剧了刑事诉讼程序在主权管辖上的制度性困境。[②]传统刑事诉讼程序的管辖权建立在属地原则和属人原则之上，通过物理空间的边界划定司法权限。然而，互联网金融犯罪在本质上依托于去中心化的技术架构，犯罪行为的实施、犯罪收益的流转以及数据的存储，往往跨越多个主权国家的法律边界。资金通过虚拟货币系统瞬时跨境流转，犯罪数据存储于分布式账本节点，司法机关在追踪和扣押犯罪资产时，面临技术架构的天然阻力。

此时，主权国家虽然可以通过数据本地化立法强化司法控制，但由于数据存储和流转的技术去中心化特征，司法机关往往难以突破技术无国界与法律有疆域之间的根本矛盾。更为复杂的是，跨国科技公司通过技术标准和用户协议，逐步构建出独立于主权国家法律之外的数字主权。平台通过用户协议赋予自身在账户冻结、支付拦截、交易限制等方面的技术裁量权，技术规则在事实上对用户行为和经济活动形成更强的约束力。当平台合规审查的执行力超过国家司法判决的法律效力时，刑事司法在跨境互联网金融犯罪中的权威性与执行力便被技术权力架空，形成技术统治与法律主权之间的隐性对抗。

---

① 汪海燕．从形式到实质：刑事电子数据的质证［J］．法学论坛，2025，40（1）：5-15．

② 胡铭．论刑事涉案虚拟货币处置［J］．现代法学，2024，46（6）：102-118．

## 三、互联网金融犯罪案件中的侦查困境

互联网金融犯罪侦查的困境是刑事司法在技术变革背景下面临的关键挑战。随着犯罪行为日益依赖技术工具和生态化操作，传统侦查手段在技术壁垒面前逐渐显得捉襟见肘。从技术进步对传统侦查逻辑的冲击，到数据壁垒对跨部门协作效率的制约，再到犯罪产业化模式与侦查资源配置的错配，这些问题集中反映了当前侦查体系对互联网金融犯罪模式的适应能力不足。

（一）技术进步与传统侦查手段的代际差距

互联网金融犯罪由于其复杂的技术性特点，使得传统刑事侦查方法在面对新型技术架构时逐渐显现出整体上的无力感。现有侦查机制依赖于传统物理空间中的行为链条设计，通过监控、搜查、扣押和冻结等手段获取犯罪相关的物证或书证，进而追踪犯罪过程并还原事实。然而，互联网金融犯罪普遍采用智能合约、联邦学习、隐私计算等先进技术[①]，这些技术改变了传统犯罪的操作方式，形成了行为主体难以识别和行为路径难以追踪的突出特性。

其中，分布式存储和加密通信技术的广泛应用，是导致侦查困难的主要技术障碍。这些技术将犯罪数据分散存储在全球范围内多个节点，且通过加密手段对数据访问设置了高门槛，侦查机关即便合法获取部分数据节点的信息，也往往难以拼接成完整的犯罪链条。[②]隐私计算进一步加大了数据的不可见性，仅允许在数据本身不被访问的情况下进行计算。在这种情况下，侦查机关通常只能获取犯罪行为的表层交易信息，而底层的技术逻辑和行为细节却无法穿透，严重制约了犯罪行为的全面还原。

（二）数据障碍与协同治理的制度困境

互联网金融犯罪的高度生态化特点，决定了跨部门数据整合和共享是案件侦破的重要环节。然而，现实的情况是金融监管、网络行为以及支付流水等数据分散在不同的机构和技术平台，他们不仅数据接口标准不一致，而且权限分割十分严重，这直接导致数据整合效率低

---

① 孙喆玥．互联网平台自治的风险与法律规制［D］．长春：吉林大学，2024.
② 俞亮，张驰．加密货币洗钱犯罪治理［J］．公安研究，2025（1）：56-65.

下。各自为政的管理现状使得跨机构的协作变得困难重重，这种数据割裂现象已经成为阻碍刑事侦查高效运行的主要瓶颈。[①]侦查机关在查办互联网金融犯罪案件时，通常需要调用多个监管机构和司法系统的数据资源，以完成信息清洗、模型对接以及犯罪路径重建。然而，当前数据共享机制普遍采用逐案申请的传统方式，不仅程序烦琐、响应迟缓，还因传输环节复杂导致大量时间成本。这种低效的共享方式直接影响侦查机关在风险监测和犯罪溯源中的反应能力。

（三）犯罪产业化与资源分配的悖论

互联网金融犯罪的产业化发展已经不再局限于单一的犯罪活动，而是形成了从技术研发到黑产应用再到洗钱变现的全链条运作模式。这种犯罪模式具有高度的专业分工，且呈现为有组织犯罪的形式。具体而言，上游一般负责开发技术工具，通过算法优化或模型创新为犯罪活动提供技术支持，而中游则实施具体的如非法集资等犯罪行为，最后再由下游通过资金清洗、灰色渠道转移等手段实现犯罪收益的合法化。[②]在这一体系中，犯罪能力的生成与传播不再是单点行为，而是一种持续的生态进化。然而，与犯罪模式的链条化特性形成鲜明对比的是现行侦查资源仍然集中于单一案件的侦破，资源的分配逻辑没有调整为应对犯罪产业链的全面治理。尽管个案打击也能够在短期内震慑犯罪行为，减轻特定时期和区域内的犯罪压力，但互联网金融犯罪的核心问题并不在于某一单独案件，而在于整个犯罪模式的可复制性。正是这种复制能力，使得犯罪行为在被打击后能够迅速通过技术共享和黑产网络恢复运作，甚至衍生出更高效、更隐蔽的犯罪形态。

## 第四节　新科技革命下刑事一体化治理观重塑

### 一、互联网金融犯罪刑事一体化治理观念的提出

在新技术革命背景下，互联网金融犯罪呈现出前所未有的复杂性

---

① 周乐. 政府数据开放共享平台建构中的边缘计算风险及其多元规制［J］. 交大法学，2025（2）：78-89.

② 王晓杰，乔顺利. 产业化犯罪中侦查阵地网络化控制体系的构建［J］. 湖南警察学院学报，2024，36（2）：100-109.

和跨领域特征，传统的刑事治理模式在面对这一犯罪形态时显得力不从心。刑事一体化作为刑事法治的前沿理论，强调通过法律规范、治理手段、司法制度和技术工具的系统整合，形成全方位、多层次的动态治理体系。这种治理模式在技术变革与互联网金融犯罪迅速演化的背景下，成为破解传统刑事治理困境的重要理论武器和实践路径。

（一）刑事一体化的内涵界定

刑事一体化思想最早可以追溯到19世纪末德国刑法学家李斯特提出的“全体刑法学”理论[①]，但“刑事一体化”这一明确概念则最先由我国刑法学者储槐植教授在1989年提出[②]。此后，该理论逐渐引起学术界关注和深入讨论。近年来，时延安教授进一步强调，刑事一体化是一种倡导对刑事法学、犯罪学、刑事政策学以及刑事司法学等多学科领域进行综合研究与系统整合的理论路径[③]。尽管不同学者对刑事一体化的具体理解和解释可能存在差异，但总体上，这一概念均强调刑事科学各个分支之间深度融合与联动，从而实现刑事治理的整体优化。

从理论内涵上看，刑事一体化主要体现为刑法学与刑事科学其他学科之间的深度融合，构建出一个统一而系统化的刑事治理框架，以最大程度实现犯罪预防、刑事追诉和治理的综合效能。这一融合并非只是部门法之间简单的协调或程序上的衔接，而是通过系统性思维方式，彻底重构数字时代背景下刑事治理的底层逻辑。具体而言，刑事一体化在新科技革命背景下，要求以跨学科视野和多维度的整合路径，实现法律规范、技术手段、治理主体以及时空维度的高度统一与协调，从而形成一种动态适应技术犯罪复杂性的治理模式。

刑事一体化的核心特征体现为三重统一。其一是规范层级的统一。当前，我国刑事治理面临着刑法、行政法、数据法等多领域规范之间的割裂状态，导致在实践中存在规制标准不一、适用范围重叠或漏洞频现的困境。因此，刑事一体化主张在法律规范层面建立以风险防控为中心的跨领域体系，使不同法律之间的标准、原则和规则互相

---

① 储槐植．再说刑事一体化［J］．法学，2004（3）：74-80．
② 储槐植．建立刑事一体化思想［J］．中外法学，1989（1）：3-8．
③ 时延安．刑事一体化与刑事法学的一体化［J］．中国刑事法杂志，2024（1）：40-55．

衔接、有机结合。例如，在处理互联网金融犯罪时，需要在《刑法》的基础上与《数据安全法》《网络安全法》等法律法规相衔接，明确数据处理者违反合规义务与承担刑事责任之间的逻辑关联，形成体系化的法律责任框架，实现规范统一与明确。

其二是治理过程的统一。传统刑事治理模式往往割裂了犯罪预防、刑事侦查、刑法规制与刑事诉讼各个环节，使得治理效果孤立片面，难以形成对犯罪系统风险的有效控制。刑事一体化强调对刑事治理过程进行整体设计和统一管理，突破现有单一追诉模式，建立涵盖风险识别、犯罪机会剥夺、行为干预与生态修复的全过程治理链条。在新科技革命背景下，尤其要关注技术型犯罪的生态治理需求。例如，对于互联网金融领域的智能合约诈骗案件而言，刑事一体化的思路不再局限于简单追究责任人刑事责任，而是要通过司法机关和技术机构联动实施技术漏洞修复、投资者损失返还，以及算法伦理与技术治理等多重治理措施，实现对犯罪生态的整体修复与系统防控。

其三是治理结构的统一。随着算法监控、大数据侦查、人工智能分析等技术在刑事司法领域的深度应用，刑事治理的结构也随之发生根本性变革。刑事一体化要求明确技术治理手段的法律定位与程序约束，确保技术手段运用的合法性、正当性与透明性，以防止技术滥用对公民权利造成潜在侵害。因此，在刑事治理结构层面，应建立由法律明确界定的程序框架，规范数据搜集、算法分析、证据运用的流程，保障治理活动始终处于法治轨道。

以上三重统一构成了刑事一体化理论在治理新科技革命背景下互联网金融犯罪时的重要逻辑支撑与理论基础。正是在这一综合理论框架下，本书具体从刑法学、刑事诉讼法学和侦查学三个维度展开论述，以期在理念上全面厘清刑事一体化的理论内涵与实践路径，探索形成适应数字时代犯罪特征的刑事治理新范式。

（二）刑事一体化治理的必要性证成

当前互联网金融犯罪的迅猛发展呈现出高度的技术化与系统化特征，传统的刑事治理模式难以有效应对，刑事一体化治理已成为必然趋势。具体而言，刑事一体化治理模式的必要性主要体现为技术犯罪能力显著升级、传统治理模式碎片化导致效能衰减，以及技术权力扩张带来权利保障危机三个方面。

首先，技术犯罪的能力升级已经倒逼传统治理范式向一体化治理模式转型。随着新科技革命的深入推进，互联网金融犯罪已由个体行为逐渐演化为技术、资本与数据深度结合的共生生态系统。犯罪主体不仅利用算法自动实施市场操控，还借助分布式账本和隐私计算技术隐匿资金流向，并使用生成式AI技术伪造信用证明，使犯罪活动的复杂性、隐蔽性、自动化程度达到前所未有的高度。在这种情境下，传统刑事治理模式下的归责逻辑已难以有效适用。当犯罪行为由智能合约自动执行、犯罪收益被隐私货币迅速洗白之后，传统自由刑或罚金刑等刑罚手段无法精确追溯责任主体，更无法对受损的市场信任和金融秩序进行有效修复。因此，必须建立起以一体化治理为核心的刑事治理体系，将技术控制、数据治理与刑罚制裁进行有效结合，以系统性地瓦解犯罪能力，防范犯罪技术的再扩散风险。

其次，现有治理体系的碎片化严重削弱了治理效能，进一步凸显出刑事一体化治理的必要性。目前，我国刑事治理体系存在明显的部门割裂、法域割裂与手段割裂三个层面的缺陷。一是部门割裂问题明显，公安机关、金融监管部门与网信办等机构间权责重叠但缺乏深度协作，导致在虚拟货币犯罪案件处理中各自为战、重复劳动，降低了整体执法效能；二是法域割裂日益突出，数据本地化存储要求与互联网金融犯罪跨境化、全球化特征相互冲突，严重制约了跨国追诉效率；三是手段割裂制约治理实效，法律制裁与技术防控之间缺乏有效联动，导致犯罪技术在个别犯罪主体受到惩罚后仍广泛传播与复用，体现为“惩人未惩技”的治理短板。刑事一体化治理正是针对上述问题而提出的，通过建设跨部门协调平台、强化跨境司法协作机制以及完善技术防控标准，可以有效弥合治理碎片化的不足，实现刑事治理的整体协同与高效应对。

最后，技术权力的扩张带来了严重的权利保障危机，迫切需要刑事一体化治理框架下的规范与约束。在刑事治理领域，算法监控、大数据画像和预测性警务等新兴技术手段的广泛应用，正在深刻改变传统刑事司法权力结构。这种转变若缺乏严格有效的制度性约束，可能带来两种极端化风险：其一是技术权力的滥用，即司法机关过度依赖预测性技术，将个体的“犯罪概率”作为侦查行为启动的依据，从而架空无罪推定原则，导致司法权力演化为“技术利维坦”；其二是治理的技术无能化，即司法体系出于僵化的法律形式主义排斥技术手段，使刑事司法陷入“知其然不知其所以然”的被动境地，严重削弱其对新型犯罪的治理能力。刑事一体化治理则强调法律与技术的双向互动，既要求对新兴技术进行必要的法律规制，实现“法律归化技术”，又主张技术手段以法律授权和程序约束为前提，实现“技术赋能法律”。这种治理结构的优化，既能有效提升司法治理效能，也能保障刑事司法过程中的基本人权底线。

## 二、观念之一：从末端惩治到前端调控的风险预防

通过对互联网金融犯罪的刑事治理困境分析可以看出，随着新科技革命的深入，犯罪形态已从传统的个体法益侵害模式，逐步演变为带有技术赋能特征的系统性风险生成机制。当互联网金融犯罪从单一的个体行为进化为利用系统漏洞的技术行为时，刑事治理理念必须发生相应转变。传统基于事后惩戒的治理模式已难以应对复杂犯罪场景，而是需要转向通过剥夺犯罪机会的策略实现预防性治理，构建以系统性风险防控为导向的新刑事治理框架。这不仅要求法律的快速调整与技术手段的创新应用，还需要强调多元协作，通过整合监管机构、企业和社会力量共同应对新兴互联网金融犯罪的挑战。

### （一）时间维度的治理前移

当代犯罪治理正经历从末端惩治向源头防控的范式转型，这种转变背后蕴含着深刻的法哲学逻辑。福柯在《规训与惩罚》中揭示的“预防性司法”理念，在数字时代获得了新的技术载体，即通过制度设计重塑犯罪发生的客观情境，使潜在违法行为在萌芽阶段丧失实施条件。这种治理智慧在英国《2023年经济犯罪和企业透明度法案》中得到充分体现，其创设的“未能预防欺诈罪”（Failure to Prevent Fraud）突破了传统刑法的归责原则，将组织体的合规义务从消极不作为转向积极防控，标志着犯罪治理从后果清理向机会剥夺的质变。[①]该制度创新的核心在于重构了市场主体与犯罪风险的法律关系。也就是说，企业必须采取合理程序，防止关联人员实施

---

① Gherson LLP. 未能预防欺诈罪指南［EB/OL］.（2024-11-08）［2025-05-16］. https: //www. gherson. com/blog/guidance-on-the-offence-of-failure-to-prevent-fraud/? lang=zh-hans.

犯罪行为，这既包括内部管控机制的技术升级，也要求企业对合作方的风险传导进行动态评估。这种“预防性责任”的设定，实质上将刑法功能从个体行为规制扩展至系统风险控制。当技术复杂性使个体认知难以覆盖全部风险时，法律必须通过制度安排重构责任分配体系。

我国在构建本土化治理方案时，需要重点解决制度移植中的适应性问题。如果直接援引英国的经验不进行本地化考量，在没有配套的免责机制的情况下，责任前移可能会增加市场主体的合规负担。事实上，英国虽然要求企业预防第三方犯罪，但通过《2017年刑事金融法案》（Criminal Finances Act 2017）第45条的“充分程序”抗辩条款为企业提供了合规激励。这一条款意味着，如果企业能够证明自己已经采取了合理的程序来预防犯罪，则可以减轻甚至免除其法律责任。这给企业提供了合规的动力，也在一定程度上减轻了合规负担。

欧盟《通用数据保护条例》（General Data Protection Regulation，GDPR）提出的“设计和默认的数据保护”（Data Protection by Design and by Default）原则，要求在产品设计和运营的各个阶段都要考虑数据保护问题。这一原则的目的是确保数据保护措施从一开始就被嵌入到产品和服务中，而不是事后进行修补。我们可以借鉴这一原则，将技术伦理嵌入金融产品开发的全周期。例如，通过修改《生成式人工智能服务管理暂行办法》来确立算法备案审查制度，确保人工智能算法在使用前已经过审查，减少潜在的风险。同时，也可进一步细化金融机构对异常交易模式的主动阻断义务，确保金融机构在发现异常交易时能够及时采取措施，阻断可能的犯罪活动。这种制度与技术的双重嵌入，既能避免重蹈美国《萨班斯·奥克斯利法案》因合规刚性过强引发的创新抑制争议[①]，又可超越日本《个人信息保护法》偏重事后救济的局限[②]。

（二）空间维度的治理协同

互联网金融犯罪的全球化特征使其与数据跨境流动密切相关，犯

---

① ZHANG Y，ZHOU J.The unintended consequences of the Sarbanes-Oxley Act［J］. Journal of Law and Economics，2020，63（4）：789-820.

② 山口敬之. 個人情報保護法の課題と展望［J］. 法律のひろば，2021，74（3）：45-59.

罪活动与数据传输的无边界特性相互交织，形成了一种新的挑战。例如，虚拟货币洗钱犯罪通过分布式账本技术实现快速跨国转移，而传统刑事司法中的属地管辖原则却受限于数据主权的壁垒。在这种局面下，司法机关往往难以有效追踪和干预犯罪活动，导致执法效率大幅降低。尤其是在涉罪网贷平台案件中，当平台服务器设置在境外时，资金池利用离岸账户分流，单一司法管辖权的作用被严重弱化。为破解这一困境，需要构建以主权优先为核心，同时注重协作与灵活性的治理框架，以实现数据安全和司法效能之间的动态平衡。具体来说，可以建立数据走廊机制，解决传统司法协作因物理边界限制而面临的困扰。通过端到端加密技术，在不转移数据存储位置的情况下，确保司法数据能够被安全且可信地调取。这一机制兼顾了维护数据主权与保障证据真实性的双重目标。通过哈希值校验和数字签名等技术手段，可以确保在跨国数据合作中，证据链条的完整性和可靠性得到有力保障。

中国互联网金融协会曾于2017年建立“全国互联网金融登记披露服务平台”，探索整合工商、税务、银行等多源数据，以提升对互联网金融机构的风险治理能力。尽管该平台在近期已较少出现在公开资料中，其运行状态尚不明确，但其设计理念契合多源数据整合思路，可为当前互联网金融数据治理提供有益启示。例如，在此基础该平台可进一步探索区域间数据共享的机制设计，建立数据流动白名单制度，根据数据敏感度实施分级管理：低风险数据可在白名单范围内实现自由流动，而中高风险数据需要经过省级监管机构审批后才能共享。借助区块链技术记录数据使用轨迹，确保任何数据调取行为都有明确的可追溯性，从而有效防止数据滥用。同时，为激发数据共享的协作动力，可设计数据使用补偿机制，为提供数据的机构按其贡献度分配一定办案收益，形成正向激励。这种差别化的数据治理模式具有重要的借鉴意义。

从理论上来看，现代社会的功能分化导致各领域体系自成闭环，当刑事治理面对技术与金融系统的复杂性时，传统主权的绝对性已无法适用，而通过灵活的法律与技术耦合，可以实现跨系统的风险协同防控。这种方法不仅是数字时代对主权理论的一种创新，还为全球治理体系在面对技术驱动的金融犯罪时提供了切实可行的应对策略，有助于全面提升跨境互联网金融犯罪的刑事治理效能。

## 三、观念之二：工具理性与价值理性的平衡

互联网金融犯罪中技术工具的广泛应用，使得工具理性对刑事司法系统的渗透达到了前所未有的程度。算法画像、大数据侦查等技术手段虽然提升了犯罪识别效率，但可能在不经意间瓦解程序正义的基石。例如，当预测性警务系统以犯罪概率替代合理怀疑作为启动侦查的标准时，公民的隐私权与无罪推定原则将面临系统性侵蚀。这种技术治理的异化警示我们，刑事司法系统必须建立技术伦理的双重约束机制，既要防止技术权力对个体权利的过度挤压，也要避免技术黑箱对法律解释权的实质性让渡。

### （一）从效率优先到权利本位的转变

不能否认的是，技术治理工具的价值中立性假设在当今刑事司法领域已面临根本性质疑。以某些风险评估模型为例，算法通过分析用户的消费轨迹、社交网络等非结构化数据生成信用评分[①]，但数据采集范围很容易突破《个人信息保护法》第十三条规定的情形[②]，这不符合该法第六条规定[③]的“最小必要原则”的精神。更严重的是，当算法训练数据包含历史执法中的结构性偏差时，机器学习可能将地域、职业等非相关因素固化为犯罪风险指标，导致《刑法》第四条中的“法律面前人人平等”原则在技术层面被架空。

对此，我们可以尝试构建技术应用的三层过滤机制，以确保技术在刑事司法中的应用既能发挥其效率，又能维护个体权利，实现工具理性与价值理性的平衡。第一层是技术设计的伦理嵌入。高风

---

① 何平平，马倚虹，范思媛．大数据金融与征信［M］．2版．北京：清华大学出版社，2022：95.

② 《个人信息保护法》第十三条：“符合下列情形之一的，个人信息处理者方可处理个人信息：（一）取得个人的同意；（二）为订立、履行个人作为一方当事人的合同所必需，或者按照依法制定的劳动规章制度和依法签订的集体合同实施人力资源管理所必需；（三）为履行法定职责或者法定义务所必需；（四）为应对突发公共卫生事件，或者紧急情况下为保护自然人的生命健康和财产安全所必需；（五）为公共利益实施新闻报道、舆论监督等行为，在合理的范围内处理个人信息；（六）依照本法规定在合理的范围内处理个人自行公开或者其他已经合法公开的个人信息；（七）法律、行政法规规定的其他情形。依照本法其他有关规定，处理个人信息应当取得个人同意，但是有前款第二项至第七项规定情形的，不需取得个人同意。”

③ 《个人信息保护法》第六条：“处理个人信息应当具有明确、合理的目的，并应当与处理目的直接相关，采取对个人权益影响最小的方式。收集个人信息，应当限于实现处理目的的最小范围，不得过度收集个人信息。”

险人工智能系统必须具备技术文档的可追溯性和决策逻辑的可解释性。我们在立法时应明确算法模型在司法应用中的透明度标准，确保所有算法的设计和运行过程都能被追踪和解释。第二层是数据处理的动态合规。侦查机关在使用大数据分析时，必须建立实时审计日志，确保每个数据节点的处理过程符合比例原则，通过类似德国《联邦数据保护法》（Bundesdatenschutzgesetz，BDSG）中“技术组织措施”（Technical and Organize Measurement，TOM）的规定，确保数据处理的全过程合规、安全。第三层是技术效能的个案审查。庭审时审判人员在采纳算法生成的证据时，必须审查技术工具的错误率、数据来源的合法性及决策逻辑的社会接受度，通过建立一些类似技术辅助侦查合理性的测试标准，确保算法工具在每一个案件中的应用都是公平和合理的。

（二）算法权力的程序限制

当算法从辅助决策工具演变为事实上的规则制定者时，技术权力与法律权威的冲突已不可避免。假设某市公安机关应用了一套互联网金融犯罪智能预警系统，尽管该系统在可疑交易识别中的准确率显著提升，但其采用的深度学习模型因缺乏透明性，可能导致一部分误报案件中的当事人无法获得有效的申诉救济渠道。这种技术赋能与权利救济的失衡，反映出现行法律程序对算法权力的规制存在缺位。在技术日益渗透刑事司法领域的背景下，构建一套全面的算法治理机制已成为当务之急。这不仅关乎技术效率的提升，更关乎司法正义的维护。技术决策的不透明性可能剥夺当事人的救济权利，法律必须提供有效的机制，使误报案件中的当事人能够通过透明、公正的程序寻求救济，这既是对技术工具的规范，也是对个体权利的尊重和保障。也就是说，在数字化转型的司法实践中，构建系统化的算法治理框架已成为刑事司法现代化的关键命题。基于程序正义理论和技术治理原理，我们应当从权力配置的优化与制衡机制的创新两个维度展开制度设计，形成具有动态适应性的治理体系。

在权力配置层面，我们需要建立复合型监管架构。首先，应当设立具有法定职权的国家算法审查委员会，该机构应独立于技术开发方和司法使用方，由算法科学家、法律专家、伦理学家和公民代表组成多元化治理团队。其次，需构建覆盖算法生命周期的监管链条。一方面，在开发阶段实施伦理影响评估，建立包含歧视系数、误差分布、可解释性指数等核心指标的人权保障测评体系。另一方面，在部署阶段实行分级备案制度，对涉及人身自由的预测性警务系统等高风险算法实施特别许可。同时，在应用阶段建立持续监测机制，通过司法数据反馈回路实现算法的动态校准。

在权力制衡层面，应当构建多主体参与的监督网络。这需要在程序和证据两个方面同时努力。在程序性保障方面，需在刑事诉讼法中确立算法正当程序原则：一是赋予当事人完整的算法知情权，要求司法机关提供算法决策的版本信息、训练数据和解释说明；二是建立三级复核机制，允许犯罪嫌疑人就算法证据申请技术专家复核、主审法官复核和跨域专家委员会复核；三是引入对抗式检验程序，通过控辩双方聘请的技术审计机构对算法模型进行交叉验证。在证据规则方面，应当确立算法证据的有限可采性原则，明确要求预测性警务数据、再犯风险评估等算法输出不得作为单一证据定罪，必须与物证、人证等传统证据形成完整证明链条。

此外，制度衔接方面还应构建技术治理的协同机制。在横向维度上，推动司法机关与技术监管部门的联席会议制度，建立算法应用的风险预警信息共享平台；在纵向维度上，完善从基层办案单元到最高人民法院的算法争议解决通道，通过指导性案例制度逐步形成算法应用的司法审查标准。这种立体化的治理框架融合了技术规制与程序正义的双重价值，既保持了刑事司法在犯罪治理中的技术效能，又通过制度化的约束机制防范“算法利维坦”的风险。其创新之处在于将技术治理纳入法治轨道，通过权力结构的重新配置和制衡机制的系统构建，在打击犯罪与保障人权的价值张力中寻求动态平衡，为数字时代的司法现代化提供了制度创新的中国方案。

## 四、观念之三：多元主体的责任共担

互联网金融犯罪的跨域性、技术性与系统性特征，决定了治理模式需突破科层制下的线性管控逻辑，转向以责任共担为核心的网络化治理。这一转型的法理基础可追溯至英国法学家哈丁提出的公地悲剧理论，当犯罪治理资源分散于多元主体且缺乏有效整合机制时，集体行动的困境将导致治理效能耗散[①]。为此，需构建包含责任配置、能力共建、激励相容的三维协同框架，通过制度创新实现治理资源的帕累托最优配置。

（一）基于风险传导链的梯度义务体系

在互联网金融犯罪治理中，平台作为资金流转和信息交换的核心节点，承担着不可忽视的“看门人”责任。由于平台在金融交易生态中具有系统重要性，所以平台在履行数据安全和风险控制职责方面应当建立更加精细化的合规机制，以有效应对复杂的技术化犯罪手段。《数据安全法》第二十七条规定：“开展数据处理活动应当依照法律、法规的规定，建立健全全流程数据安全管理制度，组织开展数据安全教育培训，采取相应的技术措施和其他必要措施，保障数据安全。”这一规定明确了平台在数据安全保护方面的基本法律责任。同时，结合欧盟《数字运营韧性法案》（Digital Operational Resilience Act，DORA）中关于金融实体和关键第三方服务提供商的信息与通信技术（Information and Communications Technology，ICT）风险管理框架，平台需要针对复杂的交易环境和技术架构建立起系统性的梯度义务体系，从而确保对风险的早期发现和有效控制。

与此同时，技术供应商需要承担相应的连带责任，以杜绝责任分离所导致的技术滥用现象。在我国，规制算法开发方与使用方的责任割裂现象尤为重要，这要求建立明确的责任框架。例如，技术供应商在明知或应知技术可能被用于违法犯罪的情况下，仍提供相关服务或支持，应承担连带责任。再者，对于未履行如算法备案等特定义务或在技术文档中故意隐瞒可能导致系统性风险的缺陷行为，技术供应商也需承担相应责任。这样的责任配置可以有效约束技术供应商的行为，确保技术应用符合法律规范，减少滥用风险。

在此基础上，个体用户的责任意识也需要进一步加强。为了增强用户合规意识，可以探索建立数字信用积分制度，将用户的合规行为纳入中国人民银行征信系统。这一制度能够通过评价用户的合规性促进良好行为习惯的养成。同时，对于屡次忽视风险提示、向高风险账

---

① HARDIN G. The tragedy of the commons [J]. Science，1968，162（3859）：1243-1248.

户转账的行为，可以通过设立行政罚款进行约束。例如，对多次无视风险提示的用户施以涉案金额一定比例的罚款，能够起到警示作用。此外，对于明知从事非法集资活动仍追加投资的受害人，可以适用《民法典》第一千一百七十六条中关于“自甘风险”条款的扩大解释，减少其赔偿额度。这些措施将引导用户对其行为承担更多责任，有效预防互联网金融犯罪的发生。

细化责任划分，加强技术供应商与用户的义务落实，并辅以激励与约束机制，可以更有效地应对互联网金融犯罪的复杂性。这种多层次、多主体参与的治理框架，有助于在技术应用效率与个人权利保护之间找到平衡，为治理模式提供可持续的制度创新方向。

（二）基于区块链技术的治理共同体建构

互联网金融犯罪具有明显的跨域性和技术性，使得传统单一的线性治理模式难以有效应对其复杂性和动态性。因此，建立基于区块链技术的治理共同体成为应对这一问题的关键。治理共同体需要多方参与，实现高效、透明、可追溯的协作机制，以打破现有治理中的障碍。

首先，可以通过联邦学习模式推动数据共享，从而打破跨部门数据壁垒。在现有《数据安全法》关于数据保护制度的框架下，可构建犯罪数据联邦学习平台，实现公安机关、金融机构和电商平台之间的数据协作。在保证数据本地化存储的前提下，通过模型动数据不动的机制共享特征参数，同时采用同态加密技术保护数据建模过程，确保符合《个人信息保护法》中对匿名化处理的相关要求。

其次，针对虚拟货币洗钱等跨境犯罪，需要构建“链上与链下”协同治理的双轨体系。在链上治理方面，可依托由中国人民银行数字货币研究所研发的跨境交易平台，通过智能合约对交易进行监管，并在检测到交易方涉及国际制裁名单时自动冻结相关资金流。在链下治理方面，为促进区域间司法合作，可以通过零知识证明技术建立司法协查渠道，确保数据共享的安全性与可靠性。

最后，技术标准的共建共治是治理共同体的重要组成部分。建立由政府、企业、高校共同参与的标准制定机制，能够推动治理工作的规范化。全国金融标准化技术委员会可牵头制定《金融科技算法安全规范》，明确算法模型的敏感变量清单，防止技术滥用。头部科技企业可参与制定《分布式账本司法存证技术标准》，统一区块链证据的哈希算法及时间戳认证规则。

## 五、观念之四：韧性法治秩序的形成

互联网金融犯罪的流动性特征要求刑事法律体系从传统刚性模式转向更加灵活的韧性法治秩序。这种转变并不是对现有法律的简单增补，而是通过法律系统的动态适应能力，构建一个能够迅速应对技术迭代和风险变化的弹性治理框架。韧性法治的核心在于通过法律规范的灵活适配、程序设计的技术支持、刑罚措施的创新调整，建立覆盖犯罪预防、及时响应和事后修复的全周期治理方式，从而实现法律稳定性与灵活性的平衡。

（一）规范层级的风险响应能力

刑法规范滞后于技术创新的结构性矛盾在虚拟货币、算法操纵等新型犯罪中尤为突出。《刑法修正案（十一）》新增的第二百一十九条之一“为境外窃取、刺探、收买、非法提供商业秘密罪”，虽然将数据安全纳入保护范围，但未能覆盖算法价格操纵、智能合约欺诈等技术变异风险。这突显出现行法律在应对新型技术风险时存在局限性，亟需法律体系的动态适配。为应对这些新型犯罪，需要建立技术中立原则，构建既能够抓住行为本质又能够兼顾技术特征的双层犯罪构成要件体系。这样一来，在行为本质层面，基础层可以继续沿用传统罪名构成，确保法律的稳定性和连贯性。事实上，基础层主要作用是保持与现行法律体系的对接，确保法律适用的广泛性和可操作性。在技术特征层面，补充层针对技术赋能的新型危害设定开放性条款，授权司法机关根据具体情况进行实质解释。通过这种方式，能够有效覆盖传统法律未涉及的技术变异风险，提高法律的灵活性和适应性。

为增强法律对技术创新的适应能力，还可以采取两种措施。其一是实验性立法。在法律条款和法规的制定和实施过程中，采用试验性的、暂时的方式，在特定区域或时间内进行试验，根据试验结果进行调整和完善。这有助于及时发现法律条款的不足，并快速调整，确保法律的适应性。在实际应用中，通过试验获得真实反馈，为法律正式实施提供依据和参考。其二是建立监管沙盒，为新技术和新业务模式提供一个受控的实验环境，不受现行法律的所有限制，从而为创新发展提供空间，同时在试验过程中有效管理风险。例如，在司法领域的监管沙盒中，可以对分布式账本存证、智能合约的自动执行等新技术进行测试，发现潜在问题并及时调整法律规则。此外，可以引入动态认定规则，针对算法犯罪根据技术发展周期定期更新犯罪构成要素清单。例如，每六个月对构成犯罪的技术行为范围进行调整，以及时反映新型犯罪模式的变化。这种动态调整能够帮助执法人员更快地识别和处理新型犯罪，避免因法律滞后性导致的执法困境，从而提高治理的效率和精准性。

建立“技术中立”原则与双层犯罪构成体系，并辅以实验性立法、监管沙盒和动态更新机制，可以有效应对互联网金融犯罪中的技术化挑战。这不仅增强了刑法的适应性，还为应对新型犯罪构建了灵活而稳健的法律保障，推动治理模式向现代化、精细化方向发展。

（二）修复性司法的功能拓展

在互联网金融犯罪治理中，传统财产刑面临双重失灵的困境，这本质上反映了工业时代刑罚体系与数字犯罪形态之间的结构性错位。首先，对于组织化犯罪网络，罚金刑的执行效能因虚拟货币、离岸账户等技术的应用而被严重削弱。当犯罪组织利用先进的金融技术将非法所得转移至境外时，传统的罚金刑难以真正起到惩戒和威慑作用。即使法院判决追缴全部违法所得，由于加密资产和智能合约的技术复杂性，传统的查控手段也难以实现有效追踪与冻结。其次，对于技术型犯罪主体，自由刑在预防再犯方面也显得不足。技术型犯罪者通常拥有高超的技术能力，即便被判处自由刑，出狱后依然可能利用其技术再次犯罪。监禁刑只实现了物理隔离，而无法消除犯罪者再犯的技术可能性。这说明传统的自由刑无法有效遏制技术型犯罪的再犯风险。

为解决上述困境，可以尝试构建兼顾能力剥夺与社会修复的复合刑罚模式。具体措施包括对技术责任人判处“禁止从事区块链相关行业”的资格刑，并责令其参与反诈算法优化社区服务。这不仅剥夺了犯罪者再犯的技术能力，还通过社区服务的方式促进社会修复。

这一创新措施需要通过《刑法》第三十七条“非刑罚性处置措施、职业禁止”的司法解释予以制度化，具体可从以下几个维度展开：首先是资格刑的适用条件问题。资格刑适用于那些利用专业技术实施犯罪且再犯风险显著高于常人的主体。通过技术能力评估量表实现量化判断，确保资格刑的公平适用。其次是期限裁量问题。资格刑的执行期限根据犯罪严重程度确定为一至三年，并根据技术修复贡献度进行动态调整，但总期限不得超过五年。这一机制确保刑罚具有弹性和适应性，能够根据犯罪者的实际情况进行合理裁量。

（三）数据主权的弹性化行使

跨境犯罪治理正推动数据主权实现范式创新。以欧盟2023年启用的隐私增强计算技术跨境反恐项目为鉴，其分布式加密协作框架采用安全多方计算协议，在保护数据主权前提下实现犯罪情报的协同分析。该技术架构对我国参与全球治理具有参考价值，该项目的分布式加密协作框架和安全多方计算协议展示了如何在保护数据主权的前提下实现犯罪情报的协同分析。这种技术可以为我国参与全球治理提供技术参考，特别是在跨境犯罪治理方面，我国可借鉴其思路在《区域全面经济伙伴关系协定》框架下推进数据主权的弹性化行使。

第三章

# 互联网金融犯罪刑法规制思路转型

## 第一节　互联网金融犯罪规制模式的确立

### 一、互联网金融犯罪的法律性质与规制困境

（一）互联网金融犯罪的法律定位

在互联网金融犯罪的研究中，许多学者认为，互联网金融平台的刑法规制应当以行政违法为前提，即互联网金融犯罪在很大程度上表现为法定犯。这意味着，行为人之所以被追究刑事责任，并不是因为其行为直接侵犯了社会秩序或违反了伦理道德，而是由于其行为违反了行政法规，并且该违法行为在情节或后果上达到了刑法规定的入罪标准。[①]从这一角度来看，互联网金融犯罪在法律性质上具有附属性，即刑法规制的前提是行为已违反行政法规。在行政法规未明确禁止的情况下，互联网金融平台即使客观上造成了一定损害，刑法也不应贸然介入。这种附属性反映了罪刑法定原则的要求，刑法的介入必须建立在明确的行政法规范基础之上。例如，网贷平台未经许可非法经营金融业务，首先违反了《证券法》《商业银行法》等法律法规，行政机关可能因此作出行政处罚，只有在情节严重或造成严重社会危害的情况下，才可能进一步被认定为非法经营罪或集资诈骗罪。

然而，互联网金融平台的刑法规制并不完全取决于行政法规的存在或违反。在刑法评价层面，行为是否构成犯罪，仍需满足刑法规定的犯罪构成要件。即使行为违反了行政法规，刑法也不一定必然介入，只有在具备刑法明确规定的违法性、社会危害性和可罚性条件下，这种行为才能被认定为犯罪。这种双重违法理论模式，体现了刑法与行政法在互联网金融犯罪规制中的交错适用。同时，互联网金融平台的法律性质也决定了其刑法规制的复杂性。作为一种新型的金融行为类型，互联网金融活动在现有的法律规范体系下，往往面临刑法与行政法之间的“空白地带”或“模糊地带”。刑法是否能够直接适用现有的金融犯罪条款，是否涉及违反罪刑法定原则，是互联网金融

---

① 苏俊雄．经济犯在刑法概念上的基本问题［J］．刑事法杂志，1995（6）：273-288.

犯罪规制中值得进一步探讨的重要问题。由此看来，欲解决互联网金融犯罪的刑法规制问题，首先应当确定互联网金融犯罪的法律定位。

1.互联网金融犯罪的法定犯属性

互联网金融犯罪是在互联网金融活动中，行为人违反国家金融管理法规和刑法规定，侵害金融管理秩序或他人财产利益的行为。这类犯罪的发生往往源于对行政法规的违反，因此与行政违法行为存在天然的联系。一般而言，互联网金融犯罪的违法性通常具有行政前置性。在许多互联网金融犯罪中，行为人首先违反行政法规，受到行政处罚之后，因其情节严重或造成严重社会危害，才可能进一步被追究刑事责任。例如，未经许可从事金融业务，违反《商业银行法》《证券法》等法律法规，行政机关可能对其作出罚款、责令停业等处罚，但若该行为情节严重，可能构成刑法上的非法经营罪或非法吸收公众存款罪。这种“先行政、后刑事”的处理逻辑，是典型的法定犯特征。需要注意的是，互联网金融犯罪并非绝对地属于法定犯，在某些情况下还属于自然犯，我们将在后面继续解决这个问题。

在法定犯框架下研究互联网金融犯罪，涉及的核心问题之一是双重违法性之间的关系。我国刑法理论普遍认为，犯罪的成立以“严重的社会危害性”为核心特征。[①]然而，互联网金融犯罪的社会危害性在实践中往往难以直接体现，因为这类犯罪通常涉及国家金融管理秩序和公共利益，所造成的危害已经超越传统刑法中对社会伦理和道德的理解。在某些情形下，刑法通过立法推定的方式，赋予某些互联网金融行为社会危害性。例如，非法吸收公众存款罪通常是以“吸收金额”或“涉及人数”作为犯罪的入罪标准。这种立法推定表明，某些互联网金融行为即使未直接造成实质性的损害，但只要其行为在客观上达到一定的规模或程度，便被推定为具有社会危害性。因此，仅仅依据社会危害性来解释互联网金融犯罪的成立依据是有局限性的。一方面，立法为何要推定某些行为为犯罪并不容易被直接理解；另一方面，当某些互联网金融行为处于入罪与非罪的边界地带时，如何界定其违法性就成为一个关键问题。

德国刑法学家李斯特认为，形式违法性是指行为违反了法律规定

---

① 高铭暄，马克昌. 刑法学［M］. 3版. 北京：北京大学出版社，2007：39.

的作为或不作为的义务。[①]在互联网金融犯罪中，形式违法性主要表现为行为人违反了国家关于互联网金融活动的强制性规范。例如，未经许可从事金融业务、超出许可范围经营网络借贷平台等行为，均构成形式上的违法性。这种违法性在法律适用中通常是依据行政法规或金融监管规定来界定的。然而，形式违法性本身并不足以直接成为刑法规制的依据。互联网金融犯罪涉及的刑法条文通常以空白罪状的形式加以规定，即刑法条文在描述犯罪构成时并未明确具体行为内容，而是通过援引行政法规或金融监管规定来确定。例如，非法吸收公众存款罪中“未经许可”这一构成要件，实际上是对《商业银行法》《证券法》等法律法规的引入。因此，互联网金融犯罪在形式上是因违反行政法规而被纳入刑法规制范畴的。

在解释互联网金融犯罪的本质时，仅从形式违法性角度入手是不充分的。即使能够在形式上认定违法性，仍需要进一步解释行为为何具有社会危害性，才能真正说明刑法介入的正当性。因此，需要结合实质违法性来进行深入分析。大谷实认为，实质违法性是指行为偏离了社会相当性，直接威胁或侵害了法益。[②]在我国刑法理论中，实质违法性往往与“社会危害性”相对应。换言之，互联网金融犯罪的实质违法性在于其行为不仅违反了形式上的法律规定，更直接侵犯了国家的金融管理秩序或社会公共利益。

互联网金融犯罪的刑法规制必须在形式违法性和实质违法性之间取得平衡。当行为人通过互联网金融平台获取的非法利益，超过了因行政处罚所带来的成本或风险时，行政处罚的威慑力可能不足以遏制此类违法行为。在这种情况下，刑法的介入便具有了正当性。边沁曾提出，行为人受到处罚的痛苦应当大于其通过违法行为所获得的利益，才能有效抑制违法冲动。[③]在互联网金融犯罪中，行政处罚的强度有限，往往不足以阻止行为人继续违法。当违法行为的社会危害性和非法获利达到一定程度，刑法的介入不仅是必要的，也是正当的。

从刑法与行政法的关系角度来看，刑法规制的正当性也体现在“量变引发质变”机制中。当互联网金融行为的行政违法程度达到

① 李斯特. 德国刑法教科书［M］. 徐久生，译. 北京：法律出版社，2006：201.
② 大谷实. 刑法总论［M］. 黎宏，译. 北京：法律出版社，2003：177.
③ 白建军. 罪刑均衡实证研究［M］. 北京：法律出版社，2004：158-159.

“质变”状态，即行为本身已经具备直接侵害法益的严重性时，刑法介入的必要性便凸显出来。在这种情况下，单纯依靠行政法的规制手段已不足以维护法律秩序和社会稳定，还要靠刑法的惩罚功能有效填补行政规制的不足。

2. 互联网金融犯罪的自然犯属性

以上论述解决了互联网金融犯罪的法定犯属性问题，但其与法定犯在法律适用上只是存在交叉关系。根据前文的论述可知，部分互联网金融犯罪兼具行政违法性和刑事违法性，其法律性质具有“行政犯”特征，但并非所有互联网金融犯罪都属于法定犯。比如，网络诈骗、洗钱、集资诈骗等犯罪行为直接侵犯财产权益或市场秩序时，不需要经过行政处罚程序即可直接入罪，这类行为超出了法定犯的范畴，属于自然犯。此时，互联网金融犯罪的刑法规制中的另一个重要的问题就应运而生，即如何界定行为的刑事违法性质。

在一些情形下，互联网金融犯罪可能表现出自然犯的特征。例如，犯罪分子可能通过建立虚假的金融投资平台或非法吸收公众存款的方式骗取投资者的资金，这类行为直接侵犯了社会公共利益和投资者的财产安全，具有天然的社会危害性，此类行为本质上已经具备了侵犯社会法益的实质违法性。

然而，学界对于自然犯与法定犯的区分仍存在争议。有学者认为，自然犯同样具有双重违法性，首先违反了社会伦理秩序，同时也侵犯了刑法所保护的法益，但由于自然犯在伦理和法律评价上的一致性，其一般的违法性特征容易被忽视。[①]在互联网金融犯罪的场景下，这种争议更加突出。一些犯罪行为如非法经营、非法集资等可能源于违反行政法规，但同时直接侵犯了社会公共利益和投资者财产权益，导致自然犯与法定犯之间的界限更加模糊。

在刑法理论中，围绕违法性的判断标准，存在违法一元论与违法相对论的对立观点。违法一元论认为，违法性是法律秩序的统一体现，刑法中的违法性与行政法、民法中的违法性具有同一性。[②]在违法一元论的视角下，互联网金融犯罪的违法性应当依据整个法律体系

---

① 刘伟．经济刑法规范使用原论［M］．北京：法律出版社，2012：82．

② 袁彬．刑法与相关部门法的关系模式及其反思［J］．中南大学学报（社会科学版），2015（1）：45．

来进行统一评价。例如，某一行为被《证券法》或《商业银行法》认定为违法，那么在刑法上也应当被认定为违法。因此，行政法禁止的互联网金融行为，在刑法中原则上也应当被禁止。然而，违法一元论在互联网金融犯罪中面临一些困境。其一，某些互联网金融行为可能在行政法中被禁止，但在刑法中并不构成犯罪。例如，某种互联网理财产品不符合行政监管标准，但并不必然具有社会危害性。其二，互联网金融活动中的不诚信行为在民法中可能构成民事责任，但在刑法中未必构成犯罪。例如，某互联网金融平台存在欺诈行为，但若未达到刑法规定的"诈骗"构成要件，刑法可能无法介入。因此，完全按照违法一元论的标准评价互联网金融犯罪，可能导致刑法规制的泛化，背离罪刑法定原则。

与此相对，违法相对论认为刑法中的违法性与行政法、民法中的违法性具有相对独立性。[①]在违法相对论的视角下，互联网金融犯罪的违法性不应完全依附于行政法或民法的规定，而应当根据刑法的独立构成要件来认定。这样一来，违法相对论的适用就能够合理解释以上一元论的困境，即互联网金融平台的某些违规行为可能构成行政责任或民事责任，但未必直接构成刑事责任，同时某些行为即使未违反行政法或民法，但因其具有严重社会危害性，刑法仍可直接介入。此时，互联网金融自然犯的属性也就明晰了。

（二）现行规制模式的困境

在互联网金融犯罪的规制中，罪刑法定原则是刑法适用的基本原则之一。我国关于互联网金融活动的监管法规，通常在"法律责任"章节中规定"构成犯罪的，依法追究刑事责任"，这一规定属于典型的未明确指向性刑事责任条款[②]。在互联网金融犯罪中，如果刑法中恰好存在与监管法规中规定的违法行为相对应的条文，司法机关可以直接依据刑法条文追究行为人的刑事责任。然而，问题在于，对于部分互联网金融犯罪行为，现行刑法中并未设置明确的构成要件或相应罪名，这便涉及罪刑法定原则中"法"的涵摄范围问题。

---

① 曾根威彦．刑法学基础［M］．黎宏，译．北京：法律出版社，2005：214.

② 涂龙科．经济刑法规范特性研究［M］．上海：上海社会科学院出版社，2012：38.

例如,《证券法》《支付结算管理办法》等法律法规中规定,互联网金融平台不得为融资项目拆分期限或为股票、期货等高风险投资提供信息中介服务,但《刑法》并未对该类行为作出明确规定。在这种情况下,若平台违反了上述规定并造成严重后果,是否可以依据这些行政法规中关于刑事责任的规定直接追究刑事责任?这就涉及罪刑法定原则中"法"的涵摄范围是否包括行政法规或金融监管规定的问题。

1."法"的涵摄范围的理论争议

关于罪刑法定原则中"法"的涵摄范围,学界存在以下几种不同的观点:第一种为扩大解释论。有学者认为,非刑事法律规范中刑事责任是在刑法指引下制定的,因而在法律效力上已成为刑法体系之外的特殊刑事法律,属于刑事法律的有机组成部分。换言之,即便《刑法》未规定某一互联网金融行为构成犯罪,但如果该行为违反了监管规定或行政法规,且相关法规中规定了"依法追究刑事责任",司法机关便可根据这些规定追究其刑事责任。[①]这一观点实际上突破了罪刑法定原则中"法"的传统界限,赋予非刑事法律规范以刑事效力。然而,这种解释可能导致刑法适用的不确定性,扩大刑法适用范围,进而侵害公民的基本权利。

第二种为严格解释论。与上述观点相反,这种观点认为,罪刑法定原则中的"法"仅指《刑法》和全国人民代表大会及其常务委员会制定的单行刑法,行政法规和监管规定并不属于刑法的渊源。因此,对于互联网金融平台违反行政法规或监管规定的行为,若刑法未作出相应规定,不得直接根据监管法规或行政法规追究刑事责任。[②]在这一观点下,行政法规或监管规定的刑事责任条款,只有在与《刑法》构成要件相一致的情况下,才可成为刑事责任的基础;否则,即使行政法规或监管规定明确规定"依法追究刑事责任",也不能直接构成刑法追责的依据。

第三种观点在上述两种观点之间寻求平衡,认为罪刑法定原则中"法"的涵摄范围应既包括《刑法》和全国人民代表大会及其常务委

---

① 万国海. 罪刑法定之"法"应当涵盖非刑事法律[J]. 扬州大学学报,2007(5):105.

② 徐松林. 非法经营罪合理性质疑[J]. 现代法学,2003(6):88-90.

员会制定的单行刑法，也包括行政法规或监管规定中明确涉及刑事责任的条款，但其法律效力需建立在《刑法》明确规定的构成要件基础上。这一观点认为，行政法规或监管规定中涉及刑事责任的内容，仅能作为《刑法》的解释依据或补充依据，而不能直接成为刑法适用的依据。[①]

在互联网金融犯罪领域，罪刑法定原则中“法”的涵摄范围应以折中观点为基础，具体应处理好两方面内容。其一是行政法规与刑法的适用关系。在互联网金融犯罪的规制中，行政法规和监管规定在法律适用上通常具有前置性和补充性。其中，前置性体现为部分互联网金融行为的违法性首先由行政法规或监管规定加以确认，行政机关在作出行政处罚后，只有行为达到刑法规定的犯罪构成要件，司法机关才可介入。补充性则体现为，行政法规或监管规定中涉及的某些刑事责任条款，在与《刑法》条文存在衔接的情况下，可以作为解释或适用依据，但不能直接作为入罪的法律渊源。

其二是刑法与行政法规的适用边界。具体而言，能否作为刑法规制的行政法规依据包括：第一，全国人民代表大会及其常务委员会制定的法律和单行刑法，属于《刑法》规定的渊源，直接具有刑事效力；第二，国务院及其下属部门制定的行政法规、监管规定，若未在《刑法》中明确规定构成要件，不得直接成为刑法规制的依据；第三，行政法规和监管规定中涉及的刑事责任条款，只有在《刑法》中存在相应罪名或构成要件的前提下，才可作为解释或补充依据加以适用。

2.规制模式的局限性

由前文的论述可知，在我国刑法体系下互联网金融犯罪涉及的法益主要包括金融管理秩序、金融交易安全、市场秩序以及公民财产安全。刑法在保护这些法益时，通常依赖于行政法规或金融监管规定的前置认定。在分析互联网金融犯罪对金融管理秩序和市场秩序的侵害时，这种规制方式往往可以提供较为充分的解释，因为此类行为通常涉及违反行政法规或监管规定，行政机关在作出行政处罚或认定后，若此类行为同时触犯刑法规定，司法机关便可据此追究行为人的刑事

① 张明楷. 行政刑法辨析［J］. 中国社会科学，1995（3）：95-97.

责任。典型的如非法经营罪、非法吸收公众存款罪等，往往在行政机关先行处罚后，若违法行为达到了刑法规定的犯罪构成要件，司法机关便可据此立案侦查，最终追究刑事责任。

然而，当涉及金融交易安全和公民财产安全时，当前刑法规制的立场却难以自圆其说。原因在于，金融交易安全和财产安全的保护，并不完全依赖于行政法规或金融监管规定的前置认定，而更多地涉及直接侵犯社会公共利益和个体财产权的问题。在互联网金融平台“爆雷”或“跑路”事件中，犯罪行为的违法性更多体现在对投资者财产的直接侵害上，而非违反金融监管规定的形式违法性。这就导致刑法规制在这些案件中无法单纯通过行政法规的前置认定来提供完整的法律解释。

有学者认为，在涉及金融交易安全和公民财产安全的案件中，刑法规制立场仍然适用，因为传统犯罪同样涉及双重违法性，即在违反行政法规的同时也构成了刑法意义上的犯罪。[①]换句话说，某些互联网金融犯罪行为即使在形式上违反了行政法规，仍需满足刑法规定的构成要件，才能最终被认定为犯罪。然而，这种观点在具体案件中常常面临现实困境。例如，在某些互联网金融诈骗案件中，行为人通过设立虚假的平台或第三方支付平台，以高额回报为诱饵，骗取大量投资者的资金。这类行为往往未必直接违反具体的行政法规或金融监管规定，但其社会危害性极为显著。如果严格按照双重违法性理论来解释此类案件的刑法规制基础，可能导致刑法在这些严重的社会危害案件中失灵。

从法律适用角度来看，若某种互联网金融行为不涉及违反行政法规，而仅存在民事责任争议，刑法是否能够介入便成为一个关键问题。例如，某些互联网理财平台存在合同欺诈或虚假宣传的行为，这类行为可能违反《民法典》中关于合同或侵权责任的相关规定，但若《刑法》中未设置相应的犯罪构成要件，司法机关是否可以直接依据民法规定来追究刑事责任？根据现行法律体系，民法与刑法在法律适用上存在明确的区分，民事违法性与刑事违法性并不具有完全的重合性。因此，单纯依据民法规定，司法机关在刑法适用上难以直接认定

---

① 刘伟．经济刑法规范使用原论［M］．北京：法律出版社，2012：82.

某种互联网金融行为构成犯罪。

进一步而言，即便可以援引《民法典》第七条中“诚信原则”的规定来解释互联网金融行为的违法性，该条款在法律适用上也存在明显的局限性。《民法典》第四条作为一项概括性原则，其立法目的在于指导合同法和侵权法领域中的民事关系，而互联网金融犯罪涉及的法益更多的属于国家金融秩序和社会公共利益范畴，显然超出了民法的调整范围。即使从形式上看，某些互联网金融行为可能违反了“诚实信用”原则，但若这些行为未达到刑法规定的犯罪构成要件，仅凭民法原则来确认刑法介入的正当性，显然难以在理论上自洽。

此外，刑法在调整互联网金融犯罪中的自然犯问题也值得进一步探讨。在涉及非法集资、操纵市场、洗钱等严重犯罪中，刑法的适用并不完全依赖于行政法规或金融监管规定的前置认定。这是因为，这类犯罪直接侵犯了社会公共利益或国家金融管理秩序，其行为的违法性和社会危害性能够通过刑法自身的构成要件直接确认。因此，在此类案件中，刑法的适用独立于行政法规和民法的规定，司法机关可以直接依据刑法条文对行为人追究刑事责任。例如，《刑法》第二百二十五条规定的非法经营罪，其构成要件包括“未经国家有关主管部门批准非法经营证券、期货、保险业务，或者非法从事资金支付结算业务”，即便行政机关尚未作出明确的行政处罚，司法机关在掌握充分证据的情况下，仍可依据《刑法》直接立案侦查[①]。

刑法对互联网金融犯罪中金融管理秩序和市场秩序的保护，具有较强的独立性和直接性。然而，当涉及金融交易安全和财产安全时，刑法的保护效力往往受限于行政法规或民法的前置规定，导致司法机关在刑法适用上存在法律障碍。这种局限性直接源于刑法规制的附属立场。该立场要求刑法在认定犯罪之前，必须依赖于行政法规或民法的前置认定，否则刑法的适用可能被视为越权或滥用。然而，在互联网金融犯罪中，这种附属性立场往往与刑法的独立调整功能发生冲突，导致刑法在规制互联网金融犯罪时存在适用障碍。

---

① 高铭暄. 新经济犯罪研究［M］. 北京：中国方正出版社，2000：14.

## 二、互联网金融犯罪的规制路径选择

### （一）行政前置模式

基于互联网金融犯罪的法定犯属性，刑法规制需要行政法前置，我们可以称之为行政前置模式。该模式强调刑法作为其他法律的补充的地位，只有在行政法、民法等其他法律规范无法有效规制相关违法行为时，刑法方可介入。关于刑法的补充性，有学者认为，刑法在整个法律体系中具有保障法的地位，是一种补充性法律[①]。刑法的补充性可以从以下两个方面加以理解：一方面，刑法在内容上是其他法律的补充。也就是说，刑法的介入以其他部门法（如金融监管法、行政法）无法有效规范或遏制某种社会危害行为为前提。在金融监管机制未能充分发挥作用，且行为已对金融市场秩序或社会利益造成严重威胁时，刑法才应发挥兜底保护功能。[②]另一方面，刑法在形式上具有保障法属性。换言之，刑法通常在行为违反行政法、民法等部门法的情况下才能介入并进一步追究刑事责任。尤其在互联网金融犯罪中，许多行为人首先违反了金融管理法规（如非法放贷、违规吸储等），只有其行为对社会的危害达到一定程度，刑法才予以追究。[③]互联网金融犯罪的行政前置模式正是基于这一观点的延伸和发展。

互联网金融犯罪的刑法规制通常遵循行政前置模式，该模式的理论基础在于双重违法理论。在前文我们已经提及，双重违法理论主张某种行为首先必须违反行政法或其他非刑事法律规定，只有在其违法行为达到一定程度，造成严重社会危害时，刑法才会进一步介入。因此，互联网金融犯罪的刑法规制模式必须在遵循行政法优先调整的基础上，通过刑法对具有严重社会危害性的行为进行“二次滞后调整”。换句话说，刑法在互联网金融犯罪的规制中主要扮演“兜底”角色，只有在行政法或金融监管手段不足以有效遏制违法行为或行为已超出行政法调整范围时，刑法才具有适用的正当性[④]。

---

① 张明楷. 外国刑法纲要［M］. 2版. 北京：清华大学出版社，2007：7.
② 陈兴良. 刑法谦抑的价值蕴含［J］. 现代法学，1996（3）：14-25.
③ 张明楷. 刑法在法律体系中的地位——兼论刑法的补充性与法律体系的概念［J］. 法学研究，1994（6）：50.
④ 涂龙科. 经济刑法规范特性研究［M］. 上海：上海社会科学院出版社，2012：80-84.

1.行政优先监管原则

行政优先监管原则是互联网金融犯罪刑法规制行政前置模式的核心原则之一。该原则强调，在行政法规尚未进行有效调整的情况下，刑法不得提前介入或直接干预。这一原则实际上是刑法谦抑性原则在互联网金融犯罪领域的体现，意味着刑法仅作为行政法和金融监管手段的补充，只有在行政手段无法有效调节互联网金融活动、保护社会秩序和公共利益时，刑法才可以介入。因此，刑法对于互联网金融犯罪的适用范围，在广度上不应超过行政法的调整范围，但在深度上可以高于行政法的调整水平。

行政优先监管原则决定了互联网金融犯罪的刑法规制必须建立在现行的行政法规基础上。也就是说，只有当互联网金融犯罪行为是行政法规已进行过规范和调整的行为时，刑法的适用才具有正当性。在互联网金融领域，早期由于缺乏针对性强的监管法规，刑法规制在很长时间里处于“无法可依”的状态。以网络借贷平台为例，在相关管理法出台之前，我国对P2P平台的监管主要依据《证券法》《商业银行法》《金融机构管理规定》等法律法规，但这些法律法规对于互联网金融的调整大多属于间接适用，缺乏明确的规范标准。

2.二次滞后调整原则

在行政优先监管原则明确了刑法规制互联网金融犯罪的范围后，刑法规制的时间顺序和适用条件则受二次滞后调整原则的限制。二次滞后调整原则要求，刑法规制互联网金融犯罪的适用应当滞后于行政手段和金融监管手段的适用，刑法只有在行政法规和监管措施无法有效遏制违法行为且行为已造成严重社会危害时才可介入。换言之，刑法的适用是对行政法规调整不足或失败的一种补充和兜底手段。

二次滞后调整原则反映了刑法在经济犯罪和市场犯罪中的后发性特征。在市场经济制度下，行政法和监管法规通常被赋予优先调整市场秩序和金融行为的功能，刑法作为最后保护法，仅在行政手段和民事手段无法有效规制违法行为时才具有正当性。学界普遍认为，刑法的保障功能是在我国改革开放后才逐渐确立的，其基本目的在于为我国市场经济制度提供法律保护。[①]互联网金融平台作为金融创新的产

① 孙道萃. 反思刑法保障法［J］. 国家检察官学院学报，2012（5）：86-90.

物，必然面临市场监管和法律规制的滞后性问题，刑法的适用正是在弥补行政法规和金融监管的不足。

需要注意的是，二次滞后调整并不意味着刑法在司法实践中只能被动适用。在理论层面，刑法规制互联网金融犯罪必须以行政法规的前置调整为基础，但在实践中，刑法与行政法的适用可能是同步进行的。司法机关在调查和审理互联网金融犯罪案件时，往往与行政机关的监管和执法工作同时展开。若在行政机关调查或处罚期间，行为人的违法行为已达到刑法规定的犯罪构成要件，司法机关完全可以在行政处罚尚未结束时，直接依据刑法对行为人提起公诉或实施刑事处罚。因此，二次滞后调整原则主要适用于立法层面，而在司法层面，刑法的适用与行政执法之间并不存在严格的时间顺序。

此外，二次滞后调整原则决定了刑法规制互联网金融犯罪的“深度”标准。一般情况下，刑法对经济犯罪的适用以“严重社会危害性”为基本标准，司法机关在认定互联网金融犯罪时，通常以犯罪数额或实际损失金额作为入罪依据。违反行政法规的行为并不必然构成犯罪，只有当行为在危害程度上超过行政法规的处罚标准，达到刑法规定的犯罪构成条件时，刑法才可以介入。例如，非法集资行为在未达到刑法规定的犯罪数额时，仅适用《证券法》或《商业银行法》进行行政处罚，但若实际集资金额巨大，造成投资者重大损失，该行为即可能构成非法吸收公众存款罪或集资诈骗罪。

该模式在理论层面看似完整，但在实践中存在诸多难以克服的问题。首先，该模式在规范性设计上要求刑法对互联网金融犯罪的适用范围和内容与行政法规保持一致。然而，由于互联网金融犯罪涉及行为类型复杂、犯罪方式多样，行政法规往往难以覆盖所有类型的违法行为。其次，行政法规的监管滞后性可能导致刑法的提前介入。例如，某些互联网金融平台通过复杂的结构设计规避监管，直到犯罪行为造成严重社会危害时，行政机关才发现违法行为，此时刑法可能已经提前介入并展开追责。再次，该模式在区分行政违法与刑事犯罪的界限时，存在法律适用标准模糊的问题。一般情况下，行政违法行为的认定标准较低，而刑事犯罪的入罪标准则要求较高的社会危害性。在互联网金融犯罪中，行政违法与刑事犯罪之间的界限往往难以清晰划分，导致司法机关在认定犯罪时存在自由裁量权过大的问题。

（二）独立刑法规制模式

基于以上论述我们发现行政前置监管虽然保证了刑法的谦抑性，但无法应对新科技革命下互联网金融犯罪的高速发展，特别是当技术的创新使得前置法处于滞后状态时，坚守这样的规制模式会使得某些具有社会危害性的行为无法受到规制，此时刑法是否能够进行独立规制呢？传统的违法一元论与违法相对论的相关理论冲突，直接影响了互联网金融犯罪的独立规制模式。事实上，前文我们已简单提到，根据违法一元论的观点，违法性应当在整个法律体系的统一秩序下形成，即无论是刑法、行政法还是民法，违法性都应当具有相同的法律评价基础和标准。然而，在不同法律部门中，对违法性的判断存在“质”与“量”的区别。[①]也就是说，不同法律对于违法行为的认定标准和调整深度存在程度上的差异。

在互联网金融犯罪的规制中，违法一元论认为，刑法与行政法之间的调整对象应当保持协调和一致，刑法不得处罚其他法律所明确允许的行为。与之相对，违法相对论则主张，刑法、行政法和民法之间的法律适用存在独立性，关于违法性的认定标准，应当依据各自的法律规范独立进行评价。即使某种互联网金融行为在民法或行政法上被认定为合法行为，但若其在刑法上已构成犯罪，刑法仍应独立进行规制。[②]这一理论实际上赋予了刑法在互联网金融犯罪规制中的独立判断权，强调刑法作为最后保护法的独立地位。修正的一元论在保留“违法性应在全体法秩序下形成”这一理论基础的同时，吸收了违法相对论的独立评价观点，提出刑法可以在独立判断的基础上，依据自身的构成要件和社会危害性标准对互联网金融犯罪进行评价。这种修正的一元论直接体现在互联网金融犯罪的刑法规制模式中，即刑法规制具有附属性，但在违法行为的具体评价中，刑法仍具有一定的独立性。

这一争议的实际影响在于，互联网金融平台的某些经营行为是否可以被刑法规制。根据修正的一元论的立场，若某种互联网金融行为

① 刘伟．经济刑法规范使用原论［M］．北京：法律出版社，2012：110.
② 曾根威彦．刑法学基础［M］．黎宏，译．北京：法律出版社，2005：214-215.

已被民法或行政法认可，刑法不应再进行干预。例如，网贷平台的借贷行为若在《民法典》中被认定为合法的民事借贷合同，刑法若仍对其以非法集资或诈骗等罪名进行定罪处罚，显然违背法律秩序的统一性原则。然而，依据违法相对论的观点，若该平台的借贷行为在客观上已对金融秩序或社会利益造成严重危害，刑法仍应具有独立的规制权。这种法律适用的冲突直接决定了互联网金融犯罪在刑法规制中的可罚性问题。

刑法规制互联网金融犯罪的可罚性，实际上源于行为的社会危害性。根据犯罪理论，犯罪是指社会危害性达到一定程度、需要以刑罚进行制裁的违法行为。[①]互联网金融犯罪的可罚性正是基于其对社会秩序和公共利益所造成的实际危害。在这种情况下，刑法的适用并不完全依赖于行政法或民法的先行调整，而是依据刑法自身的构成要件和社会危害性标准进行独立判断。

我国刑法在金融犯罪的规制中，采取的是“定性”与“定量”相结合的立法模式。[②]定性即行为违反行政法规或金融监管规定的事实，构成行为的行政违法性；定量即行为已达到刑法规定的社会危害性标准，具备刑法规制的必要性。例如，《刑法》中关于非法经营罪的规定，明确要求行为已“情节严重”或“情节特别严重”，在司法实践中通常依据涉案金额、被害人数或社会影响进行具体认定。在互联网金融犯罪中，这种“定性”与“定量”的结合直接反映了刑法与行政法之间的关系。某种互联网金融行为若仅涉及行政法上的违法性，行政机关可以通过罚款、吊销牌照等行政手段进行规制；若该行为在数量或危害程度上已超出行政法的调整范围，刑法便可依据“情节严重”或“情节特别严重”标准对该行为进行定罪处罚。因此，刑法规制的独立性更多体现在对“定量”标准的独立判断上。在司法实践中，互联网金融犯罪的刑法规制模式主要表现为“行政违法加重犯”[③]，即某种互联网金融行为在违反行政法规的基础上，若其行为已达到刑法规定的“严重”标准，刑法便可独立进行规制。

---

① 储槐植．我国刑法中犯罪概念的定量因素［J］．法学研究，1998（2）：26-31.
② 储槐植．我国刑法中犯罪概念的定量因素［J］．法学研究，1998（2）：26-31.
③ 张明楷．行政违法加重犯初探［J］．中国法学，2007（6）：62-77.

## 三、互联网金融犯罪规制模式的确立思路

根据上述论述可知，互联网金融犯罪的刑法规制应当坚持行政优先监管的立场，但要同时加强刑法独立性的判断。当新型互联网金融犯罪行为超越行政监管的现有法律依据时，刑法可基于特殊的社会危害性，对该行为直接进行规制。我们可以将这种规制模式称为“2+1”模式，其中“2”代表行政前置监管与刑法独立规制并重，“+1”代表特殊情况下基于公民财产权和生命安全权的保护，可突破行政违法的界限。在这样的模式下，我们应当解决下述几个问题：

（一）建立“行政违法”与“刑事犯罪”的界限

前文已论述，在互联网金融领域，行政法与刑法的关系可以被理解为“前置调整”与“最终兜底”之间的逻辑关系。行政法作为市场管理的重要手段，承担着对互联网金融活动进行日常规范和调节的功能；而刑法作为最后的保护法，承担着对严重违法行为进行最终制裁的功能。二者在适用上存在一定的功能分工，但由于互联网金融犯罪的特殊性，二者之间的适用界限常常模糊不清。

在理论层面，刑法的适用通常以“社会危害性”为判断标准，而行政法的适用则以“行政秩序维护”为调整目标。在实践中，互联网金融平台的某些违法行为，可能既违反行政法，如《证券法》《商业银行法》，也构成刑法上的犯罪，如非法集资罪、非法经营罪。因此，明确行政法与刑法之间的适用界限，必须以以下几个标准为基础：第一，行为的本质和性质。行政法主要针对违反金融市场秩序和行业规范的行为，刑法则针对严重危害社会秩序和公共利益的行为。若行为仅涉及违反金融管理秩序或市场规则，且尚未对社会利益造成实质性危害，应主要通过行政手段进行规制；若行为已严重侵害社会公共利益，导致大规模经济损失或金融系统性风险，刑法便应直接介入。第二，违法的严重性。立法中应进一步明确“情节严重”的标准，如涉及资金规模、受害人数、社会影响等，以区分行政责任与刑事责任的适用范围。第三，主观故意与恶意程度。行政法调整的对象通常是“违规行为”或“不当行为”，行为人的主观状态并不作为行政责任的认定要件；而刑法调整的对象则包括主观恶意，即行为人是否具有欺诈、隐瞒、恶意操纵市场等主观故意，是区分行政责任与刑

事责任的重要因素。

在立法层面，建立“行政违法”与“刑事犯罪”之间的界限，需要根据互联网金融犯罪的行为方式和社会危害性，进一步细化法律适用标准。可以通过制定《金融犯罪法》或《互联网金融管理法》，在立法中对“行政违法”和“刑事犯罪”的界限作出明确界定。例如，非法集资行为是互联网金融犯罪中的典型行为。在行政法领域，非法集资行为可能被认定为违反《证券法》《商业银行法》等监管法律法规，行政机关可以通过责令整改、吊销营业执照、罚款等行政手段进行处理。在刑法领域，非法集资行为若达到一定的资金规模，或导致大量投资者资金损失，便可能构成《刑法》中的非法吸收公众存款罪或集资诈骗罪。因此，立法中应进一步明确“非法集资”在行政法和刑法中的入罪标准，避免行政责任与刑事责任的模糊地带。

（二）细化行政责任与刑事责任在法律适用中的衔接机制

除了在法律层面明确行政法与刑法之间的界限外，在司法实践中还需要建立两者之间的有效衔接机制，确保在违法行为跨越行政法和刑法调整边界时，能够实现法律适用的无缝对接。在实践中，行政机关与司法机关之间的信息共享和案件移送机制存在明显不足。行政机关在发现互联网金融平台的违法行为时，往往仅依据行政法进行处理，缺乏与司法机关的案件联动机制。这导致某些严重违法行为未能及时进入刑法规制，造成监管盲区和法律适用的滞后性。为解决这一问题，可以通过以下方式强化行政法与刑法之间的衔接机制：

一方面，建立案件移送机制。在行政机关调查互联网金融平台违法行为的过程中，若发现行为已达到刑法规定的犯罪构成要件，行政机关应及时向司法机关移送案件，并配合司法机关进行调查取证。例如，在调查某网贷平台非法集资案件时，若行政机关发现涉及资金规模巨大、涉及人数众多，则应在行政处罚的同时，将案件材料移交给公安机关或检察机关，由其及时介入刑事调查。

另一方面，可进行信息共享和联合执法机制。在互联网金融犯罪中，违法行为往往涉及跨地区、跨平台的复杂网络，单一执法机关难以掌握完整的证据链。因此，行政机关与司法机关之间应建立信息共享平台，确保对互联网金融平台的资金流动、交易模式等数据进行实时监控，形成行政监管与司法打击的合力。

与此同时，还应建立行政处罚与刑事处罚之间的衔接规则。在行政责任与刑事责任存在交叉时，行政机关与司法机关应协同确定处罚顺序和责任归属，避免出现“重复处罚”或“责任推诿”的问题。例如，若行政机关已对网贷平台的非法集资行为作出罚款处罚，司法机关在进行刑事处理时，应扣除已执行的罚款金额，确保法律责任的统一性和协调性。

在行政法和刑法交叉适用的背景下，司法机关在认定互联网金融犯罪时，往往需要依据行政法的事实认定和行政执法结论，但行政执法和刑事执法在证据标准、程序规则和法律适用标准上存在差异，可能导致法律适用中的冲突。为避免这一问题，司法机关在审理互联网金融犯罪案件时，应明确行政法与刑法之间的适用顺序和证据标准。若行政机关已对某种互联网金融行为作出行政处罚，司法机关在刑事审判中应对行政机关的事实认定进行审查，确保刑事裁判与行政处罚的事实基础一致。同时，司法机关在适用刑法时，应以刑法规定的犯罪构成要件为依据，独立进行事实认定，避免直接引用行政法的违法认定结论。

（三）刑法提前介入情况与时间的确定

在新科技革命的推动下，互联网金融迅猛发展，催生了大量新型金融交易模式和产品，如加密货币、第三方支付、数字资产交易等。这些新兴领域的特点包括对科技创新的高度依赖、快速变化的市场环境、跨境和去中心化的运行机制。这些特点使得传统的行政监管手段在调整和适应新型互联网金融行为时，往往存在明显的滞后性。而在行政监管体系尚未建立或规则尚未明确的情况下，若这些新型互联网金融行为已对社会公共利益、市场秩序和投资者权益造成严重危害，刑法是否能够在行政监管“空白”或“滞后”状态下提前介入，便成为法律适用中的重要争议。根据前文论述的思路，在特殊情况下，当行政监管机制尚未覆盖或调整不足，且行为已对社会利益、市场秩序或公民权益造成重大损害时，刑法可以基于独立的社会危害性判断，突破行政法的前置约束，提前介入对互联网金融犯罪的规制。

本书认为，刑法的独立性基础在于其对“社会危害性”的独立判断。在行政法未能覆盖的情况下，刑法是否可以提前介入，关键在于行为是否已具备刑法意义上的“严重社会危害性”。

1.常态下社会危害性的标准构建

社会危害性是判断刑法适用与否的核心标准，刑法作为“最后保护法”仅在行为的社会危害性达到一定程度时，方可突破行政法的调整边界，直接进行规制。本书认为，对社会危害性的衡量可以依据以下标准进行：其一，危害程度是衡量社会危害性的首要标准。行为涉及的资金规模、受害人数、投资损失、社会影响等因素，可直接反映行为的社会危害程度。若涉案金额巨大、涉及投资者众多且损失严重，刑法可以直接介入。其二，行为性质决定危害行为的恶性程度。若行为涉及欺诈、操纵市场、虚假宣传、内幕交易等，行为人具有主观恶意，刑法在行政监管未能覆盖的情况下，亦可以直接规制。其三，结果是社会危害性的最终表现。若行为已导致市场恐慌、投资者挤兑、系统性金融危机或社会动荡，刑法即便在行政法尚未调整的情况下，可根据结果的严重性提前介入。其四，主观故意是社会危害性判断的推断内容。若行为人明知行为具有严重社会危害性，仍故意实施，刑法具有优先规制的正当性。

2.紧急状态下社会危害性的标准构建

在某些紧急状态下，社会危害性的判断标准需要适度降低，以确保刑法在危机中及时发挥保护作用。此时，传统的“情节严重”或“特别严重”标准可能显得过于迟缓，刑法介入的门槛应相应降低，以便迅速阻止危害扩大，防止事态失控。

首先，紧急状态下的社会危害性具有“即时性”。某些互联网金融犯罪行为可能在极短时间内产生巨大危害，若仅依赖行政监管的事后干预，往往已无法有效补救。例如，量子计算技术若被用于破解数字资产的加密系统，攻击者可在数秒内转移巨额数字资产，造成难以挽回的损失。在此类危机情境下，若仅依赖行政监管的事后处罚，根本无法达到及时控制损害的目的，因此刑法需提前介入，以威慑并制止潜在的严重犯罪。

其次，紧急状态下的社会危害性具有“扩散性”。互联网金融犯罪具有较强的传导和扩散风险，若未能及时控制，极易引发连锁反应，导致更大范围的社会不稳定。例如，某网贷平台因非法集资、虚假宣传等行为导致大量投资者遭受损失，极可能引发恐慌情绪，进而诱发群体性事件、市场挤兑乃至系统性金融危机。在行政监管无法迅速介入或控制风险扩散时，刑法应当根据行为的潜在危害和社会影响，及时启动刑事追责机制，以有效阻止危害蔓延。

最后，紧急状态下的社会危害性具有“不可逆性”。某些互联网金融犯罪一旦发生，可能对市场信任机制、社会稳定及公民财产权益造成不可逆的损害。例如，大规模虚假融资平台崩盘可能导致普通投资者的巨额财产无法追回，甚至影响区域经济发展。面对这种情况，若行政手段不足以阻止事态恶化，刑法的提前介入具有必要性和正当性。

在紧急状态下，社会危害性的判断标准应当在以下条件下适度降低：一是行为本身具有高度隐蔽性和即时破坏性，行政监管难以及时发现并有效干预；二是该行为具有明显的扩散效应，可能迅速引发更大范围的社会不稳定；三是行为已对社会秩序、市场安全或公民财产权益造成难以弥补的后果。

## 第二节　涉罪互联网金融的犯罪认定逻辑

传统刑法的构成要件体系以“个体行为—具体结果”的因果性逻辑为基础，这一模式在工业时代能较好地界定犯罪边界并适用于大多数行为。然而，在新科技革命下的数字时代，技术行为具备显著的系统性风险特征，它们可能通过网络化、自动化的运行机制引发非线性的社会危害，传统刑法因此面临应对力不足的问题。在互联网金融犯罪中，某些技术行为如算法操纵、智能合约欺诈或区块链交易隐匿行为，往往难以纳入现有刑法的行为定型与归责框架。为了弥补这一不足，可引入风险刑法理论[①]作为指导框架，并通过以下三方面重构犯罪构成要件的认定逻辑：其一，通过动态法益量化，对技术行为可能引发的潜在危害进行综合评估，明确其是否达到需刑法规制的危险程度；其二，推进技术行为的类型化分析，将其典型模式与危害后果纳入法律规范中，以确保法律条文的适用性与可操作性；其三，对证明规则进行改造，引入大数据与人工智能技术以辅助风险行为的因果链条

① 关于风险刑法理论问题，可参阅：叶良芳．为风险刑法理论辩护［J］．四川大学学报（哲学社会科学版），2022（04）：149-160.

和归责逻辑的构建，提高对复杂技术犯罪的司法认定能力。

## 一、从结果本位到过程控制的动态法益量化

从新科技革命视角来看，互联网金融犯罪展现出危害性逐渐积累并在关键节点突发的特点。以网贷平台犯罪为例，这类犯罪在初期可能表现为较低的社会影响，但随着风险的积累与扩散，其危害性在某一时刻迅速爆发，可能导致严重的经济和社会后果。对此，传统刑法以结果为中心的归责模式在应对这类犯罪时显得不足，因为这种模式往往在有明确的犯罪后果后才能介入，而无法对隐蔽性强、长期累积风险不明显的行为进行有效规制。为解决这一问题，建议建立以过程性法益侵害为核心的认定标准，将犯罪行为对社会法益的逐步侵蚀纳入刑法规制范围。这一模式可以更早地识别和预防潜在的重大风险，从而增强刑法应对互联网金融犯罪的能力。"刑法早已由事后惩治犯罪的手段变为事先预防犯罪的工具，积极预防主义成为当下刑法观的主流。"[①]

### （一）时间叠加认定标准

时间叠加认定标准的提出，绝非简单的技术规则创新，而是刑法应对数字时代风险结构变迁的必然选择。传统刑法的归责逻辑建立在"个体行为—具体结果"的线性因果链条之上，但互联网金融犯罪的技术赋能特征，使得危害结果不再直接附着于单一行为，而是通过高频次、小规模的技术操作实现"微量累积—突变爆发"的质变。这一转变对刑法规范提出根本性挑战：若固守结果本位的归责模式，刑事介入必然滞后于系统性风险的爆发；若贸然扩张犯罪圈，又可能陷入"技术有罪推定"的泥淖。时间叠加标准的核心价值，就在于通过"过程性法益侵害"的量化识别，在技术风险与刑法谦抑性之间开辟第三条道路。

传统法律和规则通常采用静态的量化标准，这意味着它们会以固定的数字来界定某些行为是否违法。例如，《最高人民法院关于审理非法集资刑事案件具体应用法律若干问题的解释》（法释〔2022〕5

---

① 刘艳红．积极预防性刑法观的中国实践发展——以《刑法修正案（十一）》为视角的分析［J］．比较法研究，2021（01）：62-75．

号）第三条规定："非法吸收或者变相吸收公众存款，具有下列情形之一的，应当依法追究刑事责任：（一）非法吸收数额在100万元以上的；（二）吸收对象150人以上的；（三）造成直接经济损失达50万元以上的。"这类规定在制定时有其合理性，目的是明确法律界限，方便执法。然而，这种固定的标准无法灵活应对不断变化的犯罪手段，尤其是技术化的犯罪。犯罪分子可以通过设计复杂的操作模式来规避这些静态量化标准，使得其行为看似合法，但实质上是规避法律的。

法律规则和制度的制定往往会滞后于现实情况的变化。这是因为制定和修改法律需要时间，而且法律的变化往往是对已发生问题的反应，而不是对未来问题的预测。例如，平台通过"短周期拆标""自动续投"等技术手段规避监管，使得单次操作在法律允许范围内，但整体行为形成了巨大的风险。这种滞后性使得法律在面对新型犯罪手段时显得捉襟见肘，难以有效防范和打击复杂的非法集资行为。例如，某些平台将大额标的物拆分为多个短期小额项目，每个项目的投资人数不超过法律规定的入罪标准。再如，将1亿元标的拆分为100个100万元的短期项目，每个项目的投资人数不足30人。这样，每次行为在法律上看似合规，但整体上却形成了巨大的资金池风险。事实上，"钱宝网"就是通过这种高频次短期理财项目吸收资金，规避了法律规定的入罪标准。然而，爆雷时，其涉案金额已达500亿元，投资者损失惨重。在这种情况下，法律对违法行为的追责显得滞后，损害已经无法挽回。

德国刑法学者沃勒斯（Wohlers）提出的"累积犯"理论，为时间叠加标准提供了法理基础。该理论认为，当单个行为虽未达危害阈值，但同类行为在时空维度叠加可能引发系统性风险时，刑法可提前介入。[1]在数字犯罪中会出现技术行为的风险聚合效应，例如单次"拆标"可能属于合法金融创新，但高频操作（如30日内同一标的拆分交易超5次）将导致资金池流动性风险呈几何级增长。此时需要归责逻辑的范式转换，即从"结果本位"转向"风险流程控制"。

---

① 参见：张勇，王杰. 数据累积犯的刑法规制［J］. 济南大学学报（社会科学版），2024，34（3）：137-149.

然而，时间叠加标准必然面临深刻的价值质疑：当技术模型深度介入刑事归责过程时，是否会导致司法判断权的实质让渡，进而催生“算法治罪”的异化风险？这一诘问触及现代刑法学的根本命题——在技术理性与价值理性的张力中，如何维系人的主体性地位。对此，需穿透表象辨析三重制度底线，在技术赋能与权利保障的辩证关系中重构刑法谦抑性的时代特征。

首先，必须确定技术工具的辅助性定位，保证司法权威的不可替代性。技术模型的应用必须严格恪守工具理性服务于价值理性的伦理准则。时间序列分析模型虽能精准识别交易行为的风险累积趋势，但其本质仍是证据补强手段而非裁判替代工具。这一定位具有双重法理支撑。一方面，从认识论层面来看，算法决策依赖的是历史数据的相关性分析，而刑事归责要求对行为人的主观恶性作规范性评价。技术系统的功能逻辑无法替代生活世界的交往理性，这决定了技术工具无法完全代替法官的价值判断。例如，在某些非法吸收公众存款案中，虽然平台拆标频率数据可作为风险判断依据，但最终定罪时仍要结合资金实际流向与被告人主观故意进行综合判断。另一方面，从程序法层面来看，算法生成的累计标准必须经过法庭质证程序，达到“排除合理怀疑”标准方能使用。这与美国《联邦证据规则》第702条对专家证言的“道伯特标准”形成跨法域呼应，技术证据的可靠性需接受可证伪性、误差率等要件检验。

其次，刑法谦抑性的现代表达，要求技术标准的适用不得突破罪刑法定原则的明确性底线。时间叠加标准可通过双重机制实现这一目标。其一是形式要件的司法解释固化，即时间叠加标准应当明确量化阈值，并通过司法解释公开。例如，“30日内拆分交易5次”等具体量化阈值需要经过合理论证予以明确，并上升为具有普遍约束力的裁判规则。事实上，这种“数字法治化”路径反而能够消解传统“情节严重”等模糊要件的任意性风险。其二是技术中立的例外保留，通过设置“安全港”条款允许合理商业目的的抗辩。比如，一个消费金融平台为了满足《网络借贷信息中介机构业务活动管理暂行办法》第十七条规定的小额分散要求，可能需要将大额贷款分拆成多个小额贷款。尽管从技术上来说，这种操作在严格意义上可能符合“拆标”的定义，但如果其目的是合法且合理的，就不会被追究刑事责任。这种设计是“非对称监管”的一种体现，即在监管过程中，对不同情形采用不同的规则和标准，这恰恰是对罗尔斯“差异原则”的实践应用，只有当技术规制有利于最不利者（在这里指金融消费者）时，刑法的干预才具有正当性。

再次，技术时代的刑法谦抑性不应是消极退缩，而应通过制度弹性实现“包容性治理”。这一制度弹性可以通过诉讼程序予以解决，即设立反证权条款，并实现实质化。《中华人民共和国刑事诉讼法》（简称《刑事诉讼法》）虽并未直接使用“反证”这一法律术语，但通过第四十四条、第五十一条、第五十二条等条款构建了刑事证据的反驳与质证规则体系，其核心精神与反证制度具有实质契合性。按照这些条款，对于证明时间叠加标准的技术证据，被告人可申请第三方技术审计机构对算法模型进行验证，如果不能排除合理怀疑，则不符合该构成要件。这一问题依赖于诉讼程序解决，我们在下一章中会进行详细论述，这里不再赘述。

时间叠加标准的终极意义，在于揭示刑法谦抑性在数字时代的范式转型——从空间退缩到精准介入，即通过技术模型识别真正具有社会危害性的风险行为，避免“一刀切”对合法创新的误伤。这与波斯纳成本收益分析理论高度契合，当规制收益显著高于成本时，刑事介入具有经济合理性。在此范式下，刑法不再是阻碍技术创新的“铁笼”，而是通过精密化的制度设计，在自由与安全、效率与公正之间架设动态平衡的桥梁。这种平衡不是对传统的背离，而是技术文明时代刑法现代化的必经之路。当算法成为照亮犯罪暗网的探照灯时，司法的温度仍应源自人类对正义的永恒追寻。

（二）空间聚合评价规则

空间聚合评价规则是动态法益量化理论在空间维度的延伸，其核心在于：当技术行为通过分布式网络形成结构性风险时，刑法需穿透匿名化外壳，识别对风险生成具有关键作用的技术节点。时间叠加标准解决“何时介入”问题，空间聚合规则则回应“向谁归责”难题，二者共同构成过程性法益侵害的完整评价体系。不难发现，互联网金融犯罪的空间弥散化特征，使得传统刑法的行为到结果的归责逻辑陷入结构性困境。当资金通过数百个匿名节点在区块链网络中瞬时流转时，刑事司法的追责效能被技术性消解。空间聚合评价规则的制度使命，在于穿透分布式账本的匿名性壁垒，识别对风险生成具有结构性支配力的技术权力节点，但其正当性需直面“技术归责”与“责任主义”的深层价值冲突。

传统的共犯理论基于“意思联络”和“行为分工”，但在虚拟货币场外交易中，这一理论面临挑战，因为这种交易呈现出“去中心化协作”的特征。这导致了两个问题：其一是犯罪行为呈现离散化，无法追踪整个犯罪行为。在区块链和虚拟货币交易中，犯罪行为会被分散到多个不同的节点上，每个节点的操作都是独立的，并且没有直接的通信记录。其二是刑事责任呈现弥散化。由于犯罪行为的分散和匿名性，司法机关难以锁定具体的责任人。例如，公安机关在侦查场外交易洗钱案时，可能仅能识别出部分账户的实际控制人，这种责任的分散化使得司法机关难以对具体的“帮助者”进行有效的追责。这一困境的实质，是传统刑法的行为到结果的归责逻辑与数字社会的网络至流量的结构之间的断裂。当犯罪从人的联合进化为算法的协同时，我们亟须发展出新的归责语法，以应对这一挑战。

然而，基于网络科学中的介数中心度算法，本书认为应当将具有中心作用的技术节点作为归责对象。介数中心度算法是网络科学中用来评估节点重要性的一种指标，该算法通过测量一个节点在网络中的“桥梁”作用，即该节点在不同节点对之间最短路径上出现的次数，从而确定该节点在网络中的中心性。将具有中心作用的技术节点作为归责对象的做法，主要是基于技术节点在整个网络中的结构性位置。具体来说，网络科学中的介数中心度算法可以通过计算节点在资金流中的枢纽值，识别出在风险传导中起关键作用的节点。这些技术节点在某种程度上承担了资金跨链转移等核心功能，从而对整体风险传导产生了决定性影响。尽管单次交易可能是合法的，但如果某个节点在网络结构中具有重要位置并不断支持资金流动，我们就可以认为其行为构成洗钱罪中的“实质帮助”。通过对风险流程的拓扑控制，我们可以观察到技术节点在网络中的结构性位置实际上形成了对资金流动的“隐秘支配”。这种支配虽然没有传统意义上的“共同故意”，但通过算法规则实现了更高效的风险传导，这正是数字时代刑事归责的客观基础。

有学者可能认为，将技术节点作为归责对象，忽视了这些节点背后的实际操作者的主观意图，可能违背了责任主义原则，因为节点本身没有主观意图，仅仅是技术工具而已。对此，首先需要明确的是，技术节点本身不是责任主体，因为区块链地址仅是行为载体，其背后的实际控制人才是责任主体。其次，尽管技术节点本身无法推明主观意图，但通过技术手段追踪和分析背后操作者的行为模式，可以结合主观意图与客观行为进行综合评估。我们可以考察算法的设计和执行过程，确认参与者是否通过算法的设计达成了隐性的共同目的。例如，某些算法可能被设计用于规避法律或实现非法目的，那么设计和使用该算法的行为人就可以被认为具有共同故意。再次，基于算法权力的可归因性，即便是没有传统的意思联络，但当某地址持续展现资金调度能力（如高频大额跨链交易）时，即可推定具有意思联络。这样一来，如果某个节点在网络中的作用至关重要，承担了资金跨链转移等核心功能，就可以认为其在算法协同中起到了重要的“实质帮助”作用。

## 二、抽象危险犯设置——技术行为的类型化规制

区块链技术的工具中性表象掩盖了其犯罪赋能实质，需建立技术行为分级管控体系实现精准打击。然而，这一路径面临价值冲突：若过度强调技术风险，可能扼杀底层协议创新；若放任应用层工具滥用，又将威胁金融安全。互联网金融犯罪的技术工具化趋势，使得传统刑法“具体危险犯”的归责逻辑陷入结构性困境。当算法协议、智能合约等技术手段成为犯罪的基础设施时，刑事司法的追责效能被技术中立性表象遮蔽。抽象危险犯的设置，旨在通过技术行为的风险分级与类型化规制，构建技术至法益的直接映射关系，但其正当性需直面“过度犯罪化”与“抑制技术创新”的双重诘难。

### （一）技术中立性原则的异化危机

区块链技术的工具中性表象，掩盖了其在数字犯罪中的结构性赋能实质。这一困境的根源在于工业时代的法律范式与数字社会的技术架构之间不可调和的断裂。当技术工具的系统性风险远超个体行为危害时，传统刑法的行为到结果的归责逻辑已彻底失效。以混币器为例，其技术设计目的本为保护金融隐私，却异化为洗钱犯罪的“技术帮凶”。一方面，混币器通过零知识证明实现交易匿名化，提供高级

别的隐私保护和安全性，减少对中央机构的依赖，提高系统的抗审查性和抗攻击性，同时促进去中心化金融的发展。另一方面，其又提供了犯罪赋能手段。美国财政部于2022年8月将虚拟货币混合平台Tornado Cash列入特别指定国民（SDN）清单，认定其“实质性协助朝鲜黑客组织Lazarus Group清洗窃取的4.55亿美元加密货币”①。

这种技术中性的异化，本质上源于代码的价值无涉特性与法律规范的价值判断之间的根本矛盾。当算法协议成为犯罪的无意识共谋者时，传统刑法对主观故意、行为关联的刚性要求，反而成为犯罪治理的掣肘。此时，如果刑法仅对技术行为的评价停留于结果关联层面，将无法穿透技术架构的潜在风险。事实上，这种困境的实质是工业时代“个案式归责”与数字社会“架构性风险”的范式冲突。当技术工具通过代码规则形成系统性风险时，刑法若仍固守具体危险的证明标准，则无异于在数字洪流中徒手捕鱼。

德国社会学家贝克认为，现代社会的风险主要是由技术进步、环境变化和政治决策引起的，而不是自然灾害或外部威胁②，也就是说社会风险已从“自然危险”转向“人造不确定性”。区块链技术的去中心化架构，正是这种“人造风险”的典型载体。这种风险的危害结果是不可逆的，一旦通过技术网络扩散，损害将呈指数级蔓延。此种背景下，技术中立原则已异化为犯罪者的“法律护身符”。若刑法仍拘泥于“结果本位”的归责逻辑，将导致刑事治理在技术资本主义的“铁笼”中彻底失能。当技术工具的系统性风险远超个体行为危害时，刑法必须重构归责逻辑：从结果导向的“事后惩戒”转向风险预防的“前端控制”。

（二）风险刑法视域下的类型化分级

德国刑法学家雅科布斯的积极一般预防观③为抽象危险犯的设置提供了法理支点：刑法不仅惩罚已发生的犯罪，更应通过规范确证预防未来风险。基于技术行为的社会风险等级，可构建三级规制体系区

---

① U.S.Department of the Treasury. U.S. treasury sanctions notorious virtual currency mixer Tornado Cash［EB/OL］.（2022-08-08）［2025-05-17］. https://home.treasury.gov/policy-issues/financial-sanctions/recent-actions/20220808.

② Easy Sociology. The risk society explained［EB/OL］.（2024-10-18）［2025-05-17］. https://easysociology.com/general-sociology/the-risk-society-explained.

③ 雅科布斯. 规范·人格体·社会［M］. 冯军，译. 北京：法律出版社，2001.

分技术行为的风险等级并匹配差异化的规制强度，见表3-1。

表3-1　　三级规制体系

| 技术层级 | 风险特征 | 刑事规制路径 | 法益保护重心 |
|---|---|---|---|
| 基础协议层（TCP/IP） | 技术创新的公共基础设施 | 严格适用技术中立 | 科技创新自由 |
| 应用工具层（混币器） | 合法用途与犯罪赋能并存 | 抽象危险犯认定 | 金融管理秩序 |
| 定制服务层（暗网系统） | 专为犯罪场景优化设计 | 直接正犯化 | 社会公共安全 |

这一分级的法理内核在于“风险可容许性”判断：

（1）基础协议层：作为数字社会的“道路桥梁”，其技术创新收益显著高于潜在风险，刑法应保持最大克制。正如美国联邦最高法院在1984年“索尼公司诉环球城市影业案”（Sony Corp.v Universal City Studios，案件编号为464 U.S.417）中所言：“技术具有实质性非侵权用途时，不得因其可能被滥用而追责。”[①]

（2）应用工具层：当技术被系统性用于规避监管时，其犯罪赋能风险已超越社会可容忍阈值。欧盟《人工智能法案》第5条将“高风险AI系统”纳入事前合规审查，正是基于类似逻辑。

（3）定制服务层：技术工具的设计目的与犯罪场景高度耦合，其风险不可容许性已无须具体危险证明。Genesis Market（天才市场）暗网平台案就是这种情况。Genesis Market是一个臭名昭著的暗网市场，主要销售被盗的凭证和数据武器化工具。该平台自2018年3月开始活跃，用户遍布全球。Genesis Market出售包括电子邮件、银行账户、社交媒体用户名和密码等凭证，还提供数字指纹、窃取器恶意软件和网络（web）漏洞工具包。该平台售卖的特色产品是“附带浏览器指纹的凭证”，使得许多身份防御措施失效。这些指纹信息包括互

① 具体内容参见网址：https：//cyber.harvard.edu/metaschool/fisher/integrity/Links/Cases/sony.html。

联网协议（internet protocol，IP）地址、会话cookie[①]、操作系统信息和插件等，可以让犯罪分子冒充受害者的身份。2023年4月，美国联邦调查局（FBI）牵头，10余个国家的执法机构联合行动查封了Genesis Market。这次行动被称为“Operation Cookie Monster”（缓存怪兽行动），查封了超过50亿美元的赃款。

（三）技术行为的三阶审查机制

为避免抽象危险犯的泛化适用，需构建技术功能、使用场景、介入深度的三阶审查标准：其一是技术功能的不可替代性审查。工具是否专为规避监管设计？这一标准主要审查技术在特定使用场景中的不可替代性。如果某项技术在某一场景中具有独特和关键的功能，对其风险需特别关注。这一审查确保只有那些对犯罪行为起到关键作用且难以替代的技术，才会被认定为抽象危险犯。其二是用户群体的犯罪画像重合度审查。这一标准通过分析使用该技术的用户群体，评估其与已知犯罪画像的重合度。如果使用该技术的用户群体与犯罪群体高度重合，说明该技术存在较高的被用于犯罪的风险。此审查可以通过大数据分析技术，了解用户的行为模式、背景等信息，从而判断技术的潜在风险。其三是技术介入深度的客观化审查。这一标准衡量技术在具体犯罪行为中的介入深度。技术介入越深，对犯罪行为的推动作用越大。客观化审查通过定量分析技术使用的频率、使用效果等指标，判断其在犯罪链条中的重要性，从而决定是否应对其进行刑法规制。在评估技术应用时，上述三阶审查标准可以充分考虑技术本身的特性、用户群体的特征和具体使用情境，避免抽象危险犯的泛化适用。这不仅可以确保技术创新不被无谓的刑事责任所阻碍，也能有效防范潜在的犯罪风险。

（四）技术创新与风险防控的再平衡

抽象危险犯的设置需回应过度犯罪化风险问题。对技术行为的精细分级与三阶审查机制，可将规制范围限缩于“明显且即刻的危险”。这一机制强调了预防性干预必须以具体、可验证的风险评估为基础。

① Cookie是一种用于在客户端浏览器和服务器之间进行状态跟踪的技术。当用户访问一个网站时，服务器将一小段用于标识用户和跟踪用户访问行为的信息发送到用户的浏览器，浏览器将这些信息存储在用户的计算机上。然后，在用户下次访问该网站时，浏览器会将这些信息发送回服务器，从而实现用户的状态跟踪。

这意味着任何预防性措施都必须有明确的依据，并且这些依据必须是可以验证的，以确保不会对公民的基本权利造成侵害。这样的原则性立场确保了在采取预防性措施时，必须进行严格的风险评估，并且这些评估必须具有实际依据。这样可以避免滥用权力，同时也保护了公民的隐私和自由。

抽象危险犯的终极意义，在于重构数字时代刑法的风险应答机制，通过技术行为的类型化规制，在创新自由与公共安全之间建立动态平衡。这种平衡不是对刑法谦抑性的背离，而是通过技术理性的精密化，实现“保护法益”与“保障自由”的辩证统一。当算法协议成为犯罪的新载体时，刑法的使命不是禁锢技术，而是通过规则创新，引导技术向善。

## 三、大数据推定的因果关系标准

互联网金融犯罪的技术复杂性与危害弥散性，使得传统因果关系的必然性证明标准面临结构性失效。当算法操纵、数据欺诈等行为借助技术架构传递风险时，若刑法仍拘泥于直接因果关系的证明标准，则可能使许多实质危害行为得以规避法律惩罚。然而，过度依赖大数据推定又可能架空无罪推定原则，催生算法治罪的风险。要破解此困境，需构建技术检测触发责任与严格反证限制错案的双阶因果关系机制，在司法效率与权利保障间实现动态平衡。这一机制的核心矛盾在于：如何协调司法效率与被告人权利保障？若过度依赖技术推定，可能架空无罪推定原则；若固守传统证明标准，又将难以应对技术化犯罪的隐蔽性。

### （一）传统因果链条的技术性断裂

在传统刑法因果关系理论中，“条件说”或“相当因果关系说”是基础，这些理论要求证明行为与结果之间存在客观联系。然而，随着数字社会的发展，数字犯罪的技术特征彻底解构了这一逻辑，导致传统因果链条断裂，带来了新的制度困境。一方面，在数字犯罪中，行为往往是匿名的。犯罪分子可以通过虚拟身份和加密技术隐藏真实身份，难以追踪到具体的行为人。这种匿名化使得刑法无法通过传统的因果链条证明行为与结果之间的直接联系。另一方面，数字犯罪的结果通常由多种因素共同作用引起，而非单一行为导致。例如，网络攻击可能是多名攻击者同时发起的，或者是通过多个中间节点传播的。在这种情况下，很难确认单一行为与最终结果之间的因果关系。基于以上原因，数字犯罪的证据往往是碎片化的，分散在不同的设备和网络中。这些证据难以收集和整合，导致刑法在证明行为与结果之间的因果关系时面临巨大挑战。

这种困境的实质是工业时代线性因果观与数字社会网状风险结构的认知冲突。在工业时代，因果关系通常是线性的，即单一行为直接导致单一结果。而在数字社会中，因果关系更像一个复杂的网络，多个因素相互作用，共同导致最终结果。当危害结果由技术系统的自组织行为引发时，刑法必须发展出新的证明范式。

（二）大数据推定的风险关联逻辑

前文提到，当算法操纵、数据欺诈等行为通过技术架构实现风险传导时，刑事司法若固守“直接因果关系”的证明要求，将导致大量实质危害行为逃脱法律制裁。基于此，建立“大数据推定因果关系理论”具有迫切的现实必要性——当某类行为与结果之间存在高度盖然性联系时，可推定因果关系成立，除非被告提出实质性反证。这一理论通过技术理性与法律价值的深度融合，重构数字时代的证明逻辑。

对于何为有因果关系，可通过机器学习模型分析平台交易数据，构建“行为异常度—风险盖然性”的映射关系。例如，设立统计显著性阈值，当用户转化率偏离行业均值3个标准差（3σ原则）时，可以推定存在异常行为，但要保证这一阈值在各类分析和评估中被广泛采用，以确保数据分析的准确性和可靠性。然后，采用本福特（Benford）定律检测流量数据异常，当交易数据中首位数字的分布偏离理论值且 $p<0.01$ 时，可以启动进一步的刑事调查。这种方法可以有效识别和预防潜在的非法活动。同时，增设“动态异常阈值”条款，要求司法机关每季度更新行业基准数据，这确保了司法机关能够及时调整和适应不断变化的行业环境和风险。

（三）司法证明的数字文明转型

大数据推定因果关系理论并非对传统证明范式的颠覆，而是通过技术赋能的“适应性进化”。其本质是在数字文明时代重构司法证明的底层逻辑——当技术行为与损害结果间的风险关联达到统计学意义上的显著阈值时，法律有权基于公共利益优先原则启动推定机制，但必须通过严密的程序保障与权利救济，维系技术理性与司法人文主义的动态平衡。这种平衡的艺术，正是数字时代刑法现代化的核心命题。大数据推定的深层意义在于，推动司法证明从“经验判断”向“技术验证”的范式转型：在认识论层面，运用复杂系统建模取代线性因果还原，更契合数字犯罪的多因交互特性；在方法论层面，运用联邦学习技术实现跨域数据协同，破解取证困境；在价值论层面，当算法成为“理想言谈情境”的技术载体时，司法决策的正当性源于技术可验证性与程序参与性的统一。

此种转型并非对传统证明制度的颠覆，而是通过技术赋能实现司法正义的“精准滴灌”。当区块链存证照亮证据迷雾、机器学习模型穿透数据屏障时，司法的温度仍在于：让每一个技术参数都经得起“人”的审视，让每一次推定都背负起“正义”的重量。

## 第三节　平台责任与共犯认定的标准重构

互联网金融平台在新科技革命背景下的责任形态呈现出显著的特殊性，这种特殊性根植于技术赋能引发的结构性权力转移与制度规范的适应性滞后之间的矛盾。当平台从信息中介异化为风险策源地时，以主观明知和物理性帮助为核心的传统共犯理论，已难以有效回应技术性帮助行为的归责需求。这种制度张力不仅暴露了技术理性与法律价值之间的内在冲突，更凸显出刑事治理模式从事后归责向风险控制转型的迫切性。在此背景下，重构平台责任与共犯认定标准，需以技术控制力的实质审查为基础，通过解构平台在算法架构中的权力节点，重新锚定刑事归责的客观依据与主观边界。

### 一、新科技革命下互联网金融平台责任的特殊性

（一）技术赋能与平台角色的异化

在互联网金融犯罪的运行机制中，平台不仅是交易的中介者，更是犯罪链条中不可或缺的技术支撑环节。互联网金融平台在促成交易、提供支付清算、管理用户账户、分析用户数据等方面发挥核心作用。尤其是在早期的互联网金融环境下，平台的角色主要体现在信息

撮合和中介服务上，其主要功能是通过技术手段提升交易效率、降低交易成本，但仍未突破“信息中介”的基本定位。

从刑法视角来看，传统金融犯罪中的“居间人”或“中介者”往往承担协助责任或帮助犯责任。[①] 互联网金融平台在这一阶段的特殊性在于，其通过算法、数据分析等技术手段介入交易撮合过程，形成了“技术性中介”模式。然而，此时的平台仍未对交易结构或市场行为模式形成实质性控制，更多承担的是交易便利化和效率提升的功能。

以网贷平台为例，平台通过设置利率、期限和还款方式等参数，直接影响投资者和借款人的交易模式。当平台通过“拆标”或“期限错配”等方式操控市场流动性时，平台行为虽可能对市场秩序产生干扰，但其在法律责任上的定位仍主要限于协助或帮助范畴，尚未直接构成犯罪主体。

在新科技革命的驱动下，互联网金融平台的角色发生了根本性转变，逐渐脱离传统“信息中介”的职能定位，转而成为金融风险生成与扩散的核心节点。平台不再是单纯的信息撮合者，而是借助算法决策、智能合约和大数据建模等技术手段，直接塑造交易规则和市场行为模式。平台既可以通过算法推荐系统基于用户数据画像进行行为预测和引导，直接影响用户的投资和决策行为，又能够以智能合约通过代码自动执行金融协议，具有高度的自主性和不可逆性。可以说，平台在开发和嵌入合约规则时，直接决定了交易的执行方式和责任承担机制。此时，平台已不再是被动的撮合者，而是运用技术工具主动塑造市场行为模式，甚至在一定程度上成为“交易结构的设计者”和“市场行为的引导者”

然而，技术工具的非人格化特征进一步加剧了平台责任的复杂性。算法决策和智能合约的“黑箱”特性，使平台的主观意图和客观结果之间出现断裂。当技术漏洞或算法偏差导致市场秩序混乱或用户遭受损失时，平台往往以“技术自主性”或“不可抗力”为由推卸责任。这种技术理性与法律责任之间的矛盾，要求刑法理论重新审视平台在技术架构中的实际控制力与伦理义务。

---

① 王佳宁. 刑法中居间介绍行为的定性研究［D］. 石家庄：河北经贸大学，2024.

### （二）现行平台责任认定标准的局限性

根据刑法通说，能否将互联网金融平台认定为共犯，应从主观与客观两方面进行分析。这一模式在新兴技术场景下面临结构性失效。共犯理论要求证明平台对犯罪行为存在主观明知并提供实质性帮助，但在算法自动化处理与分布式技术架构中，平台的主观认知状态往往难以通过直接证据证实。技术系统的复杂性使得平台运营者可能以系统自主运作为抗辩理由，否认对具体犯罪行为的知情与控制。此外，技术支持行为的中立性特征进一步削弱了帮助行为的可归责性。例如，提供区块链节点服务或开发智能合约模板等行为，往往兼具合法与非法用途的双重属性，传统刑法难以通过客观行为直接推断主观恶性。

技术中立原则的滥用则加剧了平台责任认定的理论冲突。该原则主张技术工具本身不具有价值倾向，但其在司法实践中常被异化为平台逃避监管义务的借口。平台通过强调技术系统的自主性与中立性，试图将技术工具与平台行为人为割裂，从而规避对技术滥用后果的法律责任。这种割裂忽视了平台作为技术架构设计者与掌控者的实质地位，其通过算法参数设置、系统权限分配等技术手段仍对风险生成具有决定性影响。法律若僵化坚持技术中立原则，将导致平台过错认定标准与技术创新现实严重脱节，形成归责漏洞。

当前法律规范对平台注意义务的规定亦存在显著滞后性。既有立法多基于传统技术条件下的行为模式设定责任边界，未能充分考虑算法控制力、数据垄断地位等新型权力要素对应的义务范畴。例如，平台对智能合约代码安全性的审查义务、对算法歧视风险的防控义务等均缺乏明确法律依据，致使司法裁判不得不依赖抽象原则进行扩张解释，引发法律适用的一致性与可预期性危机。这种规范供给的不足使得平台责任认定陷入技术能力与法律义务错位的困境，亟须通过理论重构实现技术权力与法律责任的对等配置。

## 二、互联网金融犯罪的责任主体扩展

在新科技革命的推动下，技术力量已深度嵌入犯罪的形成机制，传统刑法中“主体与行为”的归责模式正面临根本性的瓦解。新兴技术如人工智能、区块链和大数据构建起复杂的技术生态，平台企业、技术开发者与用户通过算法协作形成动态的技术权力网络。然而，现行刑法在认定责任主体时仍基于物理空间中的身份判断，导致大量依托技术生成的危害行为难以被法律有效规制。新科技革命重塑了犯罪行为的组织模式和执行方式，责任主体已不再局限于特定个人或组织，而是扩展至技术架构本身。因此，破解这一困境需要在刑法理论框架内，构建与新兴技术相匹配的责任认定机制，精准回应技术主导型犯罪的新特征。

（一）平台企业的“看门人责任”强化

前文我们已从技术发展角度论证了平台企业通过算法、智能合约和数据建模等技术手段，成为金融秩序的实际控制者。在这一场景下，平台企业不仅负有普通的信息服务责任，更负有作为“看门人”的特殊义务。这种“看门人责任”在刑法上的法理基础在于，平台企业因其对市场风险的实际控制力，负有在交易秩序和市场行为中进行审查、监管和纠正的义务。这恰好契合了我国司法实务的惯常立场，即“当行为人对特定空间领域有着实质性的支配权限时，其应对发生于该领域内的所有法益侵害事态担负保证人义务”[①]。

1.平台企业承担“看门人责任”的法理基础

平台企业通过技术架构和算法机制形成了对市场行为的主导地位，在市场秩序受到威胁或风险扩大时，平台负有及时干预和采取有效防控措施的法律责任。从刑法理论的角度看，这种“看门人责任”本质上是一种“保证人地位”的延伸。一般而言，“保证人地位”通常适用于在特定领域具有特殊监管义务或控制能力的主体。例如，监护人负有保护被监护人不受伤害的义务，证券公司负有防范市场操纵和内幕交易的义务。平台企业在数字经济环境中所形成的市场支配地位和技术控制能力，使其在法律上具备“平台管理者”或“市场控制者”的身份，从而在刑法上形成特殊的“保证人地位”。

平台企业的“看门人责任”不仅体现在对市场行为的直接干预能力上，更体现在其对数据安全、交易秩序和信息合规性的掌控能力上。早期，“平台是一种以实现用户之间的组织、交互为目的的数字

① 张梓弦．基于领域性支配的保证人义务：反思与重塑［J］．中国法学，2024（6）：226-244．

基础设施。平台由数据驱动，通过算法、接口实现组织和运行，在商业逻辑中形成平台关系，并受制于用户的同意”[①]。然而，在技术逻辑主导市场行为的背景下，平台企业通过算法规则、数据建模和智能合约等手段，事实上已形成对用户行为和市场动态的实质性控制。“基于法律法规规定，可以将网络平台的数据安全保护义务划分为数据信息审查义务、违法数据删除义务、数据留存义务以及数据情况报告义务四大类。”[②]此时，平台企业若在技术架构或交易规则中存在设计缺陷，或在发现风险后未能及时采取补救措施，直接导致市场秩序失衡或用户利益受损，便构成对“看门人责任”的违反，可能引发刑事责任的追究。

2.平台企业“看门人责任”的法律基础与现实适用

《刑法》第二百八十六条之一确立了平台企业在网络安全管理中的刑事责任，为平台企业的“看门人责任”提供了直接的法律依据。该条规定，网络服务提供者在未履行信息网络安全管理义务，经监管部门责令采取改正措施后拒不改正，且导致严重后果的，将被追究刑事责任。值得注意的是，该条规定中的“拒不改正”不仅包括平台在发现风险后的消极不作为，还包括平台采取形式化整改、隐瞒事实或故意规避监管等行为。在法律适用过程中，这种刑事责任的认定涉及平台在技术管理、市场行为和风险控制等环节的实际支配力。

《网络安全法》《数据安全法》《个人信息保护法》分别从数据保护、市场监管和用户权益保护的角度，确立了平台企业在信息安全和数据管理中的法律义务。这些法律义务包括：（1）用户信息全生命周期管理义务，即平台企业需在数据收集、存储、使用和销毁等环节建立严格的合规体系，防止信息泄露和滥用[③]；（2）违法信息即时处置义务，即平台企业需通过监测系统和内容审查机制，及时发现和删除违法信息，防止不良信息扩散和传播[④]；（3）数据安全风险防控义务，即平台企业需建立数据加密、异常监测和权限管理制度，确保数

① 单勇．数字看门人与超大平台的犯罪治理［J］．法律科学（西北政法大学学报），2022，40（2）：74-88．

② 梁健，袁玉杰．网络平台的数据合规管理义务及其刑事归责进路［J］．浙江大学学报（人文社会科学版），2024，54（3）：46-63．

③ 参见《网络安全法》第四十条、第四十一条的规定。

④ 参见《网络安全法》第四十七条的规定。

据在传输和存储过程中的安全性[①]；（4）算法备案与透明度义务，即平台企业需将算法规则和决策逻辑向监管部门备案，确保算法的可解释性和合规性[②]；（5）配合执法调查义务，即平台企业需在刑事案件调查中向司法机关提供相关电子数据和后台操作记录，协助案件调查和司法取证。

在现实操作中，平台企业在履行上述法律义务的过程中存在广泛的合规风险。例如，在数据管理过程中，某些平台未对用户数据进行有效的加密和权限控制，导致黑客利用技术漏洞窃取大量用户信息，引发严重的数据泄露事件。在智能合约执行过程中，某些平台未能及时发现和修复代码漏洞，导致黑客利用合约规则漏洞恶意套利，最终引发市场流动性枯竭和系统性市场恐慌。在算法推送环节，某些平台利用大数据建模和用户画像，向用户推送高风险金融产品，但在用户遭受损失后，平台以“技术自主性”为由推卸责任。

上述情形表明，平台企业的“看门人责任”已不再局限于信息管理和数据保护层面，更直接涉及市场行为的塑造和交易规则的制定。在金融犯罪的生成和扩散过程中，平台企业若在技术架构或交易规则中存在重大漏洞，或在监管部门责令整改后未能采取有效措施，直接导致市场混乱或用户损失，将可能因违反“看门人责任”而承担刑事责任。

3.“其他严重情形”的目的性解释与扩展适用

《刑法》第二百八十六条之一在列举具体行为的基础上，设定了“有其他严重情节”作为兜底条款，为新型金融犯罪和市场混乱中的责任认定提供了法律依据。结合平台企业在金融犯罪链条中的特殊地位和实际控制力，这一兜底条款的适用范围可以通过目的性解释加以扩展。具体而言，“有其他严重情节”应包括但不限于以下情形：一是技术漏洞引发的系统性风险。例如，某去中心化交易平台在合约执行过程中因代码漏洞导致市场套利行为扩散，引发市场崩溃，平台在发现漏洞后未采取有效干预措施，导致市场进一步混乱。二是数据欺诈引发的信任危机。例如，某网贷平台通过生成式AI虚构借款人信

① 参见《数据安全法》第二十一条的规定。
② 参见《生成式人工智能服务管理暂行办法》第十七条的规定。

用评分，导致大量用户资金损失，引发市场信任危机。三是虚拟资产风险传导失职。例如，某稳定币发行方在市场锚定机制失灵后未及时启动熔断机制，导致市场恐慌性抛售。四是整改形式化规避。例如，某交易平台在监管部门责令整改后，通过伪造报告或隐瞒事实规避监管，最终引发二次系统性风险。

（二）技术供应商的共犯责任延伸

在刑法理论中，共同犯罪需要满足以下构成要件：行为人之间存在共同的犯罪故意，且在客观上存在相互协作的犯罪行为。[①]互联网金融犯罪中，平台在交易撮合和市场运作中的角色，往往通过技术赋能与规则设定形成对市场秩序的实质性控制。因此，当平台在设计算法规则或推送高风险金融产品时，若主观上具备帮助或促成犯罪行为的故意，客观上又通过技术手段为犯罪提供支持或便利，便可能构成共同犯罪。

1.互联网金融犯罪中平台的共犯地位

如果按照上述传统刑法的共犯理论展开，在认定互联网金融犯罪时，则必须以主客观一致为基础。然而，随着新科技革命的推进，互联网金融平台在市场运行和交易结构中的作用已经发生根本性变化，在很多情况下，尽管其不存在主观故意的问题，但客观上基于人工智能、区块链和大数据广泛应用的技术对犯罪进行了实质性乃至关键性的帮助，此时是否还应对坚守通说共同犯罪中的主客观一致原则值得深思，抑或是诚如我国学者所提出的，共同犯罪的认定方法不是主、客观相统一[②]。

（1）平台在金融犯罪链条中的多重身份与法律困境

在互联网金融犯罪链条中，平台的多重身份是导致其共犯认定复杂化的关键因素。平台在交易行为中承担撮合、清算和信息传递的中介作用，表面上看其行为具有“中立性”，但在实质运行中，平台往往通过算法设置、合约逻辑设计和市场干预等手段，直接影响交易结构和市场行为。正是这种“显性中立”与“隐性干预”的双重特性，使平台的主观意图与客观行为之间形成矛盾，导致刑法在归责和共犯

① 刘宪权，杨兴培. 刑法学专论［M］. 北京：北京大学出版社，2007：247.
② 刘艳红. 刑法学总论［M］. 北京：中国人民大学出版社，2025：332.

认定上存在模糊地带。

平台的共犯地位认定，首先涉及其在犯罪链条中的“控制力”问题。平台在设计算法和执行交易规则过程中，往往具有对市场结构的高度掌控能力。例如，高频交易平台在设定算法参数时，若刻意设计“低买高卖”或“洗盘交易”模式，诱导用户进行高风险交易，最终导致市场崩溃或资金链断裂，平台在这一过程中便可能构成“帮助犯”或“教唆犯”。尽管交易在技术层面由算法自动完成，平台在算法设计中的主观故意和客观市场干预行为，直接促成了犯罪结果的发生，看似能够按照传统刑法理论的主客观一致的方法认定平台与实际犯罪者成立共犯，但比较麻烦的问题是：如何证明主观故意呢？如果割裂看待主观与客观两个方面，这个问题似乎很难解决。如果采用由客观到主观的认定方式，此问题能够得到更为清楚的解释。在存在客观上的市场干预行为的情况下，平台没有采取任何措施避免结果的发生，事实上即能推断主观上的故意。

不能否认，平台在金融犯罪链条中的“规则制定者”身份，进一步加剧了其在共犯认定中的法律困境。如前所述，传统刑法理论中帮助犯的构成要件包括行为人在犯罪发生过程中具有“主观故意”和“客观帮助”行为。然而，平台在金融市场中的行为并非直接的犯罪行为，而是通过技术架构和市场规则的塑造，间接促成了犯罪结果的发生。因此，平台在规则设计、交易策略调整和市场操控中的作用，往往介于“中立帮助”与“犯罪共谋”之间，导致法律在归责上的模糊性。以去中心化金融平台为例，智能合约的“自动执行”特性，使得平台在技术层面看似处于被动地位，但平台在智能合约规则设计和参数设定过程中，仍掌握着对市场流动性和交易规则的支配权。例如，某些稳定币发行平台在发生“锚定偏离”时，若平台未能采取有效的市场干预措施或操纵市场供需，导致市场恐慌性抛售和价格崩溃，平台管理者和技术支持人员在这种情形下可能构成刑法意义上的帮助犯。这一问题较为复杂，此处很难直接解决，将在后续论述中专门予以解决。

（2）平台在金融犯罪中共犯责任的主体范围

在互联网金融犯罪中，平台共犯的主体范围是共犯认定中的关键问题。平台共犯主体范围的确定，取决于平台内部和外部人员在犯罪链条中的角色定位和实际控制力。首先，平台的直接管理者和核心业务人员通常是共犯认定的首要对象。平台的法定代表人、董事、经理和业务决策者，在平台战略规划、规则设定和交易策略调整中发挥主导作用，直接掌握着平台在市场中的控制力和规则制定权。因此，当平台的管理者在设计算法、执行合约或调整市场规则过程中，具有帮助或促进犯罪行为的主观故意，并在客观上通过市场操控或规则调整实施犯罪行为，便可能被认定为共犯。例如，某些虚拟货币交易平台在市场操作中，通过“拉盘”或“诱空”等方式操纵市场价格，导致投资者遭受资金损失，平台的管理者和操盘手在这种情形下可能被认定为帮助犯或教唆犯。

其次，平台的技术支持人员在特定情形下亦可能构成共犯。算法工程师、数据分析师和风控人员在平台的技术架构和市场规则设计中，往往起到关键的技术支撑作用。若这些技术人员在明知算法模型或交易规则存在犯罪风险的情况下，仍积极推动或协助平台执行相关交易，便可能构成帮助犯。例如，某量化交易平台的算法工程师明知某种高频交易模式可能引发市场操纵或套利风险，仍积极优化和执行该策略，最终导致市场崩溃，技术工程师可能因帮助行为构成共犯。

最后，平台的外部合作方，如第三方支付公司、担保公司和清算机构，在金融犯罪链条中可能成为共犯主体。若外部合作方与平台形成合谋关系，利用平台的市场地位和技术漏洞实施犯罪行为，便可能因合谋或协助行为构成共同犯罪。例如，某支付公司在明知用户通过平台进行“洗钱”操作的情况下，仍积极协助清算或放行交易，支付公司管理者可能因帮助行为被认定为刑法上的共犯。

2.互联网平台中立帮助行为的定性

在互联网金融犯罪中，平台的中立帮助行为是刑法理论中一个争议性极强的问题。随着新科技革命的推进，互联网平台在金融交易链条中扮演的角色已经从单纯的信息中介和交易撮合者，逐步演变为市场规则的制定者和行为模式的引导者。在这种背景下，平台在金融犯罪中的责任边界问题愈发突出：当平台提供的撮合、支付、清算或算法推荐等服务被犯罪主体利用，平台的行为是否构成帮助犯，成为刑法理论和司法实践中的重要难题。传统刑法理论将“中立帮助行为”定义为从表面上看具有中性特征，但在犯罪行为的发生或完成过程中事实上为犯罪实施提供了便利或支持的行为。换言之，中立帮助行为指的是行为本身具有合法性和中立性，但在特定犯罪场景下，行为客观上对犯罪行为的完成起到了促进作用。在互联网金融犯罪中，平台的服务模式往往与中立帮助行为的特征高度重合。例如，网贷平台在为借贷双方提供交易撮合、支付清算和风险评估的过程中，表面上看是合法合规的中介行为，但若借贷行为涉及非法集资、诈骗或洗钱等犯罪行为，平台的服务在客观上便可能构成犯罪的帮助行为。

平台中立帮助行为的可罚性是刑法理论中一个长期存在的争议点。在理论界，围绕中立帮助行为的定性问题，主要形成了三种代表性观点：客观说、主观说和综合说。这三种观点在互联网平台中立帮助行为的定性中各有优劣，直接影响着平台在金融犯罪链条中的刑事责任认定。

（1）客观说与平台中立帮助行为的可罚性

客观说主张，中立帮助行为的可罚性取决于行为在客观上对犯罪行为的完成是否产生了助力作用。[①]也就是说，只要平台的行为在客观上为犯罪实施创造了便利条件或提供了技术支持，即便平台在主观上不具备帮助或共谋的故意，仍应认定其构成帮助犯。在互联网金融犯罪中，客观说的立场意味着，若平台的行为在客观上对犯罪行为的完成发挥了重要助力作用，便可能被认定为帮助行为。例如，某网贷平台通过撮合交易和清算服务，促成了非法集资或洗钱行为的完成，尽管平台并不知悉交易的违法性，基于客观说的立场，平台的中立帮助行为仍可能构成帮助犯。

客观说的优势在于对行为客观属性的强调，使帮助犯的认定标准更为客观化和外在化，减少了司法裁判中的主观判断因素，增强了法律适用的稳定性和一致性。然而，客观说在适用于互联网平台的中立帮助行为时，存在一定的不合理性。互联网平台的基本功能是提供交易撮合、支付清算和信息服务，平台的中立帮助行为在客观上必然对市场交易和用户行为产生助力作用。如果仅以“客观助力”为标准认定帮助犯，几乎所有的平台行为都可能构成犯罪帮助行为，从而导致

---

① 蔡慧芳. 网站经营者之作为帮助犯责任与中性业务行为理论之适用［J］. 东吴法律学报，2006（1）：16.

刑法适用范围的不当扩大，违背刑法的谦抑性原则。因此，客观说在互联网金融犯罪中的适用，可能导致平台经营活动受到过度限制，阻碍市场创新和技术发展。

（2）主观说与平台中立帮助行为的主观故意认定

与客观说相对，主观说强调行为人在实施中立帮助行为时的主观认识和犯罪故意。[①]根据主观说，行为人若在主观上认识到其行为可能为犯罪行为提供帮助，或者存在促进犯罪的意思，则构成帮助犯；反之，若行为人在主观上缺乏帮助犯罪的故意，即便客观上为犯罪行为的完成提供了便利条件，也不应认定为帮助犯。在互联网金融犯罪中，主观说的立场意味着，仅在平台管理者或技术人员主观上具有帮助犯罪的故意时，平台才可能被认定为帮助犯。例如，某加密货币交易平台的管理者在明知用户存在“洗钱”嫌疑的情况下，仍通过内部算法调整、账户拆分等方式帮助用户规避监管，此时平台在主观上具备帮助犯罪的故意，可能构成帮助犯。若平台在技术层面并不知悉用户的交易目的，仅基于市场规则提供正常的交易撮合和清算服务，则不应被认定为帮助犯。

主观说的优势在于强调行为人的主观认识和故意程度，能够在一定程度上防止刑法适用的扩大化，保护市场主体的正当经营活动。然而，主观说在司法实践中的适用存在较大的现实困境。一方面，平台的主观认识和犯罪故意难以直接证明，司法机关在证据采集和事实认定中往往难以还原平台管理者的真实主观状态；另一方面，在高度自动化和智能化的技术环境下，平台的技术行为往往通过算法和合约自动完成，行为人的主观认识和控制能力被技术架构所削弱，导致主观说的适用范围受到较大限制。

（3）综合说与平台中立帮助行为的折中认定

综合说试图在客观说和主观说之间寻求平衡，主张在认定平台中立帮助行为时，应结合客观和主观两方面因素进行综合考察。[②]具体而言，综合说要求行为人在客观上起到了促进犯罪行为的作用，同时在主观上存在帮助或共谋的认识，方可被认定为帮助犯。在互联网金

① 张伟. 中立帮助行为探微［J］. 中国刑事法杂志，2010（5）：23-29.

② 俞小海. P2P网络借贷平台的刑事责任问题研究［J］. 汕头大学学报（人文社会科学版），2015，31（5）：61-67.

融犯罪中，综合说的适用意味着，平台在客观上为犯罪行为的完成提供了便利条件，并在主观上明知或应知行为可能导致犯罪结果的发生，便可能构成帮助犯。例如，某网贷平台在技术支持或合约执行中，发现用户存在非法集资或洗钱嫌疑，但未采取有效的监控或封堵措施，就可能构成帮助犯。

综合说的优势在于平衡了客观与主观两个层面，避免了客观说的泛化倾向和主观说的证明困境。然而，综合说在适用中仍存在主观认识程度和客观助力程度的界定难题，可能导致法律适用的不确定性。本书认为，平台在互联网金融犯罪中的中立帮助行为的定性，不能仅依据行为的客观助力作用，而需要结合行为人的主观认识和故意程度进行综合考察。平台行为的法律责任应当在“助力程度”与“主观认识”之间寻求平衡，既要防止刑法适用范围的不当扩大，也要避免平台以“技术中立”为借口逃避法律责任。这就不可避免地引出了下一问题，即可罚性边界在哪里。

3.中立帮助行为的可罚性边界

在互联网金融犯罪的背景下，中立帮助行为的可罚性边界成为刑法理论和司法实践中的重要争议点。平台或技术供应商在明知其技术服务可能被犯罪分子利用，甚至在技术设计中具备犯罪指向性或推动犯罪行为发生的情形下，平台或技术供应商是否构成帮助犯，成为刑法理论中关于中立帮助行为的重要讨论内容。在刑法理论中，帮助犯的构成要件通常包括主观故意和客观帮助行为。中立帮助行为的问题在于，技术供应商或平台在提供技术服务或市场支持的过程中，其行为表面上具有中立性，但在客观上可能为犯罪行为的实施提供了重要的助力，甚至在主观上具有容忍或放任犯罪发生的故意。

（1）技术的犯罪指向性与可罚性边界

在互联网金融犯罪中，技术供应商和平台是否构成帮助犯，首先需要考察技术方案本身的“犯罪指向性”。所谓犯罪指向性，是指技术方案的设计目的、主要用途或实际应用场景与犯罪行为之间的高度耦合性。在刑法理论上，行为人的帮助行为若直接服务于犯罪行为的实施，或者在行为逻辑上与犯罪结果之间存在高度的因果联系，便其可能构成帮助犯。在互联网金融犯罪中，若平台或技术供应商设计或提供的技术方案在功能上直接指向违法或犯罪行为，则可能突破中立帮助行为的边界，构成帮助犯。例如，某些加密货币交易平台在设计和运营过程中，直接提供“混币服务”或“匿名账户功能”，帮助用户通过分散交易路径和隐藏账户地址的方式规避监管，掩盖交易资金来源或去向。此类功能虽然在技术上具有“中立性”，但其主要用途和实际效果与洗钱犯罪高度契合，客观上为犯罪分子实施洗钱行为提供了便利。因此，在这种情形下，交易平台的行为已超越了技术中立范畴，直接成为犯罪行为的“技术帮助”，平台即构成刑法意义上的帮助犯。

又如，某些网贷平台通过虚假评级、伪造信用数据或提供“拆标”功能，帮助借款人伪装自身信用状况，吸引投资者进行交易。在这种情形下，平台的行为不仅在客观上促成了借款人与投资者之间的交易，更直接导致投资者因虚假信息而遭受损失。因此，平台在主观上若明知或放任这种情况的发生，便可能构成刑法上的帮助犯。

在认定技术方案是否具有犯罪指向性时，需要建立合理的判断标准。一方面，应当考察技术方案的主要用途。如果技术方案的主要用途在于促进市场交易、提升交易效率或优化用户体验，即便在客观上存在被犯罪分子利用的可能性，原则上仍应将其认定为中立帮助行为。然而，如果技术方案的主要用途在于隐藏交易路径、规避监管或掩饰犯罪收益，则可能构成帮助犯。另一方面，应当结合技术方案的实际应用场景进行分析。若技术方案在实践中主要被用于违法或犯罪活动，且平台或技术供应商对此具有直接的主观认识或容忍态度，便可能突破中立帮助行为的边界，构成刑法上的帮助行为。

（2）帮助行为的持续性与拒不整改

在互联网金融犯罪中，帮助行为的可罚性边界不仅取决于技术方案的设计目的和应用场景，还涉及平台或技术供应商在发现犯罪风险后的态度和行为。若平台或技术供应商在发现技术方案存在被滥用或被犯罪分子利用的可能性后，未能采取有效的整改措施，甚至在监管部门明确要求整改后仍拒不采取行动，则可能构成帮助犯。例如，某支付平台在运营过程中发现部分用户存在异常交易行为，涉嫌洗钱或非法集资，若平台在收到监管部门的警示或要求整改的通知后，仍未采取冻结账户、终止交易或向监管部门报告等有效措施，导致犯罪行为继续进行并扩大化，平台在这种情形下可能因“帮助犯罪行为的持续性”构成帮助犯。

在刑法理论上，帮助犯的认定不仅涉及帮助行为的发生，还涉及帮助行为的“持续性”与“故意程度”。若平台或技术供应商在技术架构中具备监控和干预能力，且在客观上已形成帮助犯罪行为的既定事实，但拒不采取补救措施或继续为犯罪行为提供便利，便可能被认定为刑法意义上的帮助犯。

（3）算法黑箱与免责困境

在互联网金融犯罪中，算法和智能合约具有“黑箱”特性，这就产生了一个问题，即算法黑箱是否能够成为平台免责的理由。所谓算法黑箱，是指由于机器学习和深度学习模型的复杂性，算法的内部运行逻辑和输出结果难以被外界理解或预测。平台或技术供应商往往以“算法自主性”为由，试图规避自身在算法输出和交易行为中的责任。然而，算法黑箱不能成为免责理由。刑法理论中的帮助犯责任，主要基于帮助行为在客观上对犯罪行为的促进作用，以及行为人在主观上对犯罪行为的故意或容忍态度。在互联网金融犯罪中，平台或技术供应商若在算法设计和执行过程中，未能采取必要的监控和修正措施，放任算法被犯罪分子利用，便可能突破中立帮助行为的边界，构成帮助犯。例如，某加密货币交易平台在设计算法时，允许用户通过分散交易和隐藏地址的方式规避监管，该平台在发现该算法存在被犯罪分子滥用的风险后，未能采取有效的干预措施，导致洗钱行为大规模扩散，那么该平台在这种情形下便可能构成帮助犯。

因此，平台和技术供应商在算法设计和执行中，需建立透明性和可解释性机制，确保算法在运行过程中的可监控和可干预性。若平台或技术供应商在技术架构和市场规则中具备主动干预能力，却未采取有效的风险控制措施，导致犯罪行为的发生或扩散，则其可能因“容忍犯罪”构成帮助犯。

## 三、平台责任与共犯认定的标准重构路径

根据前文的内容我们发现，在新科技革命的驱动下，互联网金融犯罪中平台责任的特殊性已无法再以传统的刑法理论来解释。传统共犯理论强调以行为人的主观故意为核心，要求证明共犯在主观上具有明确的帮助犯罪的意图，并且在客观上实施了直接或明确的助力行

为。然而，在算法自动化、智能合约以及大数据分析技术广泛应用的背景下，平台对金融市场的实质性控制和结构性影响已显著超出了传统共犯理论的解释范围。平台通过技术手段掌握了市场的“结构性权力”，其参与犯罪行为的方式不再表现为传统的直接介入，而更多体现为一种“功能性助力”，这种助力表现出高度的非人格性、隐蔽性和系统性。因此，为了合理有效地回应新技术场景下的互联网金融犯罪问题，刑法理论和司法实践迫切需要重新构建平台责任的认定标准与共犯理论的适用路径。

（一）责任认定标准的实质化调整

1.从“形式归责”到“功能归责”的转型

传统刑法中的共犯理论在归责时通常采用“形式归责”的方法，即以行为人直接参与犯罪活动的外在行为形式和主观故意为判断依据。然而，这种归责模式在互联网金融犯罪的司法实践中出现了显著的局限性。当下，互联网金融平台通过算法推荐、智能合约和数据建模等技术手段，以间接、自动和系统化的方式介入金融交易，其对市场交易与用户行为产生的实质影响往往超出了传统的刑法视野。例如，尽管平台在形式上可能并未直接参与犯罪活动，但通过算法推送、智能合约自动执行等技术工具，却可能对犯罪行为的实施起到了实质性的推动或关键性的帮助作用。此时，如果继续坚持传统的形式归责方式，即以平台是否直接参与犯罪行为或是否存在明显的主观故意作为唯一判断标准，将无法有效捕捉平台在犯罪链条中的实际角色和真实责任，进而产生刑法理论与司法实践之间的脱节。

基于此，本书主张平台责任认定的方式应当由传统的“形式归责”向更为合理的“功能归责”转型。功能归责理论的核心在于，不再局限于行为人是否直接实施了犯罪行为，而是考察行为人在犯罪发生过程中是否发挥了实质性的作用，即行为人的行为是否实质性地推动、促成或强化了犯罪结果的发生。在互联网金融犯罪的场景下，这种功能归责尤其体现在平台所具有的技术控制力与市场塑造力两个方面。

一方面，平台的技术控制力构成了功能归责的基础。具体而言，平台通过算法参数的设置、智能合约的权限管理及数据流转路径的控制等技术手段，客观上对犯罪行为的实施具有结构性的影响。例如，当平台拥有智能合约的超级管理员密钥或者保留对算法参数的实时调整权限时，平台事实上已具备了随时干预或调整交易规则的能力。尽管平台可能未实施任何直接犯罪的行为，但其技术控制力使之成为犯罪活动得以顺利实施或扩散的重要前提。在这种情况下，平台在犯罪链条中的功能定位已不再是信息中介或技术服务提供者，而是具有实质控制力的技术赋能主体，应当承担与其功能定位相匹配的法律责任。

另一方面，平台对市场行为的塑造力也是功能归责的重要判断标准。当平台通过算法推荐、交易规则设计及用户画像等技术手段，主动塑造或引导用户的行为模式时，平台便已脱离了传统意义上的中立技术服务。例如，若平台利用用户画像技术长期、持续地向特定用户推送高风险金融产品，即便平台并未直接教唆用户进行非法投资，其通过技术架构对用户行为的诱导与推动，实质上构成了对犯罪行为的助力。因此，此类行为不再是单纯的信息传递或撮合行为，而是对犯罪行为的实质性促进或强化，应当在刑法意义上被认定为功能性的帮助行为。

功能归责的关键在于，并非简单地否定传统的形式归责，而是主张在新技术场景下从实质影响力出发，穿透平台表面的法律身份和形式行为，更为深入地审查平台在犯罪行为链条中的实际功能与控制能力，以实现对平台责任的准确、合理界定。这种归责模式的转型，有助于填补当前平台责任认定标准中的漏洞，提升刑法理论与司法实践对新科技环境的适应性和回应能力。

2.基于平台在犯罪链条中功能定位的动态认定

互联网金融平台在犯罪链条中的功能定位并非一成不变，而是随着技术发展、业务模式创新及市场角色的变化而呈现出明显的动态性与多样性。因此，传统刑法中基于静态角色或固定身份标签的责任认定方法已不再适用于复杂技术环境下的平台犯罪。平台责任认定需要根据具体情境中平台发挥的实际功能，采取动态分析方法，以其技术控制力和风险影响力为核心标准，明确不同情境下平台法律责任的界限。

从功能定位的视角出发，可以将互联网金融平台划分为不同类型，其刑事责任范围亦应随其功能定位的转变而动态调整。首先，对于以信息撮合和信息传播为核心功能的“信息中介型”平台而言，平台主要提供交易撮合、信息展示和风险提示等中性服务，通常并未直接介入交易结构的设计或决策。在此情形下，平台的责任边界应以是否充分履行了如信息审查义务、风险提示义务等法定义务为判断标准。只有在平台怠于履行上述义务，客观上导致犯罪行为被进一步强化或扩散时，方可将平台行为纳入刑事追责范畴。

其次，当平台功能逐渐从“信息中介型”演变为“信用中介型”甚至“市场主导型”时，其对市场交易与用户决策的控制力显著提升。信用中介型平台通常通过风险评级、授信决策和数据分析模型直接介入交易结构的设计，平台在客观上不仅提供交易便利，还实质性地影响用户行为和市场秩序。例如，当平台通过设置特定的风险模型或利率机制引导用户从事高风险交易时，尽管平台未直接实施犯罪，但其技术设计与运营策略在客观上显著降低了犯罪实施的难度或提高了犯罪扩散的可能性，此时平台应当承担刑法上的间接帮助责任。

进一步，对于市场主导型平台而言，其功能定位更加突出平台在市场行为塑造方面的决定性作用。这类平台通过智能合约规则设定、算法推荐系统或数据画像技术，直接决定用户的交易模式和市场交易的风险分布。平台的行为模式已经超越传统意义上的信息中介或技术提供者的范畴，而成为市场规则的制定者与风险生成的直接推动者。例如，某些去中心化金融平台设计的智能合约规则本身存在漏洞，并且在规则设计阶段平台已预见到潜在被滥用的风险，却未设置有效的风控或熔断机制。虽然平台在合约运行后难以再对其进行有效干预，但由于在合约部署前即具备风险预见能力和风险防范条件，所以平台依然应当承担相应的刑事责任。

基于以上分析，本书主张建立以“技术行为”、“风险影响”和“技术控制力”为核心的三维评价模型，以动态识别平台责任的合理界限。一方面，平台的技术行为是否具有“风险转化能力”，即平台提供的技术工具是否显著降低犯罪实施门槛或显著放大犯罪危害后果，应作为平台责任认定的重要考量因素。另一方面，平台在犯罪进程中的“技术控制力”会随着犯罪的进展而发生动态变化：当平台的技术控制力随交易的进行逐步衰减时，如智能合约在执行阶段时平台的干预能力下降，平台的刑事责任范围也应相应限缩。但是，平台在设计初始阶段若已经预见到技术被犯罪滥用的可能性，却怠于采取必要的防范措施，则平台的责任就不应因控制力后续的衰减而免除。

（二）平台责任类型的分类重构

1.直接责任与间接责任的明确区分

在互联网金融犯罪中，平台所扮演的角色多样化且复杂化，这使得刑法理论与司法实践中的责任归属问题更为突出。由于平台通过算法、数据技术以及智能合约等手段广泛介入金融交易与资金流转环节，其行为的刑法评价面临着空前复杂的局面。简单地套用传统刑法中的责任认定模式已无法有效区分不同情境下平台行为的刑事责任形态。本书认为，有必要对互联网金融平台的刑事责任作更加精细化的分类，明确区分平台的“直接责任”与“间接责任”，并建立相应的认定标准，以此实现刑事治理与平台创新发展的良性互动。

首先，应当明确何为“直接责任”。直接责任是指平台在技术架构、算法设计或者市场规则设定等过程中，主观上明确预见或应当预见其技术或业务模式可能直接导致犯罪结果的发生，并且客观上通过积极的技术行为实施推动或助力犯罪行为的实现。在这种情况下，平台事实上扮演了犯罪实施中的主动角色，甚至在一定程度上具备了犯罪实行犯或直接帮助犯的性质。例如，在互联网金融犯罪中，若平台明确设计或部署了具有资金池归集功能的智能合约，平台的技术设计本身即在客观上提供了非法吸收公众存款罪的核心实行手段。再如，若平台通过智能算法或技术手段故意掩盖资金流向，为犯罪分子洗钱提供隐蔽通道或技术支持，则平台的行为不再是单纯的技术服务，而直接成为犯罪实施过程中的关键环节与核心支撑。因此，此时平台应当直接承担刑事责任，其责任类型可具体归入实行犯或直接帮助犯的范畴。

直接责任的认定是互联网金融平台责任体系中最为严格的一种刑事归责方式，它意味着平台的行为在犯罪链条中不仅是间接的助力或技术支持，而是直接发挥了核心甚至决定性的推动作用。传统刑法理论在认定犯罪直接责任时通常强调“主观明知”和“客观行为”两个要件，即行为人主观上明确知晓或应当明确预见其行为必然或高度可能引发犯罪结果，客观上又主动实施了与犯罪结果发生具有明显因果关联的行为。然而，在技术驱动的互联网金融领域，这种传统的认定标准显得过于抽象和模糊，不足以对复杂的技术性犯罪行为进行有效的司法判断。因此，平台直接责任的认定需要在传统刑法理论的基础上，进行更加严格且具体化的重构，以增强刑法适用的确定性与说服力。

首先，从主观层面的预见性而言，平台的主观认识不应停留在抽象的“应当知道”或“可以推知”的程度上，而是要求平台在技术设计或业务运营阶段能够具体地识别或判断技术被犯罪滥用的明显风险。例如，当平台设计具有隐匿资金流向、匿名交易或高频套利功能的智能合约或算法模型时，其技术设计的内在逻辑本身已直接指向了违法犯罪行为的实现。在这种情况下，平台在技术设计阶段即应当明确认识到其技术存在被用于非法集资、洗钱或市场操纵等具体犯罪场景的明显风险，而非简单地抽象认识到技术可能被某种未明确的犯罪行为所利用。这一主观预见标准的提高，明确了平台主观责任的“明知标准”是以具体风险场景为基础的，避免了司法实践中过度宽泛地解释平台的主观过错，进而提升了平台直接责任认定的准确性和严肃性。

其次，从客观行为的推动性角度分析，直接责任要求平台不仅具备风险预见性，还需要在预见后积极实施具有犯罪推动效果的行为。也就是说，平台主观上的明确预见并不足以单独构成直接责任，还必须有相应的技术设计、系统部署或规则执行等客观行动，将预见的风险转化为犯罪实现的关键推动因素。这种推动行为并非简单地表现为平台一般性地提供技术服务或基础设施，而必须体现为平台在技术架构中积极创造犯罪实施的必要条件，且其作用在犯罪过程中具有关键的或决定性的地位。例如，某互联网金融平台明知其算法能够助长特定用户群体操纵市场价格，仍通过精准推送信息、调整交易参数、设置资金流向掩盖功能等方式，主动协助甚至积极推动相关犯罪行为的发生和完成。此时，平台不是提供了中性的技术环境或一般技术便利，而是在明知后主动创造或强化犯罪的技术环境条件，其行为在因果关系链条上处于犯罪实施不可或缺的核心位置。因此，该平台行为理应构成直接责任，属于犯罪实行行为或直接帮助行为的范畴。

此外，平台的直接责任认定还应当强调客观行为与犯罪结果之间的紧密因果关系。平台行为在犯罪链条中的作用必须是具体、直接且关键的，而不能仅是间接、辅助或次要的。例如，平台主动设计智能合约漏洞或算法规则，以允许特定用户非法套利、资金套现或匿名洗钱，致使犯罪行为得以顺利实施且犯罪后果明显扩散。在这种情形下，平台的技术设计行为与犯罪结果之间的因果关系已达到直接且必然的程度。相反，若平台只是提供通用性智能合约模板，用户自行篡改后用于犯罪活动，平台并未主动设计或推动，虽然平台仍存在一定过失管理责任，但因平台行为并非犯罪结果发生的直接推动因素，故不宜将平台纳入直接责任范围，而应归入间接责任体系。

与直接责任不同，“间接责任”体现为平台在犯罪活动中并未直接实施或推动犯罪，而是由于管理上的疏忽、监管上的缺位或者技术风控上的懈怠，客观上为犯罪活动提供了便利或造成犯罪风险的放大。这种间接责任更多体现为平台的“管理过失”或“放任不作为”，其刑事责任的认定应当更为谨慎。一般而言，平台承担间接责任的场景主要体现在两个方面：

一方面，“管理过失”责任，即平台在技术安全、数据安全或风险控制的管理过程中未履行法定或合理的监管与审查义务，导致犯罪主体能够较为轻易地利用平台技术或业务漏洞实施犯罪。例如，平台未对智能合约或算法推荐系统进行充分安全审查，未能及时发现明显的漏洞或犯罪风险信号，进而被犯罪分子轻易利用，最终导致非法集资、诈骗或洗钱等犯罪发生。在这种情形下，平台并非主观上积极参与犯罪活动，而是由于怠于履行应有的管理职责，客观上形成了对犯罪行为的间接支持或放任，其责任在本质上属于过失责任，原则上应当以行政监管、行政处罚或民事赔偿责任为主，只有在风险明显且后果极其严重的情况下，才适宜纳入刑法调控范围。

另一方面，“放任不作为”责任，即平台明确知晓或监管部门已明确告知存在明显犯罪风险，但平台出于利益考虑或其他原因消极怠于整改，放任风险扩散或犯罪结果持续扩大。例如，某互联网支付平台接到监管部门风险警示后，仍不冻结或拦截明显存在异常交易特征的账户，导致洗钱行为继续发生并造成进一步的市场秩序混乱与用户损失。在这种情况下，平台的“放任不作为”就体现为明显的间接责任，可能构成刑法意义上的不作为犯。

当然，间接责任认定的前提是严格把握刑法介入的谦抑性原则。

并非所有平台的过失管理或放任不作为行为都应立即纳入刑事惩戒范畴，而应在具体认定时充分考量以下两个要素：一是技术帮助行为的“不可或缺性”，即平台提供的技术或服务对犯罪行为的实现而言是否具有高度必要性或重要性；二是主观明知的“盖然性”，即平台对犯罪风险的认识程度是否达到了明显预见或高度可能的程度。只有同时满足这两个条件，平台的间接责任才具有刑事追责的正当性与必要性。

2.平台“管理过失”与“放任不作为”的法律区分

在互联网金融犯罪的责任认定中，平台的刑事责任形态并非只有直接的故意行为，在很多情况下，平台的刑事责任是因其消极不作为或疏忽管理职责而形成的。这种消极不作为或疏忽在传统刑法理论中往往被统一归为“不作为犯”，但在平台经济背景下，“不作为”的表现形式与责任内涵更加丰富和复杂。因此，我们需要从法律理论与司法实践的层面对平台的“管理过失”与“放任不作为”进行明确而深入的区分，以有效防止平台责任认定的扩大化或责任漏洞的产生。

首先，“管理过失”责任本质上是一种由平台管理上的疏忽或怠于履行合理注意义务而导致犯罪风险实现的责任形态。具体而言，管理过失的核心是平台未能尽到法定或行业公认的注意义务，即平台应当具备一定的风险预防、审查与安全保障机制，但由于管理上的疏忽、忽视或不当履职，致使犯罪分子能够轻易利用平台的技术漏洞或制度漏洞实施犯罪行为。例如，某区块链金融平台在提供智能合约服务时，未按照行业普遍认可的技术安全标准对合约代码进行必要的安全审计，结果被犯罪分子利用该代码漏洞实施大规模的非法集资或资金盗窃行为；又如，某人工智能金融平台在进行算法推荐服务时，未建立有效的算法伦理审查机制，导致算法推荐系统被用于定向推送非法高利贷或诈骗性金融产品。上述情形中，平台主观上并不存在明确的犯罪故意，而仅仅体现为未能达到法定或行业认可的合理注意标准，其责任的本质即为“管理过失”。

在认定管理过失责任时，司法机关应当严格依据客观的“行业技术标准”作为判断平台是否尽到注意义务的重要依据。这种“行业技术标准”一般包括但不限于技术安全审计标准、算法伦理审查标准、数据合规处理标准等，司法机关需要借助技术专家以及行业标准规范、监管政策指引等客观材料，评估平台在技术管理、风险管控或安全防范上是否存在明显的管理缺陷或技术漏洞，并进而判定平台是否因此而构成管理过失。需要强调的是，管理过失的可罚性相对较低，一般情形下适宜通过行政处罚、民事赔偿等方式进行规制。只有当平台的管理过失情节极为严重，且所导致的犯罪后果极为重大、危害面特别广泛时，才有必要考虑刑法的介入，以避免刑法适用的扩大化。

其次，“放任不作为”责任与“管理过失”存在本质差异。“放任不作为”的核心特征在于平台明知风险存在，且在具备充分干预能力和条件的情况下，仍选择消极对待、怠于采取必要的防控措施，从而间接推动或放任犯罪行为的持续或进一步扩大。可见，放任不作为的本质特征体现在“明知风险”与“故意不作为”两个核心要素之上，这与管理过失中的“不知道”或“不注意”截然不同。在平台犯罪场景下，“放任不作为”的认定往往需要具备两大前提条件：一是平台对特定犯罪风险已经明确知悉，监管机关已向平台下达了整改通知或明确提示了风险；二是平台在明知风险且具备技术控制力和管理干预能力的情况下，仍拒绝或怠于采取必要行动，例如未冻结可疑账户、未及时修复已明确发现的技术漏洞或未及时停止明显违法违规的交易行为。

例如，某互联网支付平台在监管机关明确提示存在洗钱风险后，仍未采取冻结异常资金账户、未及时停止异常资金转移行为，致使犯罪资金进一步转移与扩散。再如，某加密货币交易平台在智能合约中发现了明显可被用于非法套利或资金洗钱的代码漏洞后，不及时修复，甚至在犯罪风险进一步明确后仍继续运营此合约，从而导致犯罪风险持续扩大。在这些场景下，平台行为在法律意义上不再是单纯的管理疏忽或技术失误，而体现出明显的主观故意和对犯罪后果的容忍态度，平台的责任明显更为严重，构成刑法上典型的不作为犯，应当纳入严格的刑事处罚范畴。

从刑法适用的视角来看，放任不作为的可罚性远高于管理过失。一方面，放任不作为行为的主观恶性明显，体现出平台对犯罪风险的明确知悉和故意放任；另一方面，平台的不作为行为与犯罪结果之间的因果关联十分紧密，其不作为行为直接加剧了犯罪后果的严重性与持续性。因此，司法机关在处理平台“放任不作为”责任时，应当以更严格的刑法措施予以规制，具体适用帮助犯或不作为犯的刑事责任认定方式，确保平台对犯罪结果承担相应的刑事责任，以此强化平台履行风险防控义务的主动性与积极性。

（三）平台共犯责任的扩展与限制

1.引入“技术支配”与“算法干预”的共犯认定标准

前文提到，在司法实践中平台虽然主观上未必具有明确的犯罪故意，但其客观技术行为却能实质性地推动甚至决定犯罪的实施或结果的扩大。在此将对这一问题进行展开论述。为精准回应司法实践的需求，本书认为必须超越传统的共犯理论，引入“技术支配”与“算法干预”两个更适合技术环境的共犯认定标准，从而为互联网金融犯罪的刑事责任认定提供更加明确、客观和严谨的司法标准。

首先，“技术支配”标准强调的是平台通过自身的技术架构或技术系统设计对犯罪行为的发生或推进形成实际的控制或实质性的影响。这种控制或影响不再依靠传统刑法中行为人与犯罪分子的事前合意或明示沟通，而是依靠平台客观技术环境的设计和系统运行逻辑，形成对犯罪进程的“结构性”支配。这一标准的引入，目的在于更加精确地认定平台在现代技术场景下所承担的共犯责任，弥补了传统共犯理论中过于依赖行为人主观意思联络的不足。

具体而言，“技术支配”的判断标准主要体现为两个方面：一方面，平台是否通过技术架构、权限设置或系统规则，在客观上掌握了对犯罪实施的“排他性控制”。例如，在区块链环境下，若平台掌握着分布式账本的唯一写入权限或超级管理员密钥，则平台事实上能够决定特定交易的产生、记录或消除。在这种情况下，犯罪行为的实施在很大程度上依赖平台技术控制力的发挥。因此，即使平台主观上未与犯罪主体有明确合谋或意思沟通，客观上也对犯罪活动的完成或扩散起决定性作用，其技术支配力的行使构成了共犯责任的客观基础。

另一方面，平台的技术支配还可能体现为对市场秩序或用户行为的“结构性影响”，即平台的技术设计或运营规则事实上成为犯罪行为发生的必要条件或关键环节。例如，某金融平台的算法设置使得用户无法规避高风险或非法交易，用户交易行为的走向事实上被平台技术设计所决定和支配。在这种情况下，平台虽然并未与用户形成犯罪共谋，但由于其对犯罪结果的实现或扩散发挥了结构性的技术支配作用，也应当被认定为共同犯罪的参与者。

其次，“算法干预”标准的引入则更加具体地针对平台利用算法技术参与犯罪活动的特殊场景。算法干预标准关注的是平台是否通过算法推荐系统或数据分析模型，直接或间接地推动了犯罪活动的实施或扩大。这种算法推动行为的关键不在于平台是否明确追求犯罪结果，而在于平台的算法逻辑和推荐机制是否客观上优化、强化甚至推动了犯罪活动的成功概率或危害程度。

例如，某互联网金融平台的算法推荐系统在进行用户画像和交易推荐时，可能利用强化学习模型自动筛选出具备较高欺诈成功率的用户群体，并将高风险产品精准推送给这些特定用户。在这一场景中，平台主观上可能并不存在明确的犯罪故意或积极促进犯罪的意图，但算法本身的逻辑在客观上强化了犯罪实施的效果甚至提高了犯罪成功的概率。在这种情形下，平台的行为已经超越了传统刑法中的中立帮助范畴，实质构成了对犯罪行为的“算法干预”，应当被纳入共同犯罪的范畴予以认定。

在算法干预标准的具体适用过程中，司法机关需要结合技术专家的辅助，通过具体的技术分析、算法审查与数据建模等方式，审查平台的算法推荐系统是否存在“强化犯罪概率”或“优化犯罪策略”的情形。一旦平台的算法逻辑或推荐机制被认定在客观上形成了犯罪推动作用，那么即使平台主观上不存在传统意义上的共谋，平台也应当承担算法干预所产生的共犯责任。这种算法干预标准的引入将大幅提高司法机关识别平台共犯责任的客观性和确定性，也能更加有效地规制平台滥用算法技术引发的犯罪风险。

技术支配标准和算法干预标准的引入，能够有效弥补传统共犯理论在新技术场景下的适用缺陷。传统共犯理论往往要求行为人之间存在明确的主观合谋或故意联系，这在复杂的技术环境中很难被证实，也容易导致刑事责任的漏洞。而技术支配标准与算法干预标准可以将刑法关注的重点由主观上的沟通联系转移到客观上的技术控制力与算法行为，从而使司法实践中的共犯认定更为客观、明确和公正。这种转变，不仅能够有效避免技术平台以技术中立的外衣规避应当承担的刑事责任，也能避免过度刑法介入引发的市场创新活力受阻，为平台经济与技术创新的健康发展提供明确而适当的法律规范。事实上，这一标准的重构与引入，将实现互联网金融犯罪治理模式从传统“主客观统一”向更精细、更贴合现实的“技术控制与算法干预”的有效转型，从而更好地回应新技术革命带来的刑法挑战。

2.设定平台在犯罪链条中的“合理预见义务”

传统刑法归责模式往往过于依赖行为人的主观故意，使得技术中介平台极易以“不知情”或“非主观故意”为借口逃避刑事责任。随着技术的发展，平台所掌握的技术控制力和算法决策能力显著提升，使得犯罪分子可以借助平台技术更高效、更隐蔽地实施犯罪活动。在这种情况下，平台不再是被动的信息传递者，而是客观上成为使犯罪行为得以实现的重要技术支撑者。刑法若仍固守传统的主观归责原则，将导致刑事责任的巨大漏洞。因此，引入合理预见义务的核心意义就在于克服主观故意认定困难，通过明确平台的注意义务，将平台消极的不作为纳入刑法调整范畴，以此回应平台在犯罪链条中实际掌握的技术控制能力和风险防范能力。

合理预见义务是一种基于社会角色与社会责任而设定的客观法律义务。互联网金融平台在提供金融技术服务时，事实上处于技术支配地位，掌握着数据分析能力、算法风险评估能力和智能合约的控制能力，因此平台对于风险预防和管控义务的强度应显著高于一般的市场主体。一旦平台未能履行此种义务，就意味着其事实上放任甚至推动了犯罪风险的扩散和加剧。

在具体适用过程中，合理预见义务并非无边界的泛化责任，而应当结合具体的技术可行性、行业实践标准和风险敞口水平，精确设定合理预见义务的履行边界，以避免刑法适用过度或责任不确定性。

第一，从技术可行性维度来看，平台的合理预见义务以平台在当前技术条件下是否能够实现犯罪风险的识别和防范为判断依据。例如，现有技术手段已经能够较为成熟地识别特定的金融犯罪模式，如通过图神经网络可以高效识别洗钱行为，通过数据画像技术和异常交易监测工具能够较为准确地预警和拦截非法集资或诈骗行为。在这种技术已经成熟并广泛应用的背景下，平台若未部署相应的风控技术手段，则构成了合理预见义务的违反；相反，如果技术尚未成熟或根本不存在，平台则不应承担无法实现的预防责任，以此防止平台刑事责任的无限扩展。

第二，从行业实践维度分析，对平台合理预见义务的强度还应参照同类平台在市场上的技术防控水平或安全标准进行判断。司法机关应以行业公认的安全标准作为客观参照系，考察平台在防范风险过程中所采取的安全措施是否达到行业基准水平。例如，目前主流的数字货币交易所普遍采用多签名钱包机制或资金冷存储技术，以防范盗币风险和资金安全事故。若某交易平台未采取相应的风控措施导致资金被盗或洗钱风险高发，则该平台应被推定未能履行合理预见义务。此时，平台必须承担因其风控措施低于行业基准所导致的刑事责任，从而倒逼平台主动提升技术防控水平，切实履行技术风险管理义务。

第三，就风险敞口阈值的维度而言，为了使合理预见义务的适用更加客观和精准，司法机关还应当建立"风险敞口"的定量分析模型，合理测算平台应承担的注意义务强度。"风险敞口"的具体计算可以借助公式：

风险敞口=用户规模×单笔损失均值×风险转化概率

该公式可以精确地量化平台所承担的风险规模。一旦平台风险敞口超过了一定的阈值，即意味着平台对可能产生犯罪结果的预见强度显著提高，此时平台的合理预见义务强度也应随之提高。若风险敞口超过了司法实践中认可的阈值，而平台未采取有效措施防范或消除风险，则其行为客观上已具备刑事可罚性。这种定量分析有助于实现平台合理预见义务履行的客观化、精细化和标准化，避免刑法适用的任意性和不确定性。

合理预见义务标准的确立与引入，使刑法的适用标准从传统的主观判断转向客观技术风险分析，更贴合新技术革命背景下互联网金融犯罪的司法需求。明确合理预见义务的适用边界和标准，可以在保护社会利益和鼓励技术创新之间实现恰当的平衡：一方面，可以使平台责任明确化，防止平台以技术中立为借口规避法律责任；另一方面，考虑到技术发展的现实能力，避免过度扩张平台刑事责任范围，从而为平台技术创新和市场发展创造相对宽松的法律环境。

## 第四节 金融犯罪刑罚配置的进化与改造

刑法的目的是维护社会秩序[①]，为了实现这一目的应当通过适当的刑罚对犯罪人进行处罚，以“防止危险的犯罪人再次实施犯罪行为”[②]。然而，新科技革命下互联网金融犯罪的技术特点降低了传统刑罚的威慑效果。当技术工具成为犯罪的基本手段时，依靠现有刑罚体系无法修复技术生态的损伤，也无法阻止犯罪能力的持续增强。当前对于互联网金融犯罪的刑罚手段主要依靠自由刑与财产刑，在承担责任方面涉及单位犯罪的处罚，一般是对单位处以罚金，对单位直接负责的主管人员和其他负责人员判处一定自由刑[③]。互联网金融犯罪往往具有技术隐蔽性、传播快速性、危害广泛性，且犯罪实施人往往具备高度专业化的技术能力，简单的监禁或罚金处罚无法有效阻断犯罪再生能力，现有惩罚模式难以对高度技术化的犯罪行为形成有效威慑。因此，刑罚体系必须适应技术发展的时代特征，建立更加多元化、精准化的刑罚配置体系，以更有效地遏制和治理新型经济犯罪。要解决这个问题，我们需要通过“修复性司法”的理念构建一个技术和法律相互适应的刑罚体系。

### 一、资格刑的功能化改造与扩展适用

资格刑作为刑法制裁体系的重要组成部分，其核心目的是通过剥夺或限制犯罪主体的某些特定资格或权利，从而实现预防犯罪和维护社会秩序的功能。然而，我国现行刑法关于资格刑的规定较为单一，主要表现为剥夺政治权利，而其适用范围也较为狭窄，主要针对危害国家安全、暴力犯罪等传统犯罪类型。这种设置在一定的历史时期内发挥了重要作用，但随着新科技革命的到来，互联网金融犯罪等新型经济犯罪逐渐增多，其犯罪主体和行为特征与传统犯罪存在显著差异。互联网金融犯罪通常利用先进技术手段，其犯罪活动具有较强的

---

① 刘艳红．刑法学总论［M］．北京：中国人民大学出版社，2025：416.
② 费尔巴哈．德国刑法教科书［M］．2版．徐久生，译．北京：中国方正出版社，2010：25-26.
③ 刘艳红．刑法学总论［M］．北京：中国人民大学出版社，2025：415.

专业性、隐蔽性和系统性。传统资格刑在适用对象、内容设计和实施方式上显现出诸多不足，难以有效遏制此类犯罪，迫切需要进行功能化改造和扩展适用范围。

（一）传统资格刑的不足与功能化改造的必要性

从现行刑法来看，我国对资格刑的规定主要集中于《刑法》第三十四条中的剥夺政治权利[①]。这一规定植根于我国法治建设初期的特殊社会历史背景，主要针对威胁国家安全和社会政治秩序的严重犯罪行为。然而，在当前互联网金融犯罪领域，犯罪主体往往不是针对国家政治制度或社会秩序，而是通过掌握数据处理能力、利用技术漏洞对金融秩序和市场规则进行侵害。例如，技术开发者利用算法操控市场，企业经营者通过非法数据挖掘进行虚假融资，这些行为在性质上并不涉及传统的政治权利范畴。可以看出，剥夺政治权利作为资格刑的主要内容，无法对这些新型犯罪主体形成实质的惩戒和威慑。

近年来，《刑法修正案（九）》在第三十七条之一中增加了“从业禁止”的规定，这一进步拓宽了资格刑的适用范围，将部分职业行为与犯罪预防结合起来，能够对特定行业从业者实施针对性的资格限制。然而，这种从业禁止令的覆盖范围依然有限，仅包括教育、医疗、金融等少数领域，缺乏应对互联网金融犯罪复杂性所需的广泛适用性。更为重要的是，现行的禁止期限通常设定为三至五年，这种统一的时间规定未能充分考虑犯罪行为的危害程度和犯罪主体的职业特点。例如，对于金融科技行业中的高技术犯罪者，短期的从业禁止并不足以消除他们利用技术再次犯罪的风险。

需要明确的是，从业禁止令的性质在学界尚有争议，目前将其纳入资格刑讨论中存在一定的理论挑战。根据《刑法》第三十七条之一，从业禁止的规定位于“刑罚”一章内，其本质是否属于保安处分仍需详细论证。有学者提出，从业禁止令既不是附加刑，也不是非刑罚措施，而是一种以预防犯罪为主要目标的保安处分措施。[②]如果保安处分本质上与刑罚无关，那么在资格刑的框架下讨论从业禁止的适用就会显得不够严谨。因此，这一问题需要进一步说明和分析。

---

① 彭文华．我国刑法制裁体系的反思与完善［J］．中国法学，2022（2）：124-143.
② 刘艳红．刑法学总论［M］．北京：中国人民大学出版社，2025：471.

目前，对于刑罚与保安处分之间的关系，学界仍存在显著分歧。一元论认为，无论是刑罚还是保安处分，两者在目的和手段上没有本质差异，只是程度上存在差异。例如，一元论认为保安处分强调预防，刑罚则更侧重惩戒，而两者仍可以统一为刑法制裁的一部分[①]。与之相对的二元论则主张刑罚与保安处分在适用对象、条件、预防时间、手段性质及适用原则方面均存在根本性区别。即便在二元论内部，对于保安处分的性质也存在不同观点，有学者认为保安处分是刑事制裁措施[②]，也有学者认为它是非刑罚措施的一种[③]，还有学者认为我国的保安处分原则上只是一种行政处分[④]。本书在当前的论述中暂不详细讨论上述问题，而是基于一元论的观点，将从业禁止令纳入刑罚体系进行研究。这一做法并不代表对某种理论立场的支持或否定，而是出于从业禁止令的犯罪预防效果，其对犯罪主体职业行为的限制可以有效防止再犯风险考虑的，并以此引出资格刑的功能改造亟须结合互联网金融犯罪主体的特殊性与再犯风险特点，进行更为细致与专业的设计的问题。

（二）资格刑扩展适用的具体路径

基于资格刑功能改造的现实需求，应当探索将资格刑的适用范围从传统的政治权利和从业限制领域向技术和数据处理领域进行扩展。具体而言，在资格刑适用范围扩展过程中，应建立以“技术禁业令”和“数据处理资格剥夺”为核心的资格刑制度。

首先，应当设立专门的“技术禁业”制度。这是针对互联网金融犯罪主体在技术开发和技术应用领域的特定资格限制措施，主要适用于利用先进算法、智能合约、大数据分析等技术手段实施或协助实施犯罪的主体。与传统从业禁止令不同的是，“技术禁业令”并非简单限制一般从业资格，而是明确禁止相关犯罪主体在一定期限内参与特定技术领域的研究开发、技术架构设计或应用实践活动。例如，对于在互联网金融犯罪中利用算法模型操纵市场的主体，禁止其参与算法建模和市场预测技术的开发与运营，或者对于借助智能合约实施诈骗

① 徐松林．保安处分及我国刑法制度的完善［J］．现代法学，2001（4）：132.
② 刘艳红．刑法学总论［M］．北京：中国人民大学出版社，2025：466.
③ 王振生．保安处分在你我国的法律命运［J］．河北法学，2007（8）：94.
④ 张明楷．刑法学（上）［M］．6版．北京：法律出版社，2021：820.

或资金转移的主体，禁止其参与区块链技术或智能合约的开发与管理等工作。

其次，有必要引入“数据处理资格剥夺”制度，以回应数据成为互联网金融犯罪重要工具和媒介的现实。近年来，大量互联网金融犯罪行为的本质特征在于对数据资源的非法挖掘、交易、滥用或泄露。这些行为不仅破坏了金融市场秩序，也严重损害了个人数据安全。传统刑法对于犯罪人在数据领域的资格限制缺乏明确规定，致使许多违法行为人在接受短暂处罚之后仍能继续利用数据资源实施犯罪。因此，有必要通过资格刑体系的扩展，明确规定对严重危害数据安全的违法犯罪人实行“数据处理资格剥夺”，包括禁止犯罪人一定期限内从事数据的采集、分析、交易、存储等与数据相关的业务活动。这种资格剥夺可与数据安全领域的国际认证标准相结合，例如取消或暂停涉案主体的ISO 27001信息安全管理体系、ISO 27701隐私信息管理体系等数据安全认证，进而形成对违法犯罪行为的实质性资格限制，从源头上切断犯罪主体利用数据资源实施再犯的渠道。

再次，资格刑扩展适用必须在制度执行层面充分体现灵活性和精准性。目前从业禁止令的执行期限通常较为机械化地设定为三到五年，这种固定模式[①]未能有效适应互联网金融犯罪的复杂性与多样性。为增强资格刑的有效性，应根据犯罪主体的技术能力、犯罪手段、危害程度等因素，适当延长或动态调整资格刑的适用期限。对于在特定领域具备深厚技术积累、再犯风险较高的主体，应适当延长资格限制期限，比如将技术禁业或数据处理资格剥夺的期限延长至十年以上。同时，也要为犯罪主体提供一定的资格恢复机制，在资格限制期限内表现良好、未出现违法违规行为的，可以通过专业考核和风险评估逐步恢复其资格。通过这种灵活精准的执行方式，平衡刑罚的威慑性与合理性，既有效防止犯罪主体再犯，也避免过度刑罚化带来的不利影响。

进一步来说，要实现资格刑扩展适用的制度效能，仅在刑法层面

---

① 有学者指出《刑法》第三十七条之一规定中存在“其他法律、行政法规对其从事相关职业另有禁止或限制性规定的，从其规定”亦包含期限的规定，因此具体执行中并不局限于三到五年之间，上下都可以根据其他规定予以变化（参见：刘艳红．刑法学总论［M］．北京：中国人民大学出版社，2025：473）。即便如此，本书认为目前刑法中三到五年的规定还是存在机械化的问题，因为没有其他规定的情况还是比较普遍。

进行制度改进是远远不够的，还离不开刑事司法与行政监管之间的协同互动。实践中，有必要建立刑法与行政法的协作机制，明确司法机关与金融监管、网信、工信等部门之间的数据共享、信息互通与联合惩戒制度，确保资格限制措施在不同法律体系和监管场景下的一致性、连续性与有效性。司法机关应及时向监管部门通报相关犯罪主体资格限制情况，监管部门则应通过行业认证管理、市场准入审查等方式确保资格限制措施的落实。这种跨部门、跨领域的协作机制，能够有效防止犯罪主体通过跨领域流动或跨行业转移规避资格刑的限制，最终实现资格刑扩展适用在新型互联网金融犯罪治理中的全面效能提升。

## 二、限期整改的刑罚替代功能

互联网金融犯罪的治理需要在刑罚制度中引入创新性的理念与措施，以增强规制效果，适应技术发展所带来的挑战。在现行刑罚体系中，自由刑与财产刑固然具有重要的威慑和惩戒功能，但在技术隐蔽性与专业性日益突出的互联网金融犯罪面前，传统刑罚手段的有效性不断下降。犯罪实施者利用技术工具和专业能力规避法律约束，使得简单的监禁或罚金处罚难以切断其犯罪链条，也无法修复因犯罪行为对技术生态造成的损害。在此背景下，限期整改作为刑罚替代功能的实践方式，为互联网金融犯罪的治理提供了重要的补充性路径，其能够通过技术矫正与生态修复的递进机制，填补传统刑罚的功能缺位，在实现惩罚功能的同时实现治理性修复的目标。

（一）限期整改的制度基础与理论依据

限期整改的制度基础可以溯源于刑法中的“修复性司法”理念。修复性司法强调通过让犯罪人主动承担修复责任，使受害者与社会恢复至犯罪发生前的正常状态，最终实现个别预防与社会预防的统一。[①]传统刑罚体系的不足在于过于强调对犯罪人的惩罚作用，忽视了犯罪行为对社会秩序和市场结构的系统性破坏。在新科技革命背景下，互联网金融犯罪的复杂性与隐蔽性，使得单纯依靠传统刑罚手段难以实现全面治理。例如，某些去中心化金融平台存在技术架构漏洞

① 毛煜焕. 修复性刑事责任的价值与实现［M］. 北京：法律出版社，2016：89.

或合约设计缺陷，导致用户资产被盗或市场操纵行为发生，若仅通过判处罚金或监禁对相关主体进行惩罚，显然无法修复市场秩序，也难以阻止犯罪行为再次发生。

限期整改作为刑罚替代手段的理论基础在于“风险责任”原则。根据风险责任理论[①]，当行为人在特定领域中享有支配地位或形成技术优势时，即负有更高的注意义务和风险管理责任。在互联网金融犯罪中，平台往往通过算法设计、数据处理和智能合约等技术手段，形成对市场行为和交易模式的结构性控制力，因此平台在犯罪行为发生后的限期整改责任，实质上是一种技术主导型犯罪中的“支配责任”。限期整改能够有效防止犯罪主体再次利用技术漏洞或治理缺陷实施犯罪，同时通过技术手段封堵犯罪源头，从根本上降低系统性犯罪风险。

（二）限期整改的制度构建路径

限期整改的首要制度构建路径在于建立科学的分级分类适用标准。不同类型的互联网金融犯罪在主观故意程度、技术修复难度、社会危害程度等方面存在显著差异，刑罚适用和整改要求必须体现差异化、精准化和动态化的特点。可以将互联网金融犯罪划分为“技术过失犯罪”“技术故意犯罪”“系统性技术风险事件”三大类，根据其犯罪行为的特征和影响范围，制定相应的限期整改规则。

技术过失犯罪主要是指平台或企业因系统漏洞、算法偏差或技术管理失误等非故意因素，导致用户资产损失或市场秩序混乱的行为。这类犯罪的本质在于技术控制力与市场行为之间的错配，行为主体在主观上不具有直接的犯罪故意，但在客观上其技术缺陷或管理不善对金融秩序造成了实质性损害。对于技术过失犯罪，限期整改的适用重点在于“技术修复”与“市场恢复”。在具体适用中，法院可以采取“强制整改”加“财产刑”的复合制裁模式，以限期整改为主要责任形式，同时辅以罚金或经济赔偿，以增强治理效果。

技术故意犯罪是指平台或企业在主观上具有明显的犯罪故意，故意利用技术工具或系统架构实施欺诈、洗钱、市场操纵等犯罪行为。

---

① 袁洋．数字经济时代算法侵权责任的理论变革与制度因应：面向风险责任理论的讨论［J］．中州学刊，2025（3）：66-73.

与技术过失犯罪不同，技术故意犯罪的主体通常具备较强的技术能力和市场支配地位，犯罪手段隐蔽性强、危害范围广，单纯依靠自由刑或财产刑难以完全遏制此类犯罪行为。对于技术故意犯罪，限期整改的适用重点在于“剥夺犯罪工具”与“清除犯罪能力”，通过技术重构和系统改造，彻底消除犯罪主体继续利用技术手段再犯的可能性。在具体适用中，法院可以采取刑罚执行与技术整改的复合制裁模式，将限期整改作为犯罪主体刑罚执行的重要附加条件。

系统性技术风险事件是指因平台技术架构缺陷、治理漏洞或市场操纵行为，导致行业信任危机或市场动荡的事件。此类案件往往涉及多个平台和市场主体，具有高度的联动性和扩散性，单纯依靠个别平台的限期整改难以完全消除市场风险。对于系统性技术风险事件，限期整改的适用重点在于行业治理和集体整改，通过行业自律和联合监管，推动市场秩序的整体恢复。

（三）限期整改在互联网金融犯罪治理中的适用场景

1.系统性风险治理中的限期整改

互联网金融犯罪往往涉及复杂的系统性风险，特别是在算法驱动的交易平台和去中心化金融系统中，平台的技术架构、交易模式和市场规则存在的缺陷，可能成为犯罪分子实施套利、市场操纵或洗钱的技术基础。在此类犯罪中，犯罪主体通常通过操纵交易参数、利用智能合约漏洞或篡改市场预期等方式直接或间接推动市场混乱。若犯罪行为仅通过自由刑或罚金进行处理，犯罪主体在未来仍可能通过技术优势和市场控制力再次实施犯罪。因此，限期整改在此类案件中的核心功能在于通过技术整改和市场规则优化，修复平台治理体系，消除系统性犯罪的诱因。例如，在某些加密货币市场操纵案件中，法院可以责令交易平台在6个月内完成增加交易日志透明度、确保交易记录的可溯源性、引入动态熔断机制防止大规模抛售行为对市场造成冲击、通过算法优化提高市场价格的公平性与透明度等整改措施。

2.数据滥用与侵犯隐私案件中的限期整改

在互联网金融犯罪中，数据成为重要的犯罪工具和交易标的。例如，某些互联网借贷平台通过非法收集、存储和利用用户个人数据，建立用户画像并实施精准“套路贷”或欺诈行为。在此类案件中，若仅判处罚金或监禁，犯罪主体在未来可能通过更复杂的技术手段再次实施犯罪，难以形成真正的威慑。因此，限期整改在数据滥用案件中的功能在于通过数据合规制度建设，防止数据资源的非法挖掘和滥用。法院可以根据案件性质，责令涉案平台在一定期限内完成对敏感数据进行加密和匿名化处理，防止数据泄露的整改措施。

第四章

# 互联网金融犯罪诉讼程序适配改造

## 第一节　互联网金融犯罪诉讼理念的转型

互联网金融犯罪的复杂性和技术性，要求刑事司法理念在传统基础上进行系统性的适应和重构。面对技术手段的隐蔽性和复杂性，司法机关在证据认定、事实判断和法律适用上，常常遭遇认知障碍和规范缺失，导致传统刑事诉讼程序在互联网金融犯罪中难以发挥有效的规制作用。同时，数字犯罪的跨国性和即时性冲击了国家司法主权和法律适用的属地原则，进一步加剧了刑事司法应对技术犯罪的困境。因此，司法理念的重塑成为互联网金融犯罪治理的必然选择，这种重塑不仅涉及程序规则和证据标准的调整，也涉及刑事司法在认知框架、责任模式与技术适配性方面的深层次变革。

### 一、司法认知的复合化转型

数字技术的深度渗透正在重构互联网金融犯罪行为的生成逻辑与作用机理，传统刑事司法法律事实与客观事实的二元认知框架①已难以应对技术犯罪的多维复杂性。当犯罪行为通过算法协议、分布式账本等技术架构实现代码化生存时，案件事实的认定不再局限于物理空间的物质痕迹或行为轨迹，而是演变为技术架构、数据流动与算法决策的复合系统。这一根本性变革要求司法认知体系突破单向度的线性思维，构建技术事实、法律事实、社会效果的三元评价框架。这一转型的深层法理逻辑在于，技术事实的解析是重构法律事实的客观基础，法律事实的判定需要回应技术行为的规范属性，而社会效果的考量则是平衡技术治理效能与权利保障的终极标尺。

（一）技术事实的认知重构

技术事实的认定是数字时代司法认知的基础性命题。②在传统犯罪场景中，司法机关对案件事实的认知主要依赖物证、书证等具象化证据，这种认知逻辑建立在经验感知与常识判断基础之上，证据的真

---

①　谢澍. 刑事诉讼构造之理论传承与知识延拓——以认知科学为视角［J］. 政治与法律，2022（2）：128-141.

②　李麒，班艺源. 网络犯罪技术事实认定的认知考察与完善——以裁判文书网507份判决书为样本［J］. 广西大学学报（哲学社会科学版），2025（1）：132-14.

实性通常表现为物理空间中可感知的物质载体与直接可观察的行为轨迹。然而，以互联网金融犯罪为代表的新型经济犯罪的技术架构彻底打破了这一传统认知范式。在互联网金融犯罪中，犯罪行为不再表现为可直观观察的物理性操作，而是隐藏在技术代码、算法模型与数据流动过程中，这种隐蔽性与抽象性使司法机关难以有效地进行事实查明。以区块链洗钱为例，传统洗钱犯罪的资金流转路径和主体身份可以通过银行交易记录、汇款凭证等传统证据进行追踪和确认[①]，而利用区块链技术洗钱的犯罪行为却通过匿名账户与分布式账本完成资金的瞬时流转，这一过程的实现机制被抽象在技术逻辑和代码结构之中，司法机关无法直接依靠传统经验直观识别资金流向和行为主体，证据形式也从实体化物证转变为虚拟的数据与代码。

对于司法工作人员来说，互联网金融犯罪中的技术实现过程往往较为复杂且难以理解。要构建技术事实认定的司法认知模型，我们需要深入了解技术行为形成过程中所涉及的算法生成机制和数据处理逻辑。这一过程本质上是通过“模型训练”“参数调整”“输出优化”三个流程来实现系统对特定行为的模拟与再现。[②]这种系统化的技术路径不仅是技术行为的核心实现方式，也是司法认定相关事实的重要依据。以人工智能和机器学习为例，算法模型的生成通常经历以下关键阶段：开发者先通过监督学习或非监督学习方式，从历史数据或模拟环境中提取出特定的“行为特征”，继而通过构建数学模型或神经网络架构，形成输入与输出之间的映射关系。在此基础上，模型通过“损失函数”计算模型输出与目标输出之间的误差，并通过“反向传播”和“梯度下降”等方法对模型参数进行不断调整和优化。训练完成后，模型就可在未知的输入条件下生成新的输出，并在“强化学习”或“自动调整”过程中，形成自我演化与自主决策能力。[③]

这就意味着，在互联网金融犯罪场景下，算法可以通过历史数据学习市场价格变化模式，基于新的市场波动自动生成高频交易指令或

---

① 廖汉文，程小白. 洗钱犯罪治理面临的问题及完善对策研究 [J]. 江西警察学院学报，2023（6）：34-40.

② 郝燕霞，武淑红，杨玉丽，等. 联邦学习中面向Non-IID数据的后门防御方案 [J]. 太原理工大学学报，2025（1）：1-12.

③ 张君逸，赵培培，梁松，等. 基于跨主体交互和多尺度时间增强的行为识别方法 [J]. 计算机应用研究，2025（1）：1-10.

通过特定规则触发交易拆分操作。这种“行为生成”模式使得算法具备了模拟人类思维和执行行为的能力，进而使得犯罪行为的实施模式技术化、自动化。[①]同时，模型生成过程中的“特征权重”与“路径依赖”可能导致算法在特定条件下表现出“系统性偏差”或“规避性触发”，从而引发市场操纵、内幕交易、非法集资等行为的自动化实施。因此，技术事实的认定实质上是对算法模型生成逻辑的逆向重构，通过追溯模型训练路径、提取特征重要性、揭示输入和输出的关系，建立技术事实与法律评价之间的对接机制。

在此情境下，司法对技术事实的认知需要穿透技术黑箱的遮蔽，通过算法可解释性标准来重构技术行为的认知图谱。算法可解释性并非简单追求技术透明，而是通过可验证的数学逻辑与可追溯的决策链条，构建技术行为与司法规范评价之间的实质性联系。这一过程依赖侦查机关的技术取证程序，以获取相关企业或平台算法模型的“源代码”“训练集”“损失函数”“参数优化路径”等核心要素，这是对算法运行逻辑的认知基础。在此基础上，司法机关可通过算法逆向工程，将模型的“输入-输出”路径进行反向推导，识别模型在特定条件下触发特定行为的因果链条。例如，在证券市场操纵案中，司法机关可通过分析高频交易系统的输入参数与输出结果之间的映射关系，确认算法是否在特定条件下“人为诱导”市场异常波动。这种精细化的技术事实认定过程不仅能有效揭示互联网金融犯罪的技术逻辑，也为司法机关从技术细节中捕捉犯罪主体的主观故意和行为模式提供了可行的路径。

当然，技术事实的认知重构必然要求司法体系在程序规则和制度构造上作出系统性的变革。

首先，需要在《刑事诉讼法》中确立技术事实作为独立证据类型的法律地位。技术事实不同于传统电子数据或物证的认定逻辑，其审查标准不仅要关注数据本身的完整性与真实性，还要深入技术系统运行的内在逻辑中，包括技术架构完整性、算法决策逻辑合理性和数据流动的可追溯性。这就意味着司法机关需要对技术事实采用更为严格

① 周祥为. 智能DNS技术在金融分布式系统中的应用研究［J］. 金融科技时代，2024，32（12）：6-9；13.

和精细的审查标准，以防止技术事实被技术黑箱所掩盖，避免司法认知停留在表层数据的浅显认定之上。

其次，应当构建由技术调查官、司法鉴定机构与专家辅助人组成的多主体协同技术事实查明机制。技术调查官制度在我国知识产权案件审理中已经适用多年，在生态环境审判领域也呈现设立的趋势，[①]也有学者提出在检察工作中同样需要建立技术调查官制度[②]。事实上，技术调查官不应只在审判工作中发挥作用，其职能在现场勘查中对于技术证据的现场提取与固定，乃至整个案件的侦查与诉讼都十分重要。司法鉴定机构是专门性问题的解决者，在诉讼中应当具有完全的中立性，不参与案件中事实问题的解决，只负责对专门性问题进行解答。但是，如何使用鉴定意见应是技术调查官协助司法工作人员的工作内容。在此基础上，专家辅助人制度是辩护方解读专门性问题的通道。这种分层协作机制不仅能保证技术事实认定的严谨性与准确性，也能够有效避免技术知识壁垒对司法决策的隐性干预，确保司法判断的独立性与客观性。

值得注意的是，在审判阶段引入技术调查官是十分重要的，其功能定位绝非传统专家辅助人的简单延伸，而是通过深度参与司法决策全流程，构建技术解析、法律转化、价值校准的协同认知链条。其核心作用体现为三重维度：其一，作为技术事实的"解译者"，通过算法逆向工程、数据流分析等，揭示技术系统的运行机理与风险节点；其二，作为法律评价的"衔接者"，将技术参数、代码逻辑转化为符合构成要件解释框架的规范语言；其三，作为决策风险的"预警者"，通过技术可行性评估预判裁判执行可能引发的系统连锁反应。这种角色的复合性要求技术调查官既具备跨学科的知识储备，又恪守技术中立的价值立场，其参与决策的深度与广度需通过程序规则严格限定，防止技术权力对司法判断的隐性操控。

最后，需要通过司法解释进一步明确算法可解释性的程序要求，将算法模型透明度、决策可追溯性以及偏差校正记录等要素正式纳入

---

① 赵文靖，李佩霖．技术调查官制度的内在逻辑与整体建构［J］．中国石油大学学报（社会科学版），2024，40（4）：40-46．

② 刘慧萍，刘勇．检察机关技术调查官制度的构建［J］．人民检察，2023（11）：34-36．

技术证据合法性审查的范畴，避免司法认知受到技术不可知论的实质架空。具体来说，在技术事实认定过程中，应明确要求算法开发主体提交算法设计原理说明、参数选择依据与决策模型的详细记录。司法机关应建立对这些材料进行实质审查的标准和程序，例如审查算法输入变量是否存在歧视性或误导性的数据来源、算法的决策链条是否具备充分的透明度，以及算法输出的法律责任边界是否清晰。这种程序上的严格要求将有效避免技术主体通过“黑箱技术”逃避法律规制的情形出现，确保技术系统的设计者、管理者与使用者都能被纳入法律监督的视野之内。

总体而言，技术事实的认知重构不仅是数字时代司法体系适应互联网金融犯罪的必然要求，也代表司法对新型经济犯罪治理理念的实质转型。通过建立精细化的技术事实审查标准和专业化的技术事实查明机制，司法机关能够在技术知识的复杂性与刑事治理的有效性之间构建起坚实的桥梁。这一过程不仅要求司法工作者具备相应的技术理解能力和跨学科知识储备，更需要通过法律制度创新，确保技术权力在司法审查的框架内被有效规制，实现技术进步与社会正义之间的动态平衡。

（二）法律事实的规范映射

法律事实的判定本质上是将技术事实纳入刑法规范评价的过程。如上一部分内容所述，在互联网金融犯罪的语境中，这一过程面临双重难题：一方面，技术架构的复杂性导致传统构成要件的证明陷入困境；另一方面，技术中立性原则与犯罪赋能效应之间存在价值冲突，要求刑法规范对技术行为进行精准的规范定位。为解决这一困境，需要通过《刑法》与《刑事诉讼法》之间的良性互动，构建技术行为与法律事实的动态映射机制。换言之，既要通过程序从技术架构中提取符合构成要件的行为要素，又要通过实体规范解释消弭技术语言与法律概念的语义鸿沟，从而将复杂的技术行为与法律评价体系进行有效衔接。

在互联网金融犯罪中，算法在犯罪实施中的角色已从工具属性上升为犯罪系统的组织原则，算法模型往往成为犯罪行为的直接生成主体和执行主体。这就意味着算法的设计、运行和调整构成了技术事实的主要内容，而这些内容必须通过法律规范的动态转化，映射为法律事实的构成要件。我们还是以算法操纵市场为例，技术事实可能表现为高频交易系统的参数设置、数据训练集的偏差性筛选、模型输出的异常波动等。此时，法律事实的认定需要完成以下三重转化：

首先，要通过技术行为的风险指向性分析，确认算法设计是否以扭曲市场供需关系为核心目的。在刑法评价中，故意是构成要件的重要因素，但是在涉及自动化交易和人工智能辅助决策的场景中，传统的主观故意判断面临技术性障碍。司法机关需要借助输入变量与输出结果的映射关系，分析算法模型是否内嵌特定的市场操纵规则。例如，如果高频交易系统在市场低流动性条件下，仍然以异常频率发出买卖指令，推高或压低市场价格，则可认定该算法具有扭曲市场供需关系的风险指向性。此时，即便行为人未直接操作市场，算法的设计逻辑与市场异常波动之间存在直接关联，也构成法律意义上的主观故意。

其次，要依据算法决策对市场价格形成的实际影响程度，判定技术行为与损害结果之间的规范关联性。在传统刑法理论中，因果关系的认定依赖“相当因果关系”或“必要条件理论”等[①]，但是在算法行为的自动化特征下，因果链条的断裂性成为司法认定的障碍[②]。为此，需要通过技术分析手段，量化算法对市场价格的直接影响程度。司法机关可以通过因果效应模型模拟市场正常波动与算法操作下的价格变化路径，确认算法输出结果与市场波动之间的统计显著性。当市场价格因特定算法行为在短期内发生显著偏离，且市场恢复时间超出正常波动周期时，可以推定算法操作行为与市场异常波动之间存在法律上的因果关系。

最后，要结合技术系统的自主学习能力，厘清开发者主观故意与算法自主决策的责任边界。机器学习模型在运行过程中可能通过强化学习或自我调整，形成新的操作逻辑。在这一背景下，开发者的初始设计意图与算法输出之间的责任界限成为刑法评价的难点。在某些高频交易案件中，开发者可能在初始阶段赋予算法“低买高卖”的策略

① 刘艳红．刑法学总论［M］．北京：中国人民大学出版社，2025：133-141.
② 参见本书第三章关于因果链条断裂的论述内容。

目标，但是在强化学习过程中，算法可能通过自我调整形成“市场跟随”或“波动放大”操作，进而导致市场异常波动。在这种情况下，司法机关需要区分开发者的初始设计意图与算法自主学习生成行为之间的责任关联。通过提取算法训练数据、强化学习路径和参数优化记录，司法机关可以确定开发者是否为算法非理性操作的生成源头，并据此在法律上明确开发者的共犯责任或主犯责任①。

1.建立技术行为与法律事实的动态映射机制

为实现上述技术事实与法律事实的动态映射，需要在刑事诉讼程序中建立专门的技术行为审查与规范对接机制。

首先，司法机关应确立技术行为类型化审查标准，根据技术架构的功能定位匹配差异化的证明要求。例如，对于直接涉及市场操作的高频交易算法、订单拆分算法等，应确立更为严格的行为关联性与结果导向性标准；而对于用于市场数据分析或投资决策辅助的智能模型，应结合模型的学习方式和数据来源，审慎认定算法行为的法律责任。

其次，需完善技术事实的法律解释规则。针对算法自主学习能力、强化学习路径、输入-输出偏差等问题，最高人民法院可通过发布指导性案例或司法解释，明确在技术犯罪场景中，如何将技术特征与法律构成要件进行有效匹配。例如，可以在司法解释中明确规定，对于涉及自动化交易系统的案件，当市场异常波动超过正常标准偏差的一定倍数，且市场恢复周期超出平均波动周期时，可推定算法存在“市场操纵”意图。

最后，建立算法责任推定机制。在涉及算法自主决策的场景中，如果开发者未对算法输出进行有效监控，或未在强化学习中设置安全阈值与风险监控机制，可以依据推定规则直接认定开发者在法律上的主观故意或过失。例如，如果高频交易算法在市场异常波动期间持续操作，开发者未主动介入修正或终止操作，司法机关可推定开发者具有“市场操纵”或“纵容市场操纵”的故意。

2.技术规范的司法适配与程序保障机制

在程序层面，司法机关需要通过完善技术适配机制，保障法律规

---

① 具体可参见本书第三章共犯责任认定的内容。

范与技术行为的协调适配性。首先，应在《刑事诉讼法》中设立算法审查程序，明确司法机关在涉及技术犯罪案件中的算法模型调取权限、技术参数审查标准以及算法决策解释规则。其次，建立跨部门技术审查与法律认定协同机制，将证券监管部门、央行、金融市场监管机构等纳入联合审查体系，确保算法模型的合法性与市场操作行为的合规性在司法审查中同步进行。

在程序保障机制方面，司法机关需要完善算法举证责任分配规则。在开发者、操作方与市场行为人之间，司法机关应依据算法自主学习程度、参数设置模式、输入数据来源等因素，合理分配举证责任。例如，在涉及自动化交易的案件中，如果算法具有“自主调整”能力，且开发者未在市场波动期间介入调整或修正操作，司法机关可以直接推定开发者有法律责任。

（三）社会效果的衡平考量

司法裁判的终极目标不仅在于个案正义的实现，更在于通过刑法适用对社会秩序和技术发展的引导作用。在新科技革命背景下，互联网金融犯罪作为技术与金融深度融合的犯罪形态，裁判结果不仅直接影响犯罪的惩治效果，更对互联网金融生态的技术发展方向、行业规范和社会秩序具有深远的结构性影响。换言之，司法对互联网金融犯罪的规制必须在惩罚犯罪与鼓励创新之间寻找动态平衡，在保护市场秩序与防范技术滥用之间把握利益张力，确保刑事司法对互联网金融犯罪的治理效果在经济效益、社会秩序与技术伦理之间实现整体协调。

在互联网金融犯罪中，技术的双刃剑效应尤为明显。一方面，算法、区块链、人工智能等新技术显著提升了金融服务的效率和可及性，推动了金融市场的多样化与全球化；另一方面，这些技术手段也成为犯罪分子规避监管、逃避法律责任的犯罪工具。司法机关在裁判互联网金融犯罪案件时，若过于强调技术工具的犯罪赋能效应，就可能导致技术创新受到不必要的抑制，金融科技领域的发展动力可能被削弱，影响整体经济运行效率。而若司法机关片面追求技术中立原则，放任算法、区块链和智能合约的技术属性对金融市场规则的扭曲效应，则可能造成市场操纵、非法集资、洗钱等犯罪模式的泛滥，最终损害市场秩序与公共利益。因此，司法裁判在规制互联网金融犯罪时，必须平衡技术创新与社会安全、金融效率与市场秩序之间的张力，避免“技术纵容效应”的极端后果。

在刑事诉讼的理论框架中，社会效果衡平的核心在于构建技术、法律、社会三重评价体系，通过技术维度、法律维度和社会维度的动态评估，确保裁判效果在惩罚犯罪与促进创新之间保持平衡。其中，技术维度的衡量主要聚焦于裁判结果对金融科技行业创新动力、技术应用合规性及系统性安全的影响。司法机关需要在裁判过程中考察涉案技术的开发模式、运行机制及安全边界，避免因司法裁判的过度干预破坏技术发展的自然规律。例如，在涉及算法高频交易案件中，司法机关应关注高频交易算法对市场流动性的促进效应，防止因全面禁止或严厉处罚削弱市场活力。法律维度的衡量强调裁判结果与现行法律体系的兼容性与一致性。互联网金融犯罪涉及的法律问题往往跨越《刑法》《证券法》《数据安全法》《个人信息保护法》等多个法律领域，裁判结果应当在不同法律规范之间保持体系一致性，防止裁判结果因规范冲突引发法律适用混乱。社会维度的衡量关注裁判结果对公众信任、市场预期及金融生态的长期影响。例如，在涉及虚拟货币洗钱的案件中，若司法机关一味强调对犯罪行为的严厉打击，可能导致公众对区块链技术的信任度下降，进而抑制合法区块链项目的融资与发展。

社会效果的衡量机制需要在司法程序中建立制度化的运行框架，确保裁判结果的社会价值取向具有规范性与可预测性。一方面，应建立社会影响评估报告制度，在涉及互联网金融犯罪的刑事案件中，检察机关在提起公诉时，应同步提交关于涉案技术模式、市场影响、社会风险的综合性评估报告。报告内容包括涉案技术的创新属性、法律风险、市场规范性及潜在社会危害性，供法院在裁判过程中作为参考依据。另一方面，应在法院内部建立技术风险审查小组，由技术专家、金融监管部门代表及行业协会代表共同组成，对可能对市场秩序与公众信任造成重大影响的裁判结果进行全面的社会效果预判。对于可能引发系统性金融风险或技术封锁效应的裁判，法院可根据社会效果评估结果，在判决中作出必要的风险提示或附加救济措施。

针对可能引发重大社会影响的案件，司法机关应完善社会影响听证机制[①]。在涉及重大互联网金融犯罪案件的审理过程中，法院可以组织金融科技行业协会、技术标准组织及金融监管部门代表参与听证，听取不同利益相关方对裁判结果可能引发市场影响、社会认知及行业规则的专业判断。听证的结果可以作为裁判理由的一部分，确保裁判结果具有广泛的社会共识与正当性基础。同时，为了有效应对互联网金融犯罪的社会效果风险，还需要建立跨境司法合作与规则协调机制。互联网金融犯罪的跨国界特征决定了单一国家的司法治理难以实现全面、有效的规制，因此，司法机关应加强与国际金融监管组织及跨境技术标准组织的合作，推动建立统一的跨国司法裁判规则，确保裁判结果在不同法域内的互认性与协调性，防止裁判结果因国家之间司法冲突引发新的市场风险。

## 二、程序参与的技术化重构

互联网金融犯罪的实施场域已从物理空间全面迁移至数字空间，犯罪行为的构成形式从直接的物质接触演变为虚拟世界中数据的流动与算法的运算。在这一背景下，程序参与权的实现不再是简单的“出庭在场”，而是对技术过程的穿透与掌控。犯罪行为的发生、发展和结果均由技术系统所塑造，犯罪指令可能以代码的形式触发，行为路径可能通过分布式账本传输，犯罪收益可能在匿名钱包中迅速完成清算。在这种情况下，司法机关若仅依赖传统的事实调查与法律适用框架，可能在程序上无法触及犯罪的本质特征，导致程序参与权沦为形式化的“信息展演”。因此，程序重构的核心在于通过技术工具与法律程序的深度融合，建立基于技术透明度、算法可解释性与数据可追溯性的程序保障机制，使被告方、控诉方与裁判机关在技术规则的框架下实现真正的对抗与平等。[②]司法机关需要掌握技术运行的内在逻辑，赋予当事人对算法模型的质证权，确保技术在程序中的应用处于法律规范与当事人监督的双重约束之下。技术赋能应当成为程序正义的保障工具，而非削弱程序公平的结构性障碍。

---

① ［1］高锋志，巴义尔达拉，吴佳颖，等．检察听证公开机制研究［J］．中国检察官，2024（17）：77-80.［2］张璇，张宇琼，王诗颖．大湾区检察听证机制完善路径考量［J］．中国检察官，2025（1）：73-76.

② 崔永存，程雷．网络时代法庭的概念变迁与形式改造［J］．人民司法，2021（22）：106-111.

（一）物理在场原则的数字化解构与重构

传统诉讼程序以被告人等当事人在庭审现场的物理在场为核心要素，这种制度安排不仅满足了诉讼对抗、证据质证与事实认定的需要，更体现了对人格尊严和程序正义的根本尊重。然而，互联网金融犯罪以其独特的数字化属性和虚拟化表现形式，深刻动摇了传统物理在场原则的有效性与正当性基础。在互联网金融犯罪中，犯罪行为并非通过传统的面对面形式完成，而是通过分布式账本技术、智能合约、匿名钱包与零知识证明等技术手段实现，犯罪主体的身份、犯罪实施的空间场景以及犯罪行为的证据形式都发生了技术性变革。

具体来说，我们可以从空间、身份识别、行为认识三个层面来看待这个问题。

从空间维度来看，互联网金融犯罪解构了物理空间的限制，转而以数字化的网络空间为核心场域。区块链、跨境支付系统、加密货币等技术手段不仅使犯罪行为超越了地理界限，也使犯罪结果即时传导到全球范围内，物理庭审聚集参与主体的模式已经难以有效应对这种去中心化、非实体化的犯罪形式。例如，资金在虚拟货币网络上的瞬时跨境转移使得犯罪结果的发生地点与犯罪主体所在地分离，司法机关如果仍然依靠物理空间的传统庭审结构，则不仅效率低下，更难以完整呈现犯罪过程的整体逻辑。[①]

从身份识别角度来看，匿名化与身份虚拟化技术对传统诉讼程序中的身份确认原则提出了巨大挑战。零知识证明、隐私计算等先进技术广泛应用于互联网金融犯罪中，使得犯罪主体的真实身份与犯罪行为之间的关系难以通过传统的身份核验机制予以证实。例如，犯罪主体可以通过匿名数字钱包实施犯罪，司法机关即便获取了相关数字钱包地址或账户信息，也难以准确地确认真实的自然人主体。物理在场原则依靠当事人“亲自到庭”的模式本意在于保障诉讼主体身份的真实性和可追溯性，但是在匿名化技术普遍应用的情况下，这一功能已基本失效。

从行为认知角度看，互联网金融犯罪的关键犯罪环节往往通过自动执行的算法逻辑完成，这种技术犯罪模式削弱了传统辩护程序中言

① 曲艺奇．刑事证人在线出庭作证制度研究［J］．西部学刊，2025（4）：104-107.

词辩论与直接质证的有效性。智能合约的自动触发机制和算法模型的自主决策过程，事实上已经取代了传统犯罪中的人为决策环节，辩护人或被告人难以对算法逻辑或智能合约的运行规则通过传统的言词质证手段进行有效挑战。这种技术黑箱现象严重损害了辩护权的实质行使，程序参与权被极大地削弱。

面对上述解构，简单地延续传统诉讼程序无疑难以满足司法程序的正当性和效率要求，因此，诉讼程序亟须进行基于数字技术的深度重构。具体而言，可以构建以“数字分身”[①]为核心的虚拟诉讼参与机制，作为物理在场原则的数字化替代方案。

首先，在身份验证方面，司法机关可以建立区块链身份认证体系，利用非对称加密和零知识证明技术，将诉讼主体的真实身份以加密方式储存在区块链网络中。这样一来，诉讼参与人虽然匿名出庭，但是司法机关仍能通过链上数据安全地核验其真实身份和参与资格，实现身份匿名性和身份真实性之间的有效平衡。

其次，在程序参与权的保障方面，司法机关可以构建以智能合约技术为支撑的程序权利自动执行体系，即通过预设的智能合约条款，自动触发辩护人和被告人的诉讼权利，如质证权、申请回避权、举证权和陈述权等。这样，在虚拟法庭环境中，当诉讼进入特定程序节点时，系统可以自动提醒并确保当事人权利得到充分行使，避免因技术操作的繁杂性或信息不对称造成诉讼权利的实质损害[②]。

更为重要的是，应构建面向互联网金融犯罪的跨域数字证据平台。借助联邦学习和隐私计算技术，司法机关可以建立分布式的电子证据平台，实现证据的分散存储、协同计算与集中展示。[③]在不违反数据主权原则的前提下，不同司法管辖区的数据能够在同一个虚拟诉讼空间内交叉验证并完整展现犯罪链条，克服了传统物理空间证据流转过程中存在的时效性不足、数据易被篡改或丢失等难题。司法机关还可以通过可信执行环境技术，实现诉讼过程数据的实时追踪、审查

---

① 李怡庆，李卫东．虚拟数字人：万物互联网的新物种［J］．融媒，2024（4）：17-21.

② 库雨欣，张迪．论元宇宙虚拟法庭最佳证据规则的适用完善［J］．市场周刊，2024，37（13）：154-157.

③ 齐爱民，倪达．元宇宙虚拟法庭的提出及其法律机制［J］．上海政法学院学报（法治论丛），2023，38（2）：58-72.

与审计，使诉讼程序的透明度和公信力显著提升。

最后，为保障这一程序重构的可行性与公平性，必须配套建立技术伦理审查机制和跨学科协同决策体系。一方面，需要设置技术伦理委员会，对虚拟诉讼平台涉及的区块链身份管理、智能合约程序执行、数字证据流转等技术进行事前伦理评估与事后合规审查；另一方面，司法机关需配备技术辅助官和法律技术专家，以技术与法律的双重视域协助法官破解案件审理过程中可能存在的技术黑箱问题，确保算法逻辑与诉讼规则之间的充分对接。这种跨学科协同机制不仅保障程序参与权的技术公平性，也有效防范技术手段对司法裁判的过度干预或事实认定的片面化。这两方面内容在前文已经进行了详细的论述，此处不再赘述。

（二）技术黑箱的透明化规制与辩护权能的重塑

算法在刑事司法中的广泛应用使得技术黑箱成为互联网金融犯罪案件中司法认定与程序保障的核心挑战。[①] 与传统犯罪案件中依赖物证、书证和人证不同，互联网金融犯罪涉及复杂的技术架构和算法模型。这些模型在生成输出结果的过程中，往往涉及复杂的输入变量、特征提取、参数调优与模型迭代等环节。由于算法具备高度的自适应性和动态演化能力，算法输出在不同环境下可能表现出不同的模式和逻辑，进而使刑事司法裁判在事实认定和证据审查中呈现不稳定性和不确定性。更为严峻的问题在于，算法决策的“不可解释性”直接削弱了辩护方的程序参与权和质证能力。[②]

当定罪量刑的关键依据是基于“不可解释”的算法输出时，辩护方几乎无法针对模型的核心判断逻辑提出有效反驳，导致辩护权能被严重削弱，程序对抗机制趋于失衡。算法输出的不透明性，实际上在刑事司法中形成了“事实垄断”与“技术霸权”，即控方通过算法模型生成的证据，直接定义了案件事实与责任归属，而被告方却无法有效获取算法的运行逻辑和决策过程，致使“控辩不平衡”在技术层面

① 刘宇琪，秦宗文．刑事证明中的预测性算法证据研究［J］．中国人民公安大学学报（社会科学版），2024，40（1）：75-88.

② 付琳．刑事司法中大数据分析报告转化为证据面临的现实困境及其破解路径［J］．四川警察学院学报，2024，36（5）：24-34.

进一步加剧。[①]例如，在涉及区块链洗钱的案件中，司法机关往往依赖第三方公司开发的资金监测系统生成的路径追踪报告作为指控依据，但是由于该系统的决策模型、特征提取标准和参数调整记录均属于开发公司的“商业秘密”，辩护方往往难以获取完整的信息，因而无法在庭审中对算法证据提出有效质证。

破解这一困境的核心在于通过建立系统性和操作性兼备的“算法解释请求权”与“算法审查机制”，使司法机关在适用算法证据时，能够在保障技术效能的同时，维护程序对抗结构的平衡性和被告方的程序参与权。[②]算法解释请求权的设立，不仅涉及被告人及辩护方在诉讼程序中的知情权与质证权，还涉及对算法模型本身的合法性、合规性与公平性的结构性审查。

1.算法解释请求权的确立与范围界定

破解技术黑箱的首要任务是确立算法解释请求权的法律基础与适用范围。当前，《刑事诉讼法》虽已确立被告人享有知悉指控证据内容并进行质证的程序性权利，但是在涉及技术模型生成的证据时，知情权与质证权的实现机制存在结构性障碍。算法证据的特殊性在于，模型的生成路径、参数设置、特征选择与输出结果之间的关联性往往存在高度复杂的技术逻辑，司法机关和控辩双方在技术理解和事实认定上存在明显的信息不对称。[③]

在互联网金融犯罪案件中，算法解释请求权的披露程度应当与案件的犯罪手段、定罪依据及量刑幅度相匹配。对于直接涉及定罪量刑的关键性算法，如高频交易操纵市场的量化模型、金融风险评估系统、反洗钱监测算法等，应当全面披露算法的输入-输出逻辑、关键参数设置、数据来源与算法调整历史。以高频交易市场操纵案为例，某交易模型在特定市场条件下持续触发买入、卖出指令，导致市场价格在短时间内大幅波动。法院在适用该模型生成的市场波动报告作为指控依据时，应当全面审查该模型在生成交易信号过程中的参数设置、触发条件与反馈路径。

---

① 潘金贵. 数字时代刑事证据运用的风险及其规制——以算法证据为分析视角[J]. 法治研究，2024（6）：26-42.

② 胡铭. 论数字时代刑事证据的三元结构［J］. 中外法学，2025，37（1）：45-64.

③ 刘品新，谢登科，裴炜，等. 电子证据的法治化路径［J］. 数字法治，2024（4）：6-27.

在披露路径上，司法机关需区分控方算法与犯罪算法的不同性质，建立差异化的解释请求权机制。对于控方使用的第三方算法，司法机关负有全面的披露义务。控方算法是案件事实认定和定罪量刑的直接依据，因此必须满足“可验证、可追溯、可解释”的法律要求。对于控方聘请的第三方公司开发的算法，法院可以通过限制性披露机制，在保障商业秘密和技术安全的基础上，向辩护方披露算法的核心运行逻辑和输入-输出路径。例如，在涉及跨境洗钱的案件中银行所使用的反洗钱监测系统生成的风险评估报告，司法机关应当披露系统使用的交易特征、行为模式识别标准及模型训练数据来源，以确保辩护方能够对算法输出提出有效反驳。

对于犯罪分子使用的算法，因其往往涉及犯罪行为本身的实施路径与行为故意的认定，司法机关在审查过程中，可以通过算法回溯机制，拆解模型的特征提取、参数调整与输出决策链条，以判断犯罪行为与犯罪结果之间的因果关系。例如，在涉及市场操纵案件中，犯罪分子使用的高频交易模型可能通过“自成交”策略短期内提升市场价格，法院可以通过模型回溯，确认该模型是否存在“价格影响意图”，从而认定犯罪嫌疑人在设计模型时的主观故意。

2. 建立算法证据的三性评估体系

为了使算法输出成为合法的刑事证据，司法机关需要在《刑事诉讼法》中建立基于真实性、完整性与一致性的“算法证据评估标准”，将算法证据纳入传统的证据审查体系。[①] 建立一套系统化、可操作的算法证据评估标准，不仅能够确保算法证据本身的合法性和科学性，还能通过规范化的审查机制，平衡算法模型的技术效能与刑事诉讼中程序正义的实现路径。真实性、完整性与一致性是传统刑事证据客观真实标准在算法证据领域的延伸，其核心在于通过全链条监管，保障算法证据在生成、展示和适用过程中具备合法性、稳定性和可预测性。

首先，真实性是算法证据作为刑事证据的基本前提。真实性的核心在于确保算法模型所使用的数据来源和数据生成方式具备法律上的

---

① 诸悦. 前车之鉴：美国版余额宝PayPal的倒掉［J］. 大众理财顾问，2014（1）：66.

正当性。由于算法的核心在于对数据的处理和识别，因此算法证据的真实性不仅涉及数据本身的来源是否合法，还涉及数据采集、存储、传输和处理过程是否遵循了相关的法律规定。例如，在反洗钱案件中，如果监测系统所使用的账户联动信息是通过非法途径获取的，那么，即便系统生成的报告在技术上具有“高置信度”，其证据效力在法律上仍可能因数据来源非法而被排除。

真实性的评估还涉及算法模型在运行过程中是否存在“训练集污染”或“数据注入攻击”等问题。例如，在某些涉及金融市场操纵的案件中，若模型在训练过程中使用了经人为干预或选择性筛选的数据，导致模型在特定市场条件下生成具有“操纵性”指向的输出，法院在审查中即便确认该模型在技术上具备“运行逻辑”，但是由于模型训练数据来源存在问题，所生成的输出报告在法律上可能无法作为有效证据使用。真实性的确认机制必须覆盖算法模型的全生命周期，包括数据采集来源的合法性、数据存储的安全性与完整性、模型训练过程的独立性与中立性，以及输出生成过程的合法合规性。[①]通过这一完整链条的审查，才能确保算法模型的合法性基础，进而为算法输出作为刑事证据提供技术与法律的双重保障。

其次，完整性是算法证据作为司法认定依据的重要技术保障。完整性的核心在于确保算法在生成输出过程中，模型的参数设置、路径逻辑和输出结果未受到外部力量或技术干预。[②]算法模型的完整性直接影响刑事案件中对因果链条的还原和行为责任的归属，特别是在涉及高频交易、市场操纵和跨境洗钱的案件中，模型在特定市场条件下的动态响应机制和适应性调整能力往往决定了输出结果的法律效力。例如，在市场操纵案件中，若某高频交易模型在不同市场环境下持续触发买入、卖出指令，导致市场价格在短时间内产生异常波动，法院在评估该模型的输出结果时，需要全面审查模型在不同市场环境下的触发条件、反馈路径与输出决策链条是否保持一致。如果模型在生成特定指令时，存在“中途干预”或“参数修订”记录，可能表明开发

① 李学尧．人工智能立法的动态演化框架与制度设计［J］．法律科学（西北政法大学学报），2025（3）：32-44．

② 参见：景奎，徐凤敏，王柯蕴．生成式人工智能传播风险：理论内涵、形成机理与治理策略［J］．西安交通大学学报（社会科学版），2025（1）：12．

者存在通过技术调整操纵市场价格的主观意图，从而导致算法输出证据的完整性被质疑。

完整性的评估还涉及模型运行的“自主性”与“受控性”之间的平衡。某些模型在生成输出的过程中，可能通过外部技术接口或参数指令受到开发者或操作方的实时调整，在这种情况下，即便模型的输出结果在技术上具备“闭环逻辑”，但是由于生成路径存在“外部控制”或“动态修订”，该模型的输出结果在法律上将不具备完整性。在司法实践中，完整性的确认机制可以通过模型日志审计、路径回溯和算法重演等方式实现。例如，法院在评估某一高频交易模型生成的市场操纵指令时，可以通过审计模型的历史参数调整记录和交易路径日志，确认模型在生成输出结果时是否存在异常调整或外部指令干预。这一审查机制能够有效防止开发者通过技术手段掩盖模型的“主观性”设计，确保模型的输出结果具备法律上的独立性与完整性[①]。

再次，一致性是算法证据在不同市场条件和动态环境下的稳定性与可预测性要求。一致性的核心在于确保算法模型在不同环境、不同参数调整和不同输入条件下生成的输出结果保持基本的逻辑一致性，避免因模型动态适应性或参数调整导致的“行为分裂”或“输出扭曲”。在涉及高频交易、市场操纵和跨境洗钱的案件中，算法的一致性直接决定了模型在不同情境下的法律效力。例如，在某涉及市场操纵的案件中，法院在审查某一高频交易模型的输出行为时，若模型在正常市场条件下保持基本的波动幅度，但是在特定市场环境下突然出现“超常规波动”，法院需要通过一致性分析，确认该模型在触发交易信号前后的参数设置、触发条件与输出路径是否保持一致。如果模型在正常市场环境下生成的买入、卖出信号与在异常市场条件下生成的信号存在明显参数调整或触发路径偏离，法院可以合理推定该模型存在“操纵性设计”或“外部干预”的可能性，从而否定其作为司法证据的合法性。

一致性评估还涉及模型在自我学习和动态适应过程中的“输出偏差”控制能力。某些模型在市场环境变化或输入参数更新后，可能因

---

① 武振国．人工智能辅助仲裁庭审阅证据的可控性研究［J］．上海对外经贸大学学报，2025，32（2）：85-95.

自适应学习能力导致输出结果出现短期偏差，这种偏差如果未能通过模型的鲁棒性检验得到修复，将导致模型在不同市场环境下的输出逻辑出现扭曲，从而在法律上构成“一致性缺陷”。在司法实践中，一致性的确认机制可以通过模型重演、参数回测和市场环境模拟等方式实现。例如，法院可以通过模型模拟，验证某一高频交易模型在正常市场环境与波动市场环境下生成的输出指令是否保持基本一致性，并通过算法回溯机制，确认模型在参数调整与学习路径中的链条是否保持逻辑一致。

（三）技术化重构的伦理边界与制度约束

程序参与权的技术化重构在提升司法效率、扩展权利保障维度的同时，也潜藏着技术权力异化的风险。当虚拟诉讼空间的技术架构由司法机关单方控制、算法解释请求权受制于技术能力鸿沟、智能合约自动执行削弱法官自由裁量空间时，程序正义可能被技术理性所吞噬。因此，必须建立严格的技术伦理约束机制，确保技术化重构始终服务于人的权利保障而非相反。[①]

这一约束机制需要从三个层面展开：首先，确立技术辅助而非技术主导的基本原则，明确算法决策的辅助性定位，禁止将技术模型的输出结论直接等同于司法判断；其次，构建技术与法律双重审查体系，对虚拟诉讼空间的技术方案进行合规性审查与伦理影响评估，确保技术架构符合程序法定原则与权利保障要求；最后，建立技术化重构的动态调整机制，通过司法大数据监测技术应用对当事人诉讼权利的实际影响，及时修正可能产生权利减损的技术方案。[②]在此过程中，应当特别注意防范技术能力不平等导致的诉讼权利失衡，通过公设技术辩护人制度、司法区块链算力公共池等配套措施，确保技术弱势当事人能够实质行使算法解释请求权与虚拟空间参与权。

程序参与权的技术化重构本质上是数字时代程序正义理论的范式革新。它既不是对传统诉讼程序的简单技术移植，也不是对物理在场原则的彻底否定，而是通过技术创新与制度变革的协同演进，在数字

---

① 汪庆华. 新技术新应用风险规制的结构性反思与法律理念的重塑［J］. 法律科学（西北政法大学学报），2025（3）：45-55.

② 刘永安. 人工智能赋能循环经济的伦理问题与对策［J］. 合作经济与科技，2025（8）：36-38.

空间重构对抗、参与、监督的程序正义三角。当技术工具成为延伸而非取代人类司法理性的手段时，程序参与权的数字实现将开创更具包容性、更富实效性的权利保障新纪元。这一进程的终极目标是使每一位诉讼参与者都能在技术增强的司法系统中，感受到公平正义的真实可及。

## 三、司法决策的协同化演进

互联网金融犯罪案件的技术复杂性和跨境特征，决定了刑事司法的单一主体运作模式已难以满足案件事实查明和法律适用的实际需求。在互联网金融犯罪中，犯罪行为的生成和实施往往涉及跨领域、多主体、多层次的协同操作，犯罪结果的产生和扩散也可能牵涉全球性的市场机制与金融系统。以跨境洗钱和高频交易操纵市场为例，犯罪分子可能利用境内外多层账户体系，通过匿名交易和算法自动化执行，瞬时完成大规模的资金清洗或市场操纵行为。这种"跨区域、跨领域、跨系统"的复杂性，使得单一司法机关在事实查明、责任认定和法律适用上存在天然的权能局限。更为严峻的问题在于，犯罪分子可能利用各国法律制度和金融监管规则之间的"制度套利"效应，在不同法域之间转换犯罪行为的形式和路径，逃避单一司法系统的追责。[①]在这种背景下，互联网金融犯罪的司法治理必须突破单一主体的裁判模式，通过多部门、多主体的协同机制，构建起跨部门、跨领域、跨国界的联合治理网络，形成技术、法律、监管三维互动的司法决策体系。

### （一）跨部门协同机制

在互联网金融犯罪治理中，跨部门协同机制[②]的构建是提升司法决策效能和精准度的重要路径。与传统的刑事案件不同，互联网金融犯罪涉及复杂的技术架构和市场机制，其犯罪链条往往横跨金融监管、跨境支付、去中心化交易、数字货币平台、第三方支付、反洗钱和数据安全等多个领域。犯罪主体通常是拥有技术优势的专业人士或

---

① 刘仁文. 网络犯罪的司法面孔［M］. 北京：中国社会科学出版社，2021：386-388.

② 王洛忠，徐成铭. 跨部门协同：我国智慧城市治理的运作机制与实践路径［J］. 北京师范大学学报（社会科学版），2024（6）：146-156.

企业经营者，他们借助匿名支付协议、跨链桥接、智能合约等技术手段，实施精准化、隐蔽性极强的犯罪操作。由于这些犯罪行为涉及多个法律领域和监管部门，单一的司法机关难以独立完成案件的事实查明和法律适用。[①]因此，建立跨部门的技术协作和法律配合机制，打破司法系统与监管系统之间的信息壁垒，构建“信息互通、证据互认、责任共担”的协同治理体系，成为提升互联网金融犯罪治理能力的关键环节。

互联网金融犯罪的复杂性主要体现在犯罪路径的跨领域性和跨系统性上。以虚拟货币洗钱为例，犯罪者通常会通过分布式账本技术在短时间内完成多次跨链交易，借助隐私币或闪电网络等技术，实现资金来源的彻底混淆。犯罪者可能在境内通过去中心化交易所将非法所得兑换成隐私币，然后通过跨链桥接工具将资金转移至境外，最后通过匿名支付协议完成洗白操作。在这一过程中，涉及的技术工具包括区块链协议、混币协议、智能合约和算法模型，涉及的市场主体包括去中心化交易所、场外交易平台、支付服务商和离岸银行。由于交易路径复杂且具备高度自动化特征，单一的司法机关无法完整掌握犯罪路径和资金流动情况。公安机关可能掌握账户信息和部分交易记录，但是交易模型的执行路径、合约触发条件和资金跨链流动的底层逻辑则掌握在区块链平台和算法开发者手中。在这种情况下，仅依靠公安机关或检察机关的传统刑事侦查手段，难以完成案件事实链的完整复原。

为解决这一问题，必须建立技术审查与市场监控机制[②]，使金融监管机构、数据管理平台与司法机关形成动态配合。司法机关可以在案件调查阶段授权金融监管机构和市场监管机构介入调查。例如，针对上述虚拟货币洗钱案件，法院可以授权金融监管机构对交易平台的混币协议执行路径进行解析，明确犯罪者在交易链条中所设置的算法逻辑和自动执行条件。若发现犯罪者在智能合约中设置“自动套利”程序，触发条件包括某一币种在不同交易所之间的价格差距或交易深度的波动，司法机关就可以通过技术审查报告确定犯罪者在算法配置

① 刘仁文．网络犯罪的司法面孔［M］．北京：中国社会科学出版社，2021：387.

② 彭贵才，娄金炜．跨部门协同法治化：定位、困境与进路［J］．青海民族大学学报（社会科学版），2021，47（4）：118-126.

与市场套利行为之间的因果链条。在这种情况下，金融监管机构的市场监控数据、交易模型分析和算法参数解析，构成完整的技术证据链条，辅助司法机关在裁判过程中认定犯罪者的主观故意和行为责任。

在涉及跨境支付和资金流动的案件中，跨部门的数据共享与路径追溯机制尤为重要。以非法跨境汇兑为例，犯罪者可能通过第三方支付平台完成匿名支付，并通过场外交易所或地下钱庄将非法所得转换成稳定币，再通过跨链桥接工具将资金拆分成小额交易，分散至多个境外账户。在这种情况下，犯罪链条涉及境内支付系统、跨境清算系统和境外银行网络，公安机关难以通过单一司法程序完成跨境交易路径的完整复原。为破解这一难题，需要在制度层面建立数据共享与路径追溯机制。

一方面，司法机关可以依托央行和反洗钱监管系统建立支付路径识别与追踪机制，通过区块链技术记录跨境交易的完整路径，形成动态化、可追踪的资金流动模型。央行可以通过区块链共识机制，生成交易溯源报告，明确犯罪资金的跨链路径、执行平台和接收方信息。公安机关和检察机关在调查过程中，可以根据路径溯源报告重构犯罪者在跨境交易中的操作路径，形成完整的行为链条。另一方面，需要建立跨部门数据共享协议，明确公安机关、检察机关、央行、金融监管机构、支付清算平台之间的数据访问权限和共享规则。司法机关在办理涉及跨境洗钱的案件时，可以根据共享协议调取支付平台的数据日志和交易记录，通过数据接口识别匿名交易模型和算法执行路径。例如，若某犯罪者在短时间内通过跨链桥接工具完成多次小额匿名交易，司法机关可以通过数据共享平台直接调取交易记录，结合支付系统的市场监控数据，判断交易模式与市场波动之间的联系，进而推断犯罪者在执行套利行为中的主观意图。

在涉及匿名支付和去中心化交易的案件中，司法机关与金融监管机构的权责划分需要明确。公安机关主要负责交易记录和通信数据的收集，央行和支付系统负责跨境交易路径和匿名交易模式的解析，检察机关负责结合交易路径和行为链条完成法律责任的认定；法院在裁判过程中，可以根据技术审查报告和路径溯源报告，形成完整的因果链和责任链。

跨部门协同机制的核心在于形成技术事实与法律事实之间的动态

互动。[①]技术事实的审查与解析可以通过第三方技术机构和市场监管平台完成，司法机关在裁判阶段应根据技术解析结果，认定犯罪者在市场行为中的技术责任和法律责任。为了防止跨部门之间的权责重叠或失衡，需要通过制度设计明确责任边界。

（二）跨国协同机制

在全球化金融生态中，互联网金融犯罪的跨境特性显得尤为复杂，这不仅要求国家之间的高效合作，更需要一个全面的法律和技术支持框架来共同应对这一挑战。面对由多国参与、跨多个司法管辖区的金融犯罪行为，如加密货币的非法交易、国际信用卡欺诈等，单一国家的司法机关在处理这些案件时，经常面临重大挑战。这些挑战包括但不限于管辖权的确认、证据的收集与国际法律的适用。

首先，构建跨国司法协作协议体系是迎接这些挑战的第一步。在实践中，国与国之间的合作通常受限于各自的法律制度和操作流程的差异，因此，制定具有法律约束力的双边或多边司法协作协议显得尤为重要。这些协议可以具体规定参与国之间在处理跨国金融犯罪案件时的操作流程，包括但不限于如何共享金融数据、如何进行资金追踪，以及在哪种情况下可以进行犯罪嫌疑人的引渡。通过这样的协议，参与国可以克服传统的法律障碍，提高处理跨国犯罪的效率和效力。

其次，随着科技的发展，特别是区块链技术在全球范围内的应用，建立跨境司法区块链机制成为可能。区块链的核心特性——去中心化、透明性和不可篡改性，使其成为处理跨国金融犯罪中资金流动追踪的理想工具。例如，通过区块链技术，可以创建一个全球性的金融交易数据库，该数据库能够实时记录和验证跨国交易活动，为各国执法机构提供准确、实时的金融交易证据。这种机制不仅可以加快证据收集的速度，还可以在保护个人隐私的前提下，提高数据共享的安全性。

最后，确立跨国法律适用协调机制是处理跨国互联网金融犯罪中不可或缺的一环。随着互联网金融市场的快速发展，新型犯罪形态不

① 王烨，孟天广. 横向权力结构与地方政府回应性：分职与协同［J］. 学术月刊，2024，56（2）：103-114.

断涌现，这些犯罪形态常常涉及多个法律领域，如刑法、商法、数据保护法等。这就要求国际社会在一个统一的法律框架下处理这些案件，避免因法律冲突或法律空白导致的执法难题。建立国际法庭或跨国司法仲裁机构，可以为这些跨法域犯罪行为提供统一的法律解释和裁判标准，确保法律裁决的公正性与效力。

## 第二节　证据审查认定规则的适应性改造

数字技术的深度应用正在解构传统证据制度的认知基础与运行逻辑。新科技革命背景下的互联网金融犯罪，其证据形态已从物理载体向数据流转变，证据生成从人工记录向算法自动化演进，证据效力从经验可验证性向技术可信性迁移。这种变革对证据规则提出了三重适应性挑战：其一，电子证据的虚拟性、易篡改性特征与传统证据真实性审查标准形成张力；其二，算法证据的自主决策特性冲击因果关系证明的线性逻辑；其三，跨境数据流动与分布式存储技术颠覆证据调取与认定的属地原则。在此背景下，证据规则的改造绝非简单技术要件的增补，而是通过法律规范与技术架构的深度融合，重构数字时代证据制度的认知范式与价值内核。

### 一、电子证据的真实性保障

电子证据的真实性保障是新科技革命下司法制度面临的深刻命题，其本质是法律价值与技术理性在新型证据形态中的再平衡。传统证据法建立在物质载体的可感知性与经验验证的可能性之上，物理证据的封存、移交、比对构成真实性审查的核心逻辑[①]。然而，当区块链技术将数据完整性托付给密码学协议、当联邦学习使得数据可用性与隐私性得以兼得、当智能合约自动执行法律预设的条件规则时，电子证据的生成、存储与流转已彻底突破了传统证据法的认知框架。这种技术革命不仅改变了证据存在的形态，更动摇了眼见为实的经验主义认知论基础，迫使法律体系在技术架构中重新锚定真实性的价值坐标。

---

① 潘金贵．证据运用实务教程［M］．北京：法律出版，2023：270-278.

（一）真实性审查范式的革命性转型

电子证据真实性审查在数字时代经历了范式的革命性转型，其核心在于信任机制从传统的制度背书向技术架构的公共可信性迁移。在物理证据时代，印章印文、签名笔迹、文书是否存在篡改等构成了真实性的核心审查要素，本质上依靠制度性权威为物质载体提供信任保障。而在数字时代，区块链存证通过分布式节点共识机制与密码学哈希值校验，构建了全新的去中心化信任体系。[①]区块链技术通过将数据指纹写入多链网络，利用链上时间戳、哈希算法和共识机制形成交叉验证网络，使得数据的真实性不再取决于特定机构的权威认证，而是依靠算法和网络节点共同维持的技术性信任。[②]这一变化使“原始载体”概念的法律内涵发生了根本性重构：在区块链环境中，数据的真实性不再由物理封闭性保障，而是由技术架构的公共可信度支撑。当数据指纹经由国家标准哈希算法生成并同步存证于链上，其证明效力在客观上已超越了传统原件的物理封存效力。

这一转变意味着法律需要适应数字时代的技术信任逻辑，将技术可信性纳入法律证明体系。[③]法律在真实性推定中，不能简单地以“链上即真实”作为原则性认定依据，而是需要在符合特定技术标准的前提下，推定链上数据的证明效力。这种推定的本质并非对技术的中立妥协，而是对新型信任机制的法律确认。换言之，法律要将共识机制、加密算法、时间戳链条的完整性作为真实性审查的重要内容，并在《刑事诉讼法》层面明确规定，凡符合特定区块链存证技术标准的数据，可以在程序上推定其真实性。这种推定为电子证据审查引入了链上数据推定真实的规范性依据，使司法机关能够直接依赖链上数据进行裁判，增强了电子证据审查的效率和法律权威性。

因此，真实性审查方法应从传统的经验判断与逻辑推理模式，逐步转向以数学完备性为基础的算法验证路径。在传统证据审查中，法官主要通过证据链条的完整性、矛盾排除的彻底性来判断证据的真实性；然而，在隐私计算和区块链存证场景下，数据“可用不可见”的

① 陈如超．电子证据审查判断的模式重塑——从混合型审查到分离型审查［J］．河北法学，2022，40（7）：46-72.

② 杨幸芳．论区块链存证真实性审查［J］．中国应用法学，2023（3）：175-182.

③ 自正法．刑事电子证据的审查：学理基础、实践样态与模式选择［J］．政法论坛，2023，41（2）：157-168.

特性导致传统的直接验证模式失效。以跨境洗钱案件为例，某被告人可能声称其交易路径合法且未涉及洗钱活动。在传统审查模式下，法官需要查看完整的交易记录和账户数据，以确定资金流动的合法性。然而，区块链由于采用零知识证明[①]和同态加密[②]等技术，被告人无法直接展示完整的交易路径和账户信息，但是可以通过构建特定的数学协议，证明其资金流动路径符合既定的反洗钱合规规则。

在这种情况下，真实性审查从直接分析数据内容转向间接验证算法协议的合规性。法官需要审查的已不再是交易数据本身，而是用于生成和处理交易数据的算法逻辑和协议合规性。例如，法官可能要求技术专家审查零知识证明协议的参数设置、加密方式与交易记录匹配性，以及共识机制在生成和验证数据中的一致性。如果这些技术性要素符合既定的法律和技术标准，法官就可以推定交易路径的合法性。

不难发现，电子证据的真实性审查已从“数据真实性”[③]转向“算法合规性”和“技术过程的可验证性”。为了适应这一变化，法律也需要构建三阶验证体系：第一阶是技术可信性，即通过审查哈希算法、时间戳链条和共识机制的完整性，确保技术过程本身的可信度；第二阶是算法合规性，即通过审查加密算法、隐私协议和数据结构的完整性，确保算法处理符合既定法律和监管要求；第三阶是法律正当性，即通过审查技术标准与法律规范之间的衔接，确保技术机制在法律框架内运行。这就意味着《刑事诉讼法》中“证据确实、充分”[④]标准也需要扩展为算法模型的数学完备性、训练数据的代表性、技术实施环境的合规性三方面综合审查。真实性审查不再局限于数据内容本身，而是延伸到生成数据的技术机制与运行环境。法律需要明确界定不同类型算法的法律效力和证明效力，建立算法标准、协议审核机

---

① 零知识证明的基本原理是基于数学算法实现的一种特殊交互过程，核心思想在于证明者向验证者证明某个陈述是真实的，但是在整个过程中，验证者无法获得任何与该陈述相关的具体信息。零知识证明广泛应用于隐私保护和安全领域，比如区块链交易匿名化、身份认证以及数据处理中的隐私计算等，既保障了数据的安全性，又兼顾了透明性与合规性。

② 同态加密是一种密码学技术，它允许在数据保持加密状态的情况下直接进行计算，而无须解密数据。这就意味着数据在整个计算过程中的隐私性和安全性能够得到充分保护，同时计算结果依然可以解密并得到正确的输出。同态加密技术为需要在敏感数据上进行操作的场景提供了一种安全的解决方案，例如云计算、金融分析、医疗数据处理等领域。

③ 郭华. 证据法学［M］. 2版. 北京：北京师范大学出版社，2023：253.

④ 姚建涛. 刑事诉讼法理论与实务［M］. 2版. 武汉：武汉大学出版社，2021：168.

制和技术参数法律规范，确保技术过程不仅在技术层面完整可信，而且在法律层面具有合法性和正当性。

（二）双链存证机制的协同构造

在此背景下，“双链存证+动态校验”机制应运而生，标志着法律与技术协同治理的深度演进。司法链与业务链的耦合设计本质上是通过制度约束将技术优势转化为司法效能。业务链确保数据在生成端即嵌入法律要求的存证要素，司法链则通过智能合约实现存证数据的自动校验与风险预警。这种机制不仅将真实性保障前移至数据生命周期源头，更通过代码规则与法律规则的同构化，消解了技术实施与法律要求之间的张力。法律规范的技术化表现为将存证频率、哈希算法类型、节点准入标准等要素写入技术协议；技术架构的规范化则体现在区块链节点的部署必须满足司法管辖要求，存证平台需要通过国家密码管理局的安全性认证。这种双向互构使得技术系统成为法律价值的承载者，而非游离于法律秩序之外的技术飞地。

（三）真实性推定的技术公信力建构

真实性推定原则的确立是技术公信力向法律效力转化的关键枢纽。当司法链的技术架构通过国家标准认证、开源代码审查与节点治理机制验证后，链上数据真实性的推定便具备正当性基础。这种推定并非绝对化的技术崇拜，而是建立在三重约束之上：其一，技术系统的可靠性必须经过周期性第三方审计，包括密码学强度测试、节点行为监控与应急响应能力评估；其二，数据存证过程需保留完整的操作日志与版本轨迹，确保任何技术异常均可追溯至具体责任主体，其三，当事人保留通过数学方法证伪的权利，可以使用经认证的算法工具对存证数据进行逆向验证。这种“推定+可反驳”的制度设计既维护了技术效率带来的司法革新，又坚守了程序正义的底线要求。

（四）动态校验的权利平衡术

动态校验机制的引入彰显了新科技革命下证据审查的平衡智慧。在技术效率与诉讼权利的张力之间，法律需要建立梯度化的验证规则：对于关涉人身自由的核心电子证据，允许当事人申请国家级司法鉴定机构进行全量技术审计；对于辅助性证据，则采用抽样验证与可信第三方报告相结合的简化程序。在商业秘密保护与公众知情权的冲突中，可控解密技术使得部分算法逻辑的有限披露成为可能，既能避免核心技术泄露而损害企业的创新动力，又能保障当事人对关键证据的质证权利。这种精细化的平衡术本质上是通过技术手段实现法律价值的精准分配，使效率与公正、秩序与自由在数字司法中获得新的均衡点。

## 二、算法证据的可采性标准

在本章第一节我们提到，随着数字技术的广泛应用，算法证据正在成为刑事司法中认定事实的重要工具。然而，这类证据的自主性、隐蔽性和复杂性给传统证据规则带来了巨大挑战。比如，机器学习模型可能通过分析历史数据来预测犯罪风险，神经网络算法可以识别行为之间的关联，而联邦学习技术能够整合分布式数据来强化证据效果。这些技术改变了证据审查的方式，从过去依赖经验和直观判断，逐渐转向技术验证、过程分析和系统认知。在这种情况下，算法证据的使用需要打破传统审查标准的局限性，建立新的判断体系。这一体系应包括技术的可靠性、法律的相关性以及伦理的正当性，形成多维度的审查框架。这不仅是规范技术使用的必要步骤，也是保障数字时代司法公正的重要选择

### （一）技术可靠性审查

与传统物理证据依赖直接观测和经验法则不同，算法证据的生成和适用更多依赖复杂的数据处理、算法建模和自动化决策过程。在这个过程中，算法系统的黑箱特征、训练数据的偏差以及模型推理逻辑的不透明性，使得算法证据的客观性和中立性受到广泛质疑。传统刑事司法制度在面对算法证据时所遵循的“可见性”与“可验证性”规则已难以适配数字时代的技术现实[①]。在此背景下，技术可靠性审查的核心任务在于通过法律制度与技术标准的深度融合，重构算法证据的客观性基础，使技术系统的科学性、解释性与法律适用性相统一，确保算法证据在刑事司法中的有效性与正当性。

技术可靠性审查的本质是通过建立可验证的技术系统，构建从证

---

① 王立梅，刘浩阳．电子数据取证基础研究［M］．北京：中国政法大学出版社，2016：70.

据生成、存储到应用的完整信任链条，确保算法证据在事实认定、责任归属和法律适用过程中的科学性和中立性。传统物理证据的客观性建立在来源真实、内容完整、形式合法的证据法基础上，司法机关可以通过对物理证据的观察、测量和分析，直接判断证据的真实性和完整性。[①]然而，算法证据的本质是基于大规模数据集的推理结论，涉及复杂的数据清洗、特征选择、参数配置和模型训练过程，这一生成逻辑往往超出普通司法机关的技术理解范畴，因此，算法证据的客观性必须通过算法模型的可解释性和可复现性加以确认。

1.数据源的纯洁性审查

数据源的纯洁性直接决定了算法推理过程的科学性和客观性。在本章第一节我们提到，算法模型的推理逻辑高度依赖训练数据集的完整性与真实性，任何形式的数据污染或偏差均可能导致模型输出结果的系统性扭曲。在传统刑事司法中，证据真实性主要依赖物理证据的来源合法性与内容完整性，但是在算法证据中，数据的真实性与完整性往往被掩盖在复杂的数据收集、处理和清洗过程中，使司法机关难以直接观测数据在算法模型中所扮演的角色。[②]因此，算法证据的可靠性审查必须建立在对数据源纯洁性的全面审查之上。

在算法模型的训练过程中，数据采集的代表性与全面性是决定模型输出结果公正性的关键要素。某些算法模型在训练阶段可能由于数据采集的区域集中性或人群属性的不均衡，在推理结论中出现了系统性偏差。例如，在再犯风险评估系统中，如果训练数据主要来自某些高犯罪率地区或特定群体，模型在推理过程中可能默认将这些地区或群体的人群识别为高风险对象，从而在司法裁判中形成事实上的结构性歧视。[③]这种系统性偏差的存在使得算法推理结论在法律适用过程中可能直接侵犯被告人的平等权与正当防卫权。为了防止这种现象的发生，司法机关通常会要求算法开发者必须提供训练数据的完整元数据，包括数据采集来源、数据标注方法、数据清洗规则以及数据结构特征等信息。通过对元数据的全面审查，司法机关可以识别训练数据

---

① 刘建华. 网络陷阱与数据侦查［M］. 武汉：武汉大学出版社，2020：270.

② 王燃. 大数据时代侦查模式的变革及其法律问题研究［J］. 法制与社会发展，2018，24（5）：110-129.

③ 刘志强. 论大数据侦查与人权保障规范体系重构［J］. 学术界，2021（8）：165-174.

中的潜在偏见，防止由于数据来源不均衡或数据标注规则不规范在算法推理中出现事实性错误。

然而，算法模型在推理过程中可能通过自我学习机制，形成对数据的隐性歧视。例如，某些高频交易模型在市场波动期间可能自动调整算法参数，通过强化交易信号来谋取利益，这种模型的自我强化机制可能在刑事案件中造成事实误判。因此，司法机关应当通过建立数据血缘追踪机制，对算法模型的训练数据流转路径进行全程记录和可视化存储。区块链技术的不可篡改性和分布式共识机制为算法模型的数据流转记录提供了技术保障。通过建立区块链数据溯源系统，司法机关可以准确识别训练数据的来源与流转路径，确保训练数据未被恶意篡改或人为操控，从而为算法推理结论的客观性提供技术支持。

2.模型构建的透明性审查

模型透明性[①]是算法证据客观性的直接反映。传统物理证据的认定过程建立在司法机关对证据内容的直接观测与认知能力上，但是算法模型的内部推理过程被复杂的神经网络、深度学习框架与自适应学习机制所掩盖，司法机关无法直接理解模型推理的完整逻辑。在“黑箱化”状态下，算法模型的内部参数、特征选择与损失函数配置可能成为系统性偏见或事实扭曲的根源。因此，模型透明性审查的核心在于打破算法模型的“黑箱化”，使司法机关能够完整理解模型的推理逻辑，进而对模型推理结果的合法性与客观性进行独立判断。这部分内容在前文技术黑箱的透明化规制与辩护权能的重塑中已经提及，彼时是从对辩护权保障的视角展开讨论的，这里我们从证据的审查视角进行阐述，二者一体两面，因此这里仅简单提及理念，具体内容不再赘述。

模型透明性审查的首要任务是要求算法开发者提供完整的算法架构设计文档，详细披露特征选择、参数配置、正则化策略及损失函数设计的依据。对于涉及刑事裁判的算法模型，特别是在量刑建议、再犯风险评估等领域，模型开发者需要明确说明模型在生成推理结论过程中所使用的变量类型、变量权重及修正路径，防止模型

---

① 郭藏龙，张岚，叶晓俊．网络安全审查中的透明性研究［J］．通信技术，2018，51（4）：913-918．

通过不透明变量配置引发事实上的结构性歧视。此外，司法机关需要在模型评估阶段，通过引入第三方技术机构，采用模型穿透式审查机制，对模型在不同场景下的推理过程进行全程跟踪和重演，以识别模型在不同数据场景下的适应性和一致性，确保模型输出结论的普适性与科学性。

3.模型效能的稳定性审查

模型效能的稳定性直接决定了算法证据在不同司法场景下的适用性。算法模型在不同时间段、不同数据集及不同场景下的输出一致性直接关系到算法证据的客观性与合法性。某些算法模型在特定训练集下可能表现出较高的准确率，但是在实际司法场景中，由于数据结构的变化或市场波动的冲击，模型推理结果可能发生偏移和扭曲。因此，算法效能的稳定性审查需要重点关注模型在跨场景应用时的适应性与一致性。司法机关应当通过建立模型鲁棒性与泛化能力测试机制，采用混淆矩阵、ROC曲线与F1值等关键指标，分析模型在不同数据环境下的输出稳定性。[①]通过对抗性训练与模型压力测试，司法机关可以有效识别模型在不同场景下的敏感度与适应能力，防止模型在司法适用过程中因数据偏移或异常样本输入而出现推理结果的系统性偏差。

（二）法律相关性审查

随着大数据和算法模型在刑事司法领域的广泛应用，算法证据的法律相关性问题日益成为影响事实认定和法律适用的关键难题。在传统证据制度中，相关性通常依据经验法则和逻辑推理加以判断，法官通过事实与事实之间的因果链条，结合社会常识和法律规定，确认证据与待证事实之间的联系。[②]然而，算法证据的生成机制与传统物证或人证存在本质差异：算法模型的预测能力建立在海量数据训练和复杂的统计学习过程上，其推理逻辑往往是通过相关性模式的识别形成的，而非基于个案事实的因果判断。[③]因此，算法证据所揭示的“强

① 万季玲，曹利峰，白金龙，等. 面向区块链网络的异常检测方法综述［J］. 计算机工程与应用，2025（13）：78-99.

② 蒋平. 计算机犯罪与电子取证研究［M］. 北京：社会科学文献出版社，2018：186.

③ 孙其华. 算法时代的预测性警务：实践样态、多重风险与规制路径［J］. 河南警察学院学报，2025（3）：99-107.

相关性”可能只是数据结构或训练规则的产物[①]，并不必然反映待证事实之间的因果联系，这就引发了法律意义上的“相关性悖论”，即算法证据在统计意义上的相关性与法律意义上的因果关系之间存在逻辑脱节。

在传统证据规则中，相关性被界定为证据与案件事实之间的“有助于证明”关系。例如，在刑事案件中，犯罪嫌疑人在案发现场的指纹、DNA或目击证言，与案件事实之间通常存在自然因果联系，因此法官可以直接据此认定相关性。然而，算法证据并非直接客观事实，而是通过机器学习模型推理生成的“相关模式”，这种模式可能受到数据偏差、算法参数设定、训练集规模等因素的影响，使所谓的“相关性”仅在统计层面成立，而在法律层面并不存在真正的因果链条。例如，某算法模型在再犯风险评估中发现，某地区的犯罪率与居民教育水平之间存在高度相关性，但是这一结果可能仅反映了特定数据集的结构性偏差，或者受限于算法设计中对特定变量的过度加权，而非教育水平与犯罪行为之间存在法律意义上的实质因果关系。因此，算法证据的法律相关性审查必须突破传统的经验法则和统计学意义，建立从数据输入、算法建模到输出解释的完整审查体系，确保算法证据在法律事实认定中具备规范效力和合法性。

1.特征变量的法律过滤机制

算法模型在训练过程中通常通过自动特征选择和自适应学习过程，发现大量复杂变量之间的共现模式或统计相关性。在算法推理中，某些非直接相关变量可能通过复杂的参数调整和特征增强，表现出对模型输出的显著影响，从而在统计结果中呈现高度相关性。然而，这种相关性未必具有法律上的证明效力。

以再犯风险评估模型为例，某算法模型可能在训练过程中发现，被告人居住区域、教育背景、家庭结构、社交网络活跃度等变量与其再次实施犯罪之间存在显著的统计相关性。[②]这种社会特征变量虽然在统计层面可以提高模型的预测精度，但是在法律层面存在严重的规

① 冯伊蜓. 算法预测性警务的风险辨析及应对［J］. 长治学院学报，2024，41（1）：43-50.

② 骆晓一，王超. 数据挖掘模式下的再犯风险评估研究［J］. 山东警察学院学报，2016，28（6）：87-94.

范性缺陷。一方面，居住区域、社会身份和教育背景等变量涉及人格尊严和个人隐私的核心范畴，若司法机关直接依据这类变量认定再犯风险，可能侵犯被告人的平等权和反歧视权，进而违反《中华人民共和国宪法》和《刑事诉讼法》中的正当程序原则；另一方面，这种统计相关性可能是数据结构偏差或算法设计缺陷的产物，并不必然指向行为与结果之间的法律因果关系。因此，法律相关性审查应建立严格的特征变量过滤机制，对可能引发歧视性判断或侵犯人格尊严的变量进行全面清理。

为了实现这一目标，可以通过立法或以司法解释的方式，明确列出负面清单，规定禁止将种族、性别、宗教信仰、婚姻状况、社会身份等涉及个体基本权利的变量纳入算法模型的输入特征。同时，对于其他可能与案件事实存在潜在联系的社会性变量，应设置严格的相关性证明门槛，要求司法机关通过格兰杰因果检验、反事实分析等因果推断技术，证明该变量与待证事实之间存在超越统计学意义的实质性因果关系。

格兰杰因果检验[①]可以通过时间序列数据分析，判断某一变量的变化是否在时间序列上“引发”了另一变量的变化，从而构建行为与结果之间的时间顺序和因果链条。反事实分析[②]则通过“反事实模拟”技术，构建在不同条件下的平行世界场景，以验证某一变量的存在或不存在是否影响行为结果的生成。例如，在一起市场操纵案件中，若模型发现某种交易行为与市场价格波动之间存在高度相关性，反事实分析可以通过构建“行为发生”与“行为未发生”的平行场景，验证市场价格波动是否在“行为未发生”的情况下依然存在。如果波动仍然存在，则相关性不足以证明因果性，从而不能直接作为法律证据使用。

2.算法输出的法律解释框架

算法模型的输出结果通常以聚类、分类、回归或概率预测的形式呈现，这种输出形式与传统法律事实认定所依赖的规范语言之间存在

---

① GRANGER C W J. Investigating causal relations by econometric models and cross-spectral methods [J]. Econometrica, 1969, 37 (3): 424-438.

② 高枫，冷严，陈菲. 基于反事实文本去偏的多模态情感分析 [J]. 陕西师范大学学报（自然科学版），2025, 53 (1): 81-91.

显著鸿沟。算法输出结果的可解释性和法律解释框架的构建直接决定了算法证据在法律适用过程中的合规性和正当性。例如，某算法模型可能在欺诈案件中发现，某类交易模式与非法获利之间存在聚类关系，模型输出的结果可能是该交易模式属于高风险欺诈模式，但是这一结果仅在算法模型的特征空间成立，尚未与法律意义上的欺诈定义相对应。在这种情况下，法律相关性审查的核心任务是通过算法可解释性技术，将技术语言转化为法律语言。

司法机关可以通过引入 LIME（Local Interpretable Model-agnostic Explanations，一种局部可解释性方法，能够解释机器学习模型的预测结果）技术①，将模型输出结果分解为特征贡献度，识别出模型判断的主要特征因素及其在模型决策中的权重。通过这种方式，法官可以明确判断某一交易行为是否具备法律上的欺诈构成要件，如是否存在主观欺诈意图、是否造成实际损失、是否存在因果关系等。只有在模型输出结果与法律构成要件之间建立起明确的要素对应关系时，算法输出才能被认定为法律事实，从而具有法律相关性。

3.相关性证明的技术标准

在法律事实认定过程中，算法输出的相关性强度直接决定了证据的证明力。若算法输出的相关性水平较低，可能使事实认定出现误判和司法偏差。因此，法律制度应明确设定算法证据的相关性证明标准，通过效应量分析、显著性检验等统计方法，量化模型输出与案件事实之间的相关性强度。一般而言，当相关性效应量低于中等水平时，应排除该证据的法律证明效力，防止因弱相关性误导事实认定。同时，应赋予被告方对算法相关性提出异议和反驳的程序权利，确保算法证据的可质证性和公平性。

（三）伦理正当性审查

算法推理的复杂性和模型架构的“黑箱效应”可能使技术偏见、价值倾斜和社会不公隐性嵌入司法决策系统，最终导致技术治理滑向技术专制。前文我们详细介绍了算法模型如何通过对训练数据的学习，建立输入与输出之间的概率关联，这种“概率化”的认知模式并

① HASSAN U S，ABDULKADIR J S，ZAHID M S M，et al. Local interpretable model-agnostic explanation approach for medical imaging analysis：a systematic literature review［J］. Computers in Biology and Medicine，2025，185（2）：1-30.

不必然与法律事实和司法正义相契合。特别是在涉及身份特征、社会地位、经济背景等因素时，算法可能通过特征加权、参数优化和损失函数设计等环节，强化某种隐性社会偏见或权力不平等结构，从而形成对特定群体的系统性不公。伦理正当性审查的使命在于通过程序化机制揭示并矫正算法证据中潜藏的价值偏差，确保算法在刑事司法领域的应用符合宪法秩序、司法伦理和社会公平正义原则。

1.算法公平性审查

算法公平性问题是算法证据伦理审查的核心内容。在大数据和机器学习模型中，算法的“学习”过程本质上是通过对训练数据的统计建模，建立输入特征与输出结果之间的概率关联。但是这种关联性可能来源于数据集的不均衡、特征选择的偏向性或算法参数设置的倾斜性，最终使算法输出结果在群体层面形成结构性不公。以信用评估模型为例，某算法模型可能通过对消费者的居住区域、教育背景、职业类别等特征进行建模，从而发现某些群体在偿付能力上的统计优势或劣势。但是这种统计相关性未必反映实际的个体能力，而可能是历史数据存在地域性歧视、职业结构性不平等或经济发展水平差异所导致的“数据偏差”。如果司法系统直接采信这种偏差性输出，将使特定群体受到不公平待遇，强化社会不公正结构。因此，算法公平性审查应建立在对群体公平性和个体公平性的平衡上。

在群体公平性维度，司法机关可以通过引入机会均等性测试来检验算法输出在不同群体之间的一致性。具体而言，司法机关应要求算法开发者提供模型在不同群体中的分类正确率、错误率、召回率等关键参数，并通过交叉验证技术，评估模型在不同种族、性别、地区和职业群体中的适用差异。如果发现某些群体的被错判率显著高于其他群体，或者某一群体在模型输出中系统性地处于不利地位，则可判定算法存在隐性群体歧视，从而要求算法开发者在参数调优过程中加入“平衡损失函数”或“加权补偿机制”进行修正。

在个体公平性维度，司法机关可以通过对等比较测试来检验算法模型在个体层面的一致性。在相同背景下，模型是否对不同主体输出一致的判定结果。例如，在涉金融欺诈案件中，如果两个行为模式完全一致的交易人因其居住区域或教育背景不同而被模型输出为不同的欺诈风险等级，则表明算法存在对个体特征的歧视性加权。为了避免此类偏见，司法机关可以要求算法开发者采用对抗性训练机制，通过构建与原始模型相对抗的“纠偏模型”，削弱算法对非核心特征的依赖性，从而实现对算法输出偏差的动态修正。

2.社会影响审查

算法模型在刑事司法系统中的应用可能在社会层面引发“技术自我强化”效应，即算法模型通过对过往数据的学习，强化社会中既有的不平等结构，并通过模型的输出结果影响个体行为，最终在社会层面形成技术、社会、法律三重结构的自我闭环。例如，在治安预测系统中，某算法模型可能基于既有的犯罪率数据，识别出某些区域存在较高的犯罪风险，并据此调整警力部署和巡逻频率。这种策略可能进一步导致该区域的犯罪发现率上升，进而反向强化模型关于“高犯罪率区域”的既定判断，形成算法治理的“闭环强化”效应。

为了防止这种现象出现，社会影响审查需要通过技术伦理听证程序介入，即在算法证据投入使用之前，要求开发者向司法机关提交社会影响评估报告，详细评估算法模型在社会层面可能产生的结构性不公、系统性偏见和社会信任危机。

（四）可采性标准的系统性整合与制度效能

三阶审查标准并非彼此孤立的程序环节，而是通过技术、法律与伦理的深度耦合形成的系统性治理框架。技术可靠性审查为证据能力奠定客观性基础，法律相关性审查构建事实认定的规范桥梁，伦理正当性审查则守护司法价值的终极坐标。这种整合性审查机制的法理价值有两点：通过技术治理的规范化，将算法权力纳入法治轨道；通过法律判断的技术化，增强事实认定的科学理性；通过伦理评价的程序化，维系司法正义的价值内核。

制度效能的最大化需要三项配套措施：其一，建立算法证据开示的双轨制规则，对涉及商业秘密的算法核心参数设置保密质证程序，平衡知识产权保护与辩护权保障的冲突；其二，构建跨学科技术陪审员制度，遴选兼具计算机科学与法学背景的专家参与证据审查，弥合技术认知鸿沟；其三，开发司法区块链存证平台，将算法证据的审查过程、技术参数与决策逻辑全程上链，通过时间戳与哈希值校验实现审查轨迹的可追溯、可验证。唯有通过这种系统性制度设计，算法证据的可采性标准才能超越单纯的技术合规性审查，真正成为数字时代司法公正的技术守门人与价值守护者。

## 三、证明责任的动态分配

数字技术的非对称赋权正在重塑刑事诉讼证明责任的底层逻辑。当算法证据、分布式账本、联邦学习等技术要素深度嵌入犯罪流程时，控方借助技术工具形成证据优势，被告人则因技术壁垒陷入“证明不能”的困境[①]。这种失衡不仅侵蚀程序正义的实质内核，更可能导致技术权力与司法权力的合谋异化。解决这一困境的出路在于构建证明责任的动态分配机制，通过法律规范与技术治理的协同设计，在技术理性与权利保障之间重建实质平等的诉讼格局。这一机制绝非对“谁主张谁举证”原则的背离，而是通过风险分配规则的适应性调适，实现数字时代诉讼公平的价值回归。

### （一）技术权力失衡与证明责任分配的法理重构

#### 1.技术引发的诉讼失衡

在传统刑事诉讼中，证明责任的分配通常基于举证能力均衡这一基本假设，即控辩双方在信息获取和证据解析能力上处于相对对等的状态。然而，互联网金融犯罪中技术手段的复杂性、隐蔽性和封闭性已打破了这种均衡结构。这种技术赋能型犯罪引发的诉讼失衡集中体现在三重困境之中：

首先，技术封闭性导致证据信息的实际剥夺。互联网金融犯罪往往依赖高度复杂的算法模型和分布式架构，交易路径和行为模式被嵌入封闭的系统环境之中，导致控方即便掌握了行为结果，也难以通过直接证据揭示其生成逻辑。[②]例如，在某些量化交易操纵案件中，犯罪分子利用自编算法模型对市场价格进行短期操控，司法机关虽然可以通过交易记录发现市场异常波动，但是由于算法模型采用封闭源代码和隐私协议，控方在取证阶段难以直接进入系统获取底层交易指令和算法参数。这种信息屏蔽效应直接削弱了控方在事实认定和证据链条构建上的能力。

---

① 齐恩平．大数据侵权证明责任分配：法治化国家治理视角下的完善策略［J］．理论与现代化，2024（6）：36-50.

② 王宁．电子数据的相关性问题研究［M］．武汉：武汉大学出版社，2021：232.

其次，算法不可解释性导致反证能力[①]的消解。在涉及机器学习和人工智能模型的犯罪案件中，模型的自我学习和参数优化路径往往具有“黑箱效应”。以智能合约欺诈为例，犯罪者可能通过深度强化学习模型，在智能合约中设置动态套利路径，实现自动化的跨市场操纵。在此背景下，即便司法机关掌握了交易记录和市场反应数据，也难以通过直接分析模型逻辑来建立明确的因果关系。更为复杂的是，机器学习模型的生成路径和决策规则往往不具有直接的可解释性，犯罪者可以用模型自主学习作为抗辩理由，否认其在算法决策中的主观故意。由于算法生成路径在技术上难以完全复原，被告人的反证权利在事实上被剥夺，这使得传统诉讼结构中被告人可为自己辩护的基本权利受到侵蚀。

最后，跨境数据管辖冲突导致证据合法性证明责任的虚置。互联网金融犯罪往往涉及跨国交易和全球市场，犯罪分子通过境外注册公司、离岸账户和匿名交易协议完成资金流动和清洗，使司法机关在证据调取和路径追溯时受制于国际法域冲突和主权壁垒[②]。以跨境洗钱案件为例，犯罪者可能通过某国的加密货币交易所将非法所得转换为稳定币，再通过跨链协议在不同市场之间完成交易。由于交易所可能设立在对本国法律不承认或缺乏司法协作机制的国家，司法机关即便掌握了交易路径，也可能无法获得交易所的数据，从而使证据链条中断。这种跨境障碍直接导致证明责任的实际落空，控方在事实查明阶段面临路径完整性缺失和交易身份匿名化双重挑战。

2.证明责任分配问题

在此种情况下，传统的举证责任分配机制已无法有效平衡控辩双方在技术层面的结构性不对等问题，因此，可以考虑重新构建证明责任分配机制，通过动态化规制消除现有的失衡问题。动态化的证明责任分配机制在法理上具有充分的正当性，其理论基础可以追溯至现代诉讼法中的风险归责理论。[③]该理论认为，在案件事实查明过程中，若一方在客观上掌握信息优势或技术优势，另一方因举证能力不足而无法有效履行证明责任时，法律应通过重新配置证明责任，平衡双方

① 郭华. 证据法学［M］. 2版. 北京：北京师范大学出版社，2023：59.
② 刘仁文. 网络犯罪的司法面孔［M］. 北京：中国社会科学出版社，2021：397.
③ 张迪. 数字时代犯罪数额证明体系反思与重释［J］. 法学，2025（1）：140-156.

的举证能力，防止信息垄断方利用其优势逃避法律责任。在互联网金融犯罪案件中，由于算法模型、跨境交易和智能合约等技术特性大幅增加了证据收集和解析的复杂性，必须根据具体情况重新分配举证责任，以增强司法体系在技术犯罪治理中的实效性。

首先，在算法证据的技术复杂性背景下，控方应承担更多的证明责任。算法模型在生成路径、参数选择和特征构建方面的复杂性，使得控方在面对被告基于“算法中立”或“模型自主运行”提出的抗辩理由时，往往难以直接反驳。鉴于控方在算法解析和技术理解方面的天然劣势，法律应赋予控方更多的权力，以提高其举证能力。司法机关可以通过建立算法解析平台或设立专门的技术证据审查机构，赋予控方调取、解析和验证算法模型生成逻辑的权力。在涉及智能合约欺诈或算法操纵市场的案件中，控方应被允许调用专家证人、技术审计报告以及算法溯源工具，全面检视模型在生成、运行和输出过程中的合规性。若控方未能充分证明算法模型的合规性，法院可以对该模型输出的证明力作出减损性评价，甚至直接剔除其作为直接证据的效力。通过这种方式，法律可以在技术复杂性背景下，强化控方在算法证据审查中的主导地位，平衡技术优势所带来的举证障碍。

其次，在算法架构和模型运行由被告人掌控的情况下，被告人应承担更多的信息披露义务。在互联网金融犯罪案件中，被告人往往通过自主开发的模型或架构实施犯罪行为，算法模型的生成路径、参数配置和特征构建均掌握在被告人手中。在此类案件中，若被告人以“算法自主运行”或“模型中立”为抗辩理由，法律应明确要求其主动披露完整的算法架构和生成路径。被告人应在法庭上提交包括算法参数设置、特征提取逻辑、模型训练数据、输出验证方式在内的详细技术文档，接受控方和法院的全面审查。若被告人拒绝披露，法院可在不利推定的基础上，直接认定其存在主观故意，并对其在犯罪生成和犯罪结果中的直接责任作出推定性判断。例如，在涉及智能合约自动执行的诈骗案件中，若被告人拒绝披露合约架构和资金流转路径，法院可在证据链不完整的情况下，直接推定被告人具有操控市场或非法牟利的主观故意，从而认定其直接责任。

最后，在跨境数据获取受阻的情况下，控方的证明难度应通过国际协作机制予以缓解。互联网金融犯罪案件往往涉及跨境交易和跨链套利，犯罪行为发生在全球分布式节点之间，资金流动通过隐私币和跨境交易平台完成，这使得控方在取证和证据获取方面面临巨大的跨境障碍。不同国家在数据存储、隐私保护和司法管辖方面存在法律冲突，导致控方难以在跨境环境下完成完整的资金追踪和交易记录核实。为了排除这一结构性障碍，法律应推动与主要国际市场和跨境交易平台之间的司法协作，构建跨境数据取证协议和金融交易信息共享机制。司法机关应与全球主要交易所、支付平台、区块链节点运营商签署数据调取协议，允许控方在经法定程序授权的前提下，直接调取交易所的账户记录、资金流动路径和交易时间戳数据。例如，在涉及跨链套利和境外加密货币交易的案件中，控方可以通过司法协作协议直接接入交易所的数据接口，利用区块链全节点技术追溯交易路径，确保链上和链下数据的完整性。通过国际司法合作和跨境数据共享，减少控方在取证环节因跨境障碍造成的举证困难，强化司法体系在全球化背景下的跨境执法能力。

动态化的举证责任分配机制的根本价值在于通过法律机制的再分配，弥补技术优势与举证能力之间的结构性失衡。在算法复杂性背景下，通过增强控方的算法解析和溯源能力，要求被告人承担更多的信息披露义务，并通过国际司法合作排除跨境数据获取障碍，法律可以重建互联网金融犯罪案件中的举证平衡，确保在高技术犯罪环境下的程序公平和实体正义。技术优势的存在不应成为逃避法律责任的理由，司法体系必须通过举证责任的动态调整，确保被告方的技术优势不会转化为司法不公的屏障。通过这种动态化调整机制，法律可以在面对新科技革命带来的复杂犯罪形态时，提高法律效果和技术治理能力。

### （二）算法证据的控方证真义务与技术验证程序

前文我们提到“技术客观性”背后的模型设计、数据采集和算法训练过程存在高度的不透明性和复杂性，使得被告人在对抗算法证据时陷入严重的信息劣势。为了防止算法证据的技术霸权取代法庭的理性审查，必须确立控方在使用算法证据时的先行证明义务，并通过技术验证程序和法律审查机制构建证据准入的双重标准，确保算法证据在科学性、合规性和关联性方面均满足法定要求。

算法证据的特殊性在于其生成路径涉及复杂的模型训练、参数调优和特征构建过程，这种技术特性直接导致控方在算法证据使用中的举证负担增大。与传统的书证、物证不同，算法证据并非客观存在于外部世界的“事实物”，而是通过机器学习模型在特定输入条件下生成的“推演性事实”。例如，基于机器学习模型生成的欺诈概率报告或交易路径分析，虽然能够在统计意义上呈现一定的规律性和倾向性，但是这种推断关系的有效性和准确性直接取决于模型的构建方式、数据集的代表性和算法的公平性。因此，算法证据的证据能力并非天然存在[①]，而是需要通过控方在技术和法律层面完成充分的举证，才能获得司法认定。

在技术层面，控方的证明责任表现为对算法证据科学性的先行验证。司法机关应明确要求控方在提交算法证据时，同时提供完整的模型生成文档，涵盖模型的全生命周期记录，包括但不限于以下内容：其一，训练数据集的来源与分布特征。控方需说明模型所使用的数据集是否满足代表性和完整性要求，特别是在涉及人口特征、市场行为等领域时，控方需证明数据集能够覆盖案件所涉行为模式的整体特征，且不存在数据偏倚或采样不足的问题。其二，特征工程的方法论依据。控方需披露模型在特征提取、特征转换和特征选择过程中的方法论逻辑，确保特征构建能够科学反映案件所涉事实行为的核心要素，防止因特征选择失误导致证据失真。其三，超参数调优的逻辑路径。控方需明确模型在调参过程中的目标函数、约束条件和最优解区间，证明算法输出结果是经过充分的参数调优和模型优化后获得的科学结果。其四，模型效能的验证报告。控方需提交模型在不同数据集、不同场景下的表现指标，包括召回率、精准率、AUC等，证明模型的稳定性、鲁棒性和可解释性。

为了防止算法证据的选择性失真[②]，法律应要求控方提交独立的第三方技术审计报告。第三方技术机构通过对抗性测试、噪声注入、数据扰动和特征遮蔽等方式，验证模型在极端条件下的表现，确保模型输出结果不因环境变化、数据波动或外部干预而出现偏差。例如，

① 胡巧莉. 人工智能服务提供者侵权责任要件的类型构造——以风险区分为视角[J]. 比较法研究，2024（6）：57-71.

② 张志霞，徐汝梁. 信息异化视角下数字环境的风险具象与治理逻辑［J］. 图书馆，2025（5）：32-40.

在跨境交易路径分析中，若模型在某一特定时间段内出现交易路径断裂或输出异常波动，第三方技术机构需要对此进行溯源分析，明确异常是否因算法设计缺陷、数据干扰或外部操纵所致。唯有通过独立审计机构的双重检验，才能确保算法证据的科学性与稳定性。

在法律层面，控方的证明责任主要表现为对算法证据合规性的审查与举证。算法证据的生成涉及数据采集、模型训练和结果输出等环节，这些环节的合规性直接关系到证据的合法性与采信力。因此，法律应明确控方在算法证据使用中的合规性证明责任，主要包括以下三个方面：首先，数据采集的合法性。控方需证明训练数据的采集符合《个人信息保护法》的最小必要原则，避免通过大规模、无边界的数据采集侵犯被告人或第三方的个人隐私。例如，在涉及跨境资金流动的案件中，若模型的训练数据涉及境外主体的交易记录，控方需证明数据的采集已获得合法授权，且不违反数据本地化存储要求。其次，算法设计的合规性。控方需证明算法模型的设计遵循《新一代人工智能伦理规范》[①]的透明度和可解释性要求，确保模型输出结果在逻辑上可以追溯，且不存在隐性歧视或操控市场的不当影响。最后，模型输出结果与案件事实的关联性。控方需证明模型输出结果与案件所涉事实存在直接或间接的关联性，特别是在涉及复杂交易路径或跨链套利的案件中，模型输出结果应与交易记录、合同文件或账户活动等外部证据形成完整的证据链条，确保算法证据的证明力具备客观性和一致性。

算法证据只有同时通过技术验证与法律审查的双重考验，才能获得证据能力和法庭采信力。若控方在模型合规性、算法科学性或证据关联性上存在重大缺陷，法院应直接削弱或剔除其证明力，防止因技术优势造成证据霸权。这种技术验证与法律审查的结合机制能够有效避免因算法不透明性和技术复杂性导致的司法不公，确保算法证据在司法适用中的正当性和权威性。

### （三）技术中立抗辩的证明责任转移与实质性质证

在技术中立抗辩中，控辩双方的证明责任分配存在结构性失衡。

---

① 《新一代人工智能伦理规范》是国家新一代人工智能治理专业委员会于2021年9月25日发布的规范，旨在将伦理道德融入人工智能全生命周期，为从事人工智能相关活动的自然人、法人和其他相关机构等提供伦理指引。

按照传统证明规则，当被告主张其技术工具具有广泛的合法用途时，被告需承担全面举证责任，包括提供技术用途的完整记录和潜在的非犯罪用途的具体数据。然而，在现代技术环境下，算法系统和分布式架构的复杂性使得被告很难在合理期限内满足这一全面披露要求。为了打破这种结构性不公平，我们提出构建动态化的证明责任分配机制，即当被告能够对技术工具的合法用途提出合理的初步证据后，证明责任应当从被告转移至控方，由控方承担更多的举证责任，证明该技术工具在具体案件中的犯罪助力功能。在实践中，动态责任转移机制的运行需要构建“技术披露”与“实质性质证”两大核心程序。

在技术披露环节，被告需承担有限的技术说明义务。这种义务的合理界限在于平衡商业秘密保护与司法发现真相的价值冲突。具体而言，被告需披露以下三类信息：第一，技术工具的基础架构文档：被告需提供技术工具的基础设计框架，包括软件架构、核心模块设计和接口规范等内容。这种基础性信息能够帮助法庭判断技术工具的基本功能。第二，标准操作流程：被告需说明技术工具在典型应用场景中的操作路径和输出结果，特别是在涉及金融交易或市场行为时，要披露工具的输出机制和适配参数。第三，典型应用场景：被告需列举技术工具在现实场景中的常见用途，特别是合法用途和合理商业模式。为了避免对被告造成过度披露负担，法律应允许被告在披露过程中对核心算法参数和特征选择逻辑予以保密，除非这些内容涉及直接的犯罪行为。例如，被告在披露区块链架构时，可以豁免对具体的哈希算法和加密方式的披露，但需披露区块链的共识机制和账本节点配置。

在实质性质证环节，证明责任由被告转移至控方，控方需通过技术和法律相结合的双重审查，证明技术工具在具体案件中具有显著的犯罪助力作用。控方的证明责任包括以下三个核心要素：其一是犯罪助力功能的存在。控方需证明技术工具是否包含或隐含特定的功能模块，这些模块在犯罪实施中是否具有直接助力作用。例如，若智能合约工具具有自动分拆交易、绕过KYC认证或隐匿资金流向的内置功能，控方需通过技术审计和源代码分析，证明这些功能的存在。其二是技术配置的默认设置或推荐参数是否构成犯罪便利。控方需证明技术工具在默认配置或官方文档中，是否存在鼓励或默许犯罪的技术设置。例如，若某个交易平台默认采用匿名交易模式，并在官方文档中声称可以“保障交易隐私”，控方可以此作为平台协助犯罪的证据。其三是技术提供方的主观意图或间接故意。控方需证明技术提供方是否在技术开发或推广过程中，针对犯罪场景进行优化或适配。例如，若某个金融技术公司在宣传材料中强调其平台能够帮助客户“绕开监管”，这可作为控方证明主观故意的重要依据。

## 第三节　程序机制数字化赋能的路径探索

### 一、侦查程序的技术规制

新科技革命的技术发展使刑事诉讼程序得到了新的动力，影响了侦查、起诉和审判的各个阶段。具体到侦查阶段，数字技术使得侦查与犯罪之间呈现出一种博弈状态。侦查机关在利用技术手段的同时，犯罪分子也通过技术手段改变了犯罪手段。这就引发了一个重要问题：侦查机关是否可以为了追求实体正义而无限制地使用技术？为了防止侦查机关过度使用权力，我们应当在整个刑事诉讼流程中对其进行适当控制，通过制度设计来防范技术治理的异化风险。在此部分，我们将重点从诉讼的角度对侦查程序进行控制，对于侦查实体的技术赋能问题将在下一章中详细讨论。

（一）大数据侦查的法治化重构与边界控制

大数据侦查的法治化转型需直面传统侦查法理与数字治理现实的断裂。当非接触式数据挖掘突破物理空间的限制、关系图谱分析解构行为隐私边界、预测性警务系统重构犯罪嫌疑标准时，侦查权的运行逻辑已从“行为响应”转向“数据驱动”。[①]这种转型对法律规制提出了双重挑战：其一，传统技术侦查条款的立法模式界限不清，无法满足现实需求；其二，数据采集的隐蔽性与规模性导致比例原则适用失焦。我们可以从授权机制、数据范围、程序控制三个层面，探寻技术赋能与权利保障之间的动态平衡。[②]

---

①　艾明，欧凯文．预测性侦查的权力扩张与程序规制［J］．中国人民公安大学学报（社会科学版），2024，40（4）：75-87．

②　赵祖斌．在合理范围内处理：大数据侦查中个人信息保护与利用的平衡［J］．中国海商法研究，2025（1）：56-65．

1.技术侦查的实质性解释

传统技术侦查规则在立法设计上的模糊性与有限性已难以适应现代大数据侦查手段的复杂性和扩展性。根据《刑事诉讼法》第一百五十二条的规定，技术侦查措施的适用对象、种类和期限必须经过严格审批，并严格按照批准的内容执行。然而，该规定并未明确列举技术侦查手段的具体范围和种类，而是采取了原则性授权的方式。[①]在传统实践中，技术侦查手段主要集中于监听、监控、定位、录音、录像等方式，但是在面对新型大数据侦查手段时，这种原则性授权机制已显现出适用上的局限性。

在现代大数据侦查中，侦查机关不仅可以通过社交媒体、电子支付平台和搜索记录实现行为轨迹的精准定位，还可以通过智能合约和分布式账本溯源交易路径，甚至通过生物识别系统捕捉面部特征或行为模式。这些新型技术手段的共性在于通过算法模型、机器学习和数据挖掘，能够在短时间内关联大量行为数据，形成犯罪嫌疑人的“技术画像”[②]。上述新型手段虽然大大提高了犯罪发现和追踪的精准度，但是也导致对个人信息和隐私权的干预强度远超传统手段。更为复杂的是，现代大数据侦查行为往往涉及跨平台、跨境和跨法域的数据流动，侦查行为的合规性和合法性难以简单适用传统的监听或监控模式。

正因如此，授权机制的重构是大数据侦查法治化的首要任务。现行《刑事诉讼法》第一百五十二条在技术侦查措施适用方面采取了严格的审批程序，但是未能对新型大数据侦查手段的合法性和边界作出明确规定。由于新型侦查手段通常涉及数据爬取、社交网络分析、算法筛选、跨链溯源等高度专业化的技术操作，若不通过法律规范加以明确，可能出现技术手段的滥用与侵权。例如，算法模型可以通过对社交网络的情感分析或网络交易的行为模式匹配，构建出犯罪嫌疑人的社会关系网络，但是这种技术路径可能涉及大量无关人员的信息收集，进而侵犯无辜者的隐私权。因此，必须通过扩展解释和功能调

---

① 王仲羊．监控类技术侦查的范围界定与规范完善——论《刑事诉讼法》再修改［J］．法治研究，2024（5）：119-132．

② 任炳高，康杰．大数据时代侦查画像技术的发展与应用［J］．广西警察学院学报，2024，37（4）：15-22．

整，将包括非接触式数据挖掘、生物特征识别、区块链追踪、算法筛选在内的新型大数据侦查手段纳入《刑事诉讼法》的技术侦查范畴。在具体操作中，可以从以下三个方面推动授权机制的重构：

首先，基于教义学的展开，采用目的解释定义技术侦查的范围。技术侦查的本质在于对公民权利的干预性，无论手段是通过物理侵入、网络抓取，还是算法模型筛选，只要该行为在客观上对公民的隐私权、信息权或人身自由产生实质性影响，就应纳入《刑事诉讼法》第一百五十二条的调整范围。司法机关在案件审查中，不应局限于传统的技术侦查手段，而应基于行为效果进行目的解释，明确新型技术侦查的法律效力。

其次，应当根据侵犯公民权利的对象，构建类型化侦查手段的分级授权机制。针对不同类型的数据和信息，建立梯度化的法律授权模式。例如，对于涉及通信内容、生物识别数据、DNA数据等核心隐私信息的数据，必须采用最严格的法律保留原则，要求法院或独立监督机构签发特别授权令状；对于行为轨迹、社交网络分析、交易数据等衍生数据，可由检察机关或侦查机关在内部授权程序下进行必要性和比例性审查；对于公开数据和非敏感信息，可由侦查机关在遵循比例原则和最小必要原则的前提下，自主决定采集范围，但是需要事后备案并接受监督。

最后，应当完善算法模型和技术路径的合法性审查制度。这部分内容前文已有详细论述，这里仅做简要介绍。例如，在算法筛选和数据挖掘过程中，司法机关应当设立独立的算法审查和技术合规性检验程序。对于可能涉及大规模隐私数据抓取的算法模型，要求提交完整的建模报告和技术合规性分析，确保算法模型在数据获取、特征提取、行为分析等方面符合法律和伦理规范。建立第三方算法审计制度，要求算法供应商对模型的逻辑透明度、偏差修正和公平性作出详细说明，以防止算法模型在技术结构上存在合规性漏洞或侵犯隐私的隐患。

在这种授权机制重构框架下，刑事侦查行为将从传统的模式升级为前文提出构建的动态归责模式。技术侦查不再仅是手段的列举和功能的设定，而是通过目的解释、类型化授权和技术路径审查，建立起一种动态适应技术演化的新型侦查法理结构。这种结构的重塑不仅能够确保新型技术侦查手段在法律框架内运行，还能够通过强化程序正义与实质合规，真正实现“技术赋能”与“权利保障”之间的平衡。

2.“最小必要”的清单制度

在大数据侦查的法治化重构中，程序控制层面的“最小必要”原则构建至关重要。大数据侦查手段的技术特点在于算法系统在数据抓取和分析过程中可能涉及大量与案件无关或非必要的信息，甚至在一定程度上形成“数据过载”或“隐私泛滥”。[①]例如，社交网络分析系统在筛查犯罪嫌疑人的社交关系时，可能涉及大量第三方无辜者的隐私数据，构建出并不必要的社会关系图谱，甚至涉及无辜者的通信记录和社交活动细节。再如，行为轨迹追踪系统在定位嫌疑人行踪时，可能同步抓取大量与案件无关的地理位置数据，甚至在案件已侦破后，仍可能存储和利用这些数据，导致数据滥用和公民隐私被过度侵害。必须通过制度设计，构建严格的“最小必要”清单制度，确保数据采集的合法性和适度性。这一清单制度的核心目标在于将大数据侦查中涉及的各类信息进行分层和分类，明确区分核心必要数据和辅助关联数据，确保算法系统在采集和分析过程中，严格遵循必要性和比例原则，避免超范围、超权限无序采集和滥用。

第一，建立算法模型的自动校验机制，确保“最小必要”原则在技术层面得到落实。在大数据侦查过程中，算法系统通常会基于关联性建模的方式，自动在广泛的数据池中筛查与案件有关的证据或行为模式。然而，这种建模机制可能导致“数据溢出”现象，即在抓取相关数据的同时，非相关或超范围的数据也被同步采集，进而侵犯无辜者的隐私。为此，有必要在算法系统中嵌入自动校验机制，当数据爬虫或模式匹配算法在数据抓取过程中涉及与案件无关的敏感信息时，系统应当自动中止数据抓取，并向监管机构或司法审查机关发送自动警示报告。该机制的有效性依赖算法模型在建模时所设定的边界条件和阈值参数。

第二，强化数据使用与存储的安全控制，确保数据采集后的管理合规与正当。在大数据侦查过程中，数据的使用和存储环节是潜在的

① 赵祖斌．生成式人工智能对个人信息保护的冲击及纾解——基于侦查场景的分析［J］．情报杂志，2024，43（11）：174-180．

风险高发区。即使在数据采集阶段严格遵循了“最小必要”原则[①]，若在数据存储和使用阶段未能建立严格的安全控制机制，同样可能导致数据泄露或被非法使用。为此，必须建立分级加密和匿名化处理机制，在数据存储过程中，对不同敏感等级的数据进行分层保护。具体分类可以参考前文分级授权机制。数据存储过程中的权限管理也应通过法律规范加以明确。司法机关在调用相关数据时，应明确授权范围和数据用途，严禁超范围或超期限使用。在案件侦破或审理结束后，数据存储机构应在法律规定的期限内对非必要数据进行销毁，防止数据的二次利用或非法扩散。

第三，完善违规采集的法律追责机制，确保“最小必要”原则在法律层面得到强力保障。“最小必要”原则的实施离不开严格的法律责任机制作为保障。对于违反“最小必要”原则、超范围或超权限采集数据的行为，必须建立清晰的法律责任追究框架，明确法律责任主体和责任承担方式。例如，对直接负责的数据抓取人员和算法设计者，若其在算法参数设置或模型训练过程中存在主观过失，导致数据超采或隐私泄露，需追究其行政责任或刑事责任。对负有审批职责的侦查负责人，若其在批准或监督算法使用过程中存在严重失职或放任行为，导致数据滥用或信息泄露，需追究其失职渎职责任。对算法供应商或技术服务商，若其提供的算法模型存在重大安全漏洞或技术参数设置不合规，导致数据超采或非法使用，需根据《网络安全法》《个人信息保护法》等相关法律，追究其民事赔偿责任和行政处罚责任。

（二）预测性警务与大数据侦查的关系厘定

在现代科技革命背景下，随着大数据与人工智能技术的不断进步，预测性警务已成为一种重要的社会治理手段，尤其是在预防犯罪和主动干预方面展现了独特的优势。然而，尽管预测性警务与大数据侦查在技术应用、数据基础和算法模型等方面有着高度的重合，但是二者在法律适用、程序启动以及功能定位方面在应然层面应当有本质差异。理解这种差异并厘清预测性警务与大数据侦查的关系，对于建

---

① 韩关锋，陈刚. 隐私计算在大数据侦查中的应用研究［J］. 中国人民公安大学学报（社会科学版），2023，39（4）：60-69.

立更加完善的法律框架和规制机制具有重要意义。

1.预测性警务的程序属性与立案制度的冲突

预测性警务作为一种基于历史数据、行为模式、地理信息以及社交网络等因素的犯罪风险预测和干预手段，在新科技革命背景下，尤其是在人工智能的推动下，发生了深刻的变化。从传统的情报警务和信息警务到如今的智能化、预测性警务，这一演变使得预测性警务与现行《刑事诉讼法》中的立案制度之间存在根本性冲突。在过去，警务工作主要依赖情报警务和信息警务。情报警务基于警察与社区的互动，通过获取公众举报或警方的初步情报来作出犯罪预防。[①]而信息警务是在信息技术的帮助下，通过对犯罪数据和趋势的收集与分析，帮助警方更好地理解和应对犯罪形态。[②]随着人工智能和大数据技术的迅猛发展，预测性警务逐渐形成，它基于对历史数据、行为分析、社交网络及地理信息的广泛整合，能够对犯罪发生的可能性进行事前预测，提前介入和防范。这种转变标志着警务从单纯的反应性向预防性转变，逐步引领犯罪预防的新趋势。通过机器学习和数据挖掘，预测性警务能够处理海量信息，并利用算法模型预测出未来可能发生的犯罪热点区域或高风险个体，提前采取相应的应对措施。这种创新性的侦查手段显然不同于以往的传统模式，本质上具有强烈的预防性质，并且逐步演化为具有侦查属性的工具。

然而，在我国现行《刑事诉讼法》中，侦查活动的启动有明确的程序规定，必须在立案后才能启动侦查程序[③]。即使在侦查初查环节，也不得采取侦查措施。这种制度设定有其历史与现实的合理性[④]，它能确保侦查活动的规范性，防止过度干预和无端侦查对公民个人自由的侵犯。然而，预测性警务是在技术革命下的创新工具，在一定程度上超越了传统立案制度的要求，其核心功能之一是通过数据分析和模型预测，对未来可能发生的犯罪进行预警，并提前进行干预。这种“事前预防”的方式无法满足现行立案制度对“犯罪事实发

---

① 王生安．情报信息导向警务模式的实践与思考［J］．中国人民公安大学学报（社会科学版），2006（4）：90-94.

② 王嘉贤．论信息时代的警务数据开放制度［J］．公安学研究，2021，4（2）：34-50；123.

③ 李晶．浅谈刑事立案制度中的侦查启动程序［J］．学习月刊，2011（22）：40.

④ 刘玉江．刑事立案意义的消解与制度重构［J］．江苏警官学院学报，2009，24（3）：9-15.

生”[①]的前提要求。预测性警务通过算法模型识别出潜在的高风险个体或群体，但是此时这些人或行为即使事实上已经构成实际犯罪，预测模型的结果也只是作为侦查立案线索，如需查明犯罪事实，显然已经不应包含在预测性警务的范畴之内。

同时，这种冲突不仅体现在程序上的不适配，还涉及警务活动的合法性和公正性。预测性警务的本质是犯罪预测模式，不具有侦查属性。它是基于数据的决策，可能过度依赖技术系统，进而可能导致对公民隐私权的过度侵犯。因此，如何在尊重公民基本权利的基础上有效运用预测性警务、如何在确保技术创新和犯罪预防的同时避免技术滥用，成为一个重要的立法和实践难题。当然，这不是本书研究的重点，此处不再论述。

在此背景下，如何平衡预测性警务的创新性与现行立案制度的程序性要求，成为立法和司法实践中的一个核心问题。由于预测性警务更多地侧重于未发生犯罪的预测与干预，它的运用不能仅依赖传统的侦查启动条件，因此，需要对立案制度进行调整和完善[②]，以适应现代科技所带来的挑战。对于具体路径而言，可能需要重新界定“侦查活动”的启动条件[③]，将预测性警务纳入新的程序框架中，允许其在特定条件下进行合法的预警和干预。这就意味着传统的侦查标准将被更新，使预测性警务的技术手段可以在不损害公民基本权利的前提下，对高风险行为和个体进行提前监控和干预。此时预测性警务的启动应当依赖更为细致的法律和程序规范。例如，建立严格的技术合规性审查机制，确保数据来源的合法性，确保预测性警务不偏离法律框架，且不侵犯公民隐私。与此同时，必须强化对数据使用的监控，防止技术滥用和过度干预。对于预测性警务的实施，应当设立严格的法律授权，确保其活动符合合理性、必要性和比例原则，并在必要时接受司法审查。这部分内容我们将在后文详细讨论。

2.预测性警务与大数据侦查的实质重叠

预测性警务与大数据侦查在技术架构、操作路径和数据基础等层

---

① 朱良．论刑事立案标准的三重意蕴［J］．贵州社会科学，2022（3）：96-104．

② 姚石京，于宝华．刑事立案制度的“是”与“非”［J］．华东政法大学学报，2008（5）：88-93．

③ 朱良．我国刑事立案制度的发展轨迹与未来展望［J］．河北法学，2021，39（12）：106-122．

面存在高度融合，但是在功能定位和法律属性上存在本质差异。从理论层面看，预测性警务是一种基于犯罪预防和风险管理的前置性治理机制，其主要功能在于通过历史数据和算法模型的综合分析，提前识别和干预可能发生的犯罪行为。[①]相较之下，大数据侦查则是以已发生的犯罪事实为基础，利用技术手段对犯罪行为进行追踪、重构和证明。因此，预测性警务与大数据侦查虽然共享相同的数据分析和技术路径，但是在法律属性和程序适用阶段存在明显的功能区分。

在技术层面，预测性警务和大数据侦查的高度融合主要体现在二者都依赖数据抓取、算法模型和关联分析等大数据技术。大数据侦查通常利用社交媒体、电子支付系统、网络通信记录和地理位置信息等数据来源，通过技术手段识别犯罪嫌疑人、追溯犯罪路径并收集犯罪证据。预测性警务与此不同，它并非针对已经发生的犯罪事实，而是通过同样的技术手段，利用历史犯罪数据、地理信息、行为模式和社会关系网络，构建出“犯罪风险图谱”，并通过算法模型对未来犯罪趋势进行推断和干预[②]。

从技术路径来看，预测性警务与大数据侦查共享以下三个关键技术环节：其一是数据采集与清洗。预测性警务和大数据侦查都需要对分散的、结构化和非结构化数据进行采集和清洗，以形成完整的分析数据库。其二是算法建模与数据分析。二者均依赖机器学习、深度学习和自然语言处理等算法模型，通过数据分析实现犯罪事实的重构或犯罪趋势的预测。其三是结果呈现与行动干预。在预测性警务中，分析结果体现在犯罪风险等级和高危区域的预警系统中；在大数据侦查中，分析结果则用于犯罪嫌疑人锁定和犯罪行为重现。

这种技术上的相似性导致预测性警务在实践中与大数据侦查呈现出高度重叠的运行形态。例如，在金融诈骗案件中，预测性警务可能通过分析交易记录、社交关系和行为模式，预测某个账号或用户存在诈骗行为的风险；而在大数据侦查中，警方可能利用相同的数据集对已经发生的诈骗案件进行溯源分析，寻找犯罪嫌疑人及其作案路径。

---

① 孙其华. 算法时代的预测性警务：实践样态、多重风险与规制路径［J］. 河南警察学院学报，2025（3）：99-107.

② 严佳灵，刘春玲. 德国预测警务中个人数据自动化处理的法律风险及其规制［J］. 公安教育，2024（6）：73-77.

尽管在技术架构上存在融合，但预测性警务与大数据侦查在功能定位上的差异十分显著。首先，目的性不同。大数据侦查的目的是通过技术手段对已经发生的犯罪事实进行重建，识别犯罪嫌疑人并为案件提供证据支持。其法律属性是刑事诉讼中的一种证据收集与侦查手段，遵循犯罪事实发生、案件侦破、证据确认的基本逻辑。而预测性警务则是为了犯罪预防和社会治理，其主要功能在于通过技术手段预测和发现可能发生的犯罪，并采取相应的干预措施。[①]预测性警务更多的是一种社会治理工具，其重点在于犯罪风险的预判和应对，而非犯罪事实的确认和证明。其次，法律启动条件不同。大数据侦查的启动依据在《刑事诉讼法》中有明确的立案标准，必须存在犯罪事实或有犯罪嫌疑人，才能启动技术侦查程序。而预测性警务的启动则是在犯罪行为尚未发生之前，通过算法模型预测未来的犯罪风险，因此并不符合刑事诉讼中犯罪事实发生这一前提要求。最后，程序属性不同。大数据侦查属于刑事侦查活动，受制于《刑事诉讼法》的程序性规定，必须遵循合法性、正当性和必要性原则。而预测性警务是一种社会治理手段，可能涉及行政管理、公安执法和社会秩序维护等领域，程序保障相对薄弱，存在技术滥用和侵犯公民隐私的风险。

由于技术上的高度重合和功能上的显著区分，预测性警务与大数据侦查之间的法律关系和制度安排亟待厘清。一方面，需要通过立法明确预测性警务的程序属性，将其纳入专门的法律框架之中，确立其在犯罪预防和社会治理中的合法性地位[②]；另一方面，需要严格区分预测性警务和大数据侦查的法律界限，防止预测性警务在没有犯罪事实发生的情况下，直接引发刑事侦查程序，进而导致“程序前置”或“有罪推定”等法治风险。同时，预测性警务的法律属性也需要明确定位。预测性警务在启动程序、证据收集和干预措施上，需要与刑事侦查活动保持适当的程序区隔，防止刑事权力通过预测性警务被过度扩张，防止侵犯公民基本权利的现象发生。

---

① 秦长森. 预测性警务赋能国家安全情报工作的逻辑进路与风险规制［J］. 政法学刊，2024，41（3）：15-22.

② 蒋勇，张晓华. 算法时代预测性警务的兴起及其风险规制［J］. 公安学研究，2023，6（2）：1-16；123.

### （三）预测性警务与大数据侦查的程序控制

预测性警务与大数据侦查在新科技革命背景下发生了技术上的深度融合，同时二者又在功能定位上呈现出明显的分化趋势。这种技术融合与功能分化的复杂局面要求法律在程序控制层面建立差异化的规制体系，以确保犯罪预防的社会治理目标与公民基本权利保护之间的平衡。为了实现这一目标，程序控制需围绕程序启动的合法性、数据治理的正当性、干预措施的合比例性以及监督救济的有效性四个核心维度展开系统化的制度设计。

首先，在程序启动的合法性方面，应当明确区分预测性警务与大数据侦查的程序启动标准。根据《刑事诉讼法》第一百一十二条的规定，侦查行为的启动以“犯罪事实发生”为唯一前提条件，即大数据侦查活动必须基于已经发生并满足立案条件的犯罪事实。[①]然而，预测性警务作为一种基于风险预防和事前干预的手段，其本质要求突破传统刑事程序“事后反应”的界限，转向以“风险阈值”为基础的“事前干预”模式。为此，有必要建立双轨程序启动机制：一是大数据侦查严格依照立案条件启动；二是预测性警务通过设立客观且量化的风险阈值，如犯罪概率显著高于社会平均水平时方可启动。预测性警务的启动需经检察机关或专门设立的司法审查机构批准，并配备详细的技术报告，说明数据来源、算法模型以及风险评估依据，以确保程序启动的合规性与可控性。

其次，针对预测性警务和大数据侦查的数据治理应当实施差异化管理方式。大数据侦查的数据收集范围必须严格依照案件事实需求进行限定，数据抓取需符合必要性和比例原则。具体而言，根据犯罪行为的性质、严重程度与证据需求，划定不同级别的数据访问权限，确保数据抓取的合理性和合法性。与之相对应，预测性警务的数据来源应严格限定于公开的开源数据，以防止未经司法许可而非法介入个人隐私或敏感信息领域。例如，预测性警务所依赖的数据仅限于政府公开信息、社会公共数据、社区公开数据或经过匿名化处理的非敏感数据，而不得涉及个人通信内容、个人隐私信息或涉及身份识别的敏感

① 马方，唐娜．社会安全风险视域下预测性侦查的风险与多元治理［J］．兰州学刊，2023（11）：87-100.

数据。此外，预测性警务所使用的算法模型必须实现数据流动的全程可追溯，以便司法机关进行严格审计和监督。

再次，在干预措施的合比例性方面，应当建立针对预测性警务的梯度化限制机制。鉴于预测性警务的预防性特征，其介入措施应仅限于较低强度的非强制性措施，禁止采用可能严重干预个人基本权利的手段。例如，在预测性警务中，只允许通过风险提示、社会公开场所巡逻、非强制性的预警约谈等手段对高风险区域或个人进行有限干预，而不得采取强制传唤、监听通信、限制人身自由等强制措施。一旦在预测性警务的预防性干预过程中发现明确的犯罪线索，应立即终止预测性警务程序并转入大数据侦查程序，重新启动刑事立案程序与司法监督机制。

最后，为了确保预测性警务的司法监督与权利救济有效性，应当构建包括算法审计、程序透明和权利救济在内的综合监督机制。预测性警务的算法模型必须接受公开透明的第三方技术审查，定期公开算法影响评估报告，避免算法歧视或错误预测导致的不当干预行为。同时，被预测性警务标记为高风险的个人享有知情权与异议权，可以申请司法救济与数据纠错，并建立相关责任人的法律追责机制，以确保预测性警务的实施始终处于法治轨道内。

## 二、审判程序的智能升级

司法系统的智能化应用正在深刻改变审判程序的核心价值和运行方式。面对技术进步带来的效率提升和公正性挑战，审判机制需要进行全方位的改革。当区块链技术重塑证据固定模式、人工智能模型参与量刑决策、异步审理打破时空限制时，传统审判程序的线性结构正在经历深刻变化。这种技术变革的核心在于通过技术赋能与制度约束的协同发展，在数字空间重新建立司法权威的技术正当性。我们要充分利用技术提升审判效能的潜力，同时通过法治原则的严格约束，防止技术滥用带来的偏差。审判程序的智能升级不仅是工具的更新换代，更是司法权力配置、诉讼权利保障与裁判机制的全面转型。简而言之，数字技术的应用正在推动审判程序向更加智能化、公正化的方向迈进，而这种转型需要技术与法治紧密结合，确保审判过程既高效又公正。

（一）异步审理机制的程序正义再造

异步审理机制[①]的引入标志着审判程序从"时空捆绑"向"时空解耦"迈进了一大步。互联网金融犯罪涉及跨境犯罪和涉众型经济犯罪案件时，传统的同步审理模式面临三大挑战：其一，跨法域协作难以实现诉讼参与者同步到场；其二，海量电子证据的即时质证影响审理效率；其三，技术障碍导致当事人之间的诉讼权利不平等。[②]异步审理通过区块链存证和智能合约技术的结合，构建了新的证据固定、权利行使及程序推进的审判生态系统。它的创新主要体现在三个方面：首先，利用区块链的不可篡改性和时间戳机制，将言词证据的质证过程转变为链上存证的动态轨迹，通过哈希值校验确保证据的完整性；其次，借助联邦学习技术建立分布式证据池，允许控辩双方在数据不离开本地的前提下完成加密状态下的证据比对和质证；最后，通过智能合约设定程序推进的触发条件，当举证期限届满或质证完成时，自动进入下一审理阶段，确保程序推进的确定性和可预期性。

这种机制的核心价值在于重新定义数字时代的程序正义。当物理在场的象征性正义转变为技术驱动的实际正义时，程序正当性的标准应从形式参与转向实质对抗。异步审理并非对言词辩论原则的否定，而是通过技术手段增强当事人诉讼权利的实际可及性。具体而言，偏远地区的被告人可以通过加密视频异步陈述意见，跨国证人能借助时区差异错时参与质证，技术专家可以利用数据沙箱进行跨域证据分析。在此过程中，48小时质证窗口的设置体现了效率与公正的平衡[③]，既为当事人提供了必要的准备时间，又通过严格的时限防止技术优势方实施证据突袭。

---

① 在不同地区的司法实践中，此机制被赋予了不同的名称。杭州互联网法院将其称为"异步审理"，广州互联网法院使用"在线交互式审理"一词，而北京互联网法院则称其为"非同时庭审"。参见党昭．互联网异步审理方式法理定位论析［J］．南海法学，2021，5（6）：22-30.

② 郝晶晶．互联网法院的程序法困境及出路［J］．法律科学（西北政法大学学报），2021，39（1）：83-95.

③ 根据杭州互联网法院《涉网案件异步审理规程（试行）》第7条和第8条，在异步审理的互联网平台上，各方当事人可以在48小时内不分先后发表辩论意见，并可在辩论结束后24小时内不分先后陈述最后意见。参见：党昭．互联网异步审理方式法理定位论析［J］．南海法学，2021，5（6）：22-30.

（二）量刑算法嵌入的双重校准机制

量刑决策的智能化转型正在改变司法裁量权的结构。[①]当再犯风险评估模型利用机器学习分析大量判决书生成量刑建议、当自然语言处理技术自动提取案情特征以匹配相似案例、当神经网络模型通过多种变量预测刑罚的社会效果时，算法介入量刑决策已不可避免。算法介入的风险在于算法黑箱可能削弱法理判断的独立性，数据偏见可能歪曲刑罚个别化原则，模型的自主性可能削弱法官的裁量权。化解风险的关键在于构建技术可靠性与法律正当性的双重校准体系，使算法建议既符合技术理性又契合法治价值。

一方面，技术校准的核心在于建立算法准入的技术信任基座。量刑模型必须通过可信度评估，其制度价值不仅在于技术合规性审查，更在于构建算法可信度评价体系。其一，训练数据需经去标识化处理并排除历史裁判中的结构性偏见；其二，特征工程需剔除种族、性别、地域等违宪变量；其三，模型决策需具备可解释性，通过SHAP值分析等技术揭示关键影响因子。另一方面，法律校准的实质则是维护法官的裁量权威与说理义务。即便算法的建议具有技术合理性，法官仍需进行三重审查：首先，检视算法输出与个案特殊性的契合度，防止类案机械套用导致的实质不公；其次，评估刑罚预测与社会效果的兼容性，避免技术理性凌驾于社会正义之上；最后，履行强化说理义务，在判决书中专章论述算法建议的采纳逻辑或排除理由。这种双重校准机制的法理意义在于通过二者的动态平衡，将算法从替代性决策工具转变为辅助性认知框架，使司法裁量既通过数据智能得以增强，又保持人类理性的终极掌控。

（三）智能升级的系统整合与价值衡平

审判程序的智能升级绝非孤立的技术应用，而是需要制度协同的系统工程。异步审理与量刑算法的效能最大化仰赖三大支撑体系的构建：其一，建立技术应用的容错纠偏机制，通过区块链存证固化可回溯源路径，为可能的技术故障预留程序回转空间；其二，完善算法决策的异议复核程序，允许当事人申请启动“人类法官-技术专家-伦

① 张博雯．人工智能辅助刑事诉讼决策的正当性及风险消解——以量刑辅助系统为视角［J］．北京警察学院学报，2024（06）：23-31.

理委员会”复合听证；其三，构建智能审判的透明度保障体系，通过司法区块链浏览器向公众开放可验证的算法决策日志。这些制度共同构成技术赋能的风险控制网络，使审判程序的智能转型始终行驶在法治轨道之上。

智能化升级的过程正在深刻变革程序正义的内涵。传统法庭的庄重仪式逐渐被虚拟空间的代码规则取代，司法裁量开始依赖数据驱动的分析模型，诉讼对抗的言辞交锋变成了算法博弈的技术验证。这种变化标志着程序正义正朝着“架构化正义”转型。智能化升级的目标不仅是用技术提升司法效能，更是通过技术架构来增强权利保障和强化权力制约。这使得数字时代的司法正义更具可及性、更精准、更有说服力。算法不再是遮蔽价值判断的黑箱，而是提升司法理性的工具。这种转型实现了技术赋能与法治原则的共生共荣。通过这种全新的视角，我们不仅能有效地实现程序正义，还能确保技术在司法中的应用始终符合法治原则，推动司法系统的智能化发展。

## 第四节　创新机制下程序正义的底线守护

数字技术的司法应用正在经历从工具理性向价值理性的范式跃迁，其引发的权力重构效应要求司法系统重新锚定程序正义的宪法坐标。当算法决策深入事实认定、数据挖掘改变证据形态时，技术治理的正当性不仅在于提高效率，还在于是否符合宪法秩序的价值观。这种正当性源于技术与法治原则的协调，确保技术在司法程序中的应用既提升效能，又不偏离法律价值。在此背景下，技术应用的合宪性控制成为守护程序正义的根基性命题——它要求通过制度设计与技术架构的深度融合，将宪法原则转化为可验证、可执行的技术约束条件，使数字时代的司法系统既具备技术赋能的治理效能，又坚守权利保障的法治内核。

### 一、技术应用的合宪性控制

传统合宪性审查聚焦于法律规范与宪法文本的形式一致性，而技术合宪性控制则面临更复杂的治理场景。技术系统的运行规则虽未以法律条文形式呈现，却通过算法参数、数据流规则与接口协议深刻影响着公民基本权利的实现。这种“代码即法律”的实质影响力要求合宪性控制突破事后审查的局限，前移至技术系统的设计开发阶段，通过价值嵌入、过程控制及结果校验的全周期治理，实现宪法原则的技术性转化。其核心使命在于三重维度：其一，防范技术工具异化为新型权力支配手段，确保技术应用始终服务于人的尊严与权利；其二，化解技术理性与法律价值的潜在冲突，通过制度约束防止效率追求侵蚀程序正义；其三，构建技术系统与宪法秩序的对话通道，使技术迭代与法治演进形成良性互动。

### （一）比例原则的技术化实现路径

比例原则作为宪法权利保障的核心原则，在技术驱动的现代治理体系中扮演着越来越重要的角色。[①]传统的比例原则主要依赖司法审查中的价值判断，但是随着数据科学、人工智能和大数据等技术的迅速发展，比例原则的应用需要突破传统的主观判断，转化为可以量化、可执行的算法规则。这种转化不仅是技术手段的实现，也是将宪法所倡导的平衡、公正和必要性原则内嵌进技术设计和应用之中，确保在社会治理和科技创新的过程中不侵害公民的基本权利。

技术化的比例原则首先是目标函数的价值校准。在传统的比例原则中，法官通过权衡公共利益与公民权利的冲突来判断法律是否合规。在技术系统中，这一过程需要通过算法模型来实现。具体而言，技术系统必须根据宪法和法律对目标的要求进行约束，确保技术目标与法律目的的对接。例如，当开发一个智能社会安全系统时，必须确保其所设定的目标符合宪法对个人自由和隐私的保护要求。若这个系统在实现这些目标时可能超出合法范围，或采用损害公民基本权利的技术手段，应当通过算法设计中的优化目标函数进行调控，排除与宪法相悖的技术路径。这就意味着技术目标在算法中必须经过价值筛选，确保它们始终朝着公共利益和法律认同的方向前进。

其次，特征工程的必要性过滤机制对遵循比例原则至关重要。特征选择是数据挖掘和机器学习中至关重要的步骤，直接决定了模型的运行效率和公平性。在这一过程中，算法必须通过科学的特征选择方

---

① 肖翔，邵睿．宪法原则适用界限的法律行为合宪性视角分析［J］．文化学刊，2025（2）：170-173．

法来确保数据使用的合法性和必要性，避免对个人隐私或其他无关信息的滥用。在技术应用中，必要性过滤机制的核心是确保数据的使用仅限于实现合法、合规的目标。[①]例如，在涉及个人隐私的情况下，技术系统必须严格限制数据收集的范围，只收集与公共安全相关的、对犯罪预防有明确贡献的数据。对于那些与实际目的无关的数据维度，系统应自动识别并排除，以防止过度抓取和分析无关信息，进而避免对公民隐私的过度侵害。

损失函数的均衡性评估是技术遵循比例原则的最后一道防线。损失函数在机器学习中的作用是评估系统输出与期望结果之间的差距，在比例原则的框架下，它负责衡量技术手段对公民权利的干预强度与社会公共利益之间的平衡。[②]通过设计均衡性评估模块，技术系统可以在决策过程中动态计算隐私泄露的风险与社会公共利益的收益，从而在合规范围内进行技术决策。这一机制的关键在于当系统计算出隐私泄露风险超过某个设定的“容忍阈值”时，系统能够自动启动“熔断机制”，暂停该操作并启动人工复核程序，避免技术滥用。具体而言，当预测性警务或智能监控系统在收集数据时，其算法模型会评估数据抓取对个人隐私的干预程度，并通过设定风险容忍度来决定是否继续执行。如果风险超过规定的容忍水平，系统会自动中止数据收集，并要求审查机制介入，以确保技术的使用不超过必要的界限。这一评估过程保证了技术系统不会因效率或数据量的膨胀而突破合理的法律和道德边界，从而确保技术实施中的比例原则得到有效保障。

最后，技术系统的透明性与法律监督相结合，构成了比例原则技术化路径中的重要保障。通过算法的透明性设计，确保算法逻辑、数据采集和处理过程始终处于可监督、可审计的状态。这不仅符合程序正义的要求，也防止了技术黑箱可能带来的滥用风险。例如，要求所有影响公民基本权利的算法模型必须定期进行公开审查和偏差纠正。尤其是对于社会治理中的算法系统，应当建立算法审计和算法影响评估机制，由专业的技术审计团队定期对算法的公平性、透明度以及潜

---

① 李蕊佚．论行政机关辅助合宪性审查的职能［J］．法学家，2022（6）：46-59；192.

② 贺彤，伊方舟．《数据安全法》授权规范的合宪性解释［J］．中共山西省委党校学报，2021，44（5）：72-78.

在的偏见进行评估，确保技术系统在操作中不会造成对某些群体的不公平待遇或隐私侵害。

（二）技术架构的宪法价值嵌入机制

技术系统的合宪性不能依赖外部审查的被动矫正，而需要通过架构设计实现宪法价值的主动嵌入。这一嵌入过程需要突破“技术中立”的迷思，在系统架构层面构建权利保障的原生机制。以隐私影响评估模块为例，其技术实现需完成三重宪法价值的转化：第一，尊严价值通过差分隐私技术实现，在数据采集环节注入数学噪声，确保个体信息不可识别；第二，平等价值通过公平性约束算法落实，在模型训练时加入群体公平性正则化项，消除历史数据中的结构性偏见；第三，自由价值通过可解释性模块保障，使算法决策逻辑可回溯、可质疑、可推翻。这种价值嵌入不是简单的技术功能叠加，而是通过宪法原则与技术要素的化学反应，重塑技术系统的基因图谱。模型训练的损失函数融合了预测准确度和权利干预度，数据流转的每个节点都嵌入了隐私保护校验规则，算法接口的设计中也预留了司法审查通道。这种设计确保了技术系统符合宪法秩序，从而获得了“技术免疫”。

（三）自动化校验机制的制度效能与风险防范

宪法原则的技术化表达尽管为法律实践提供了创新的解决方案，但是也面临着理想规范与现实操作之间的差异。自动化校验机制作为技术与法律的交汇点，其有效性不仅取决于法律规范的适应性，还与技术系统的可解释性及动态适应性密切相关。为了确保技术赋能的合法性，避免对宪法价值的滥用，必须在系统设计、法定要求及实施过程之间找到平衡，从而实现真正的技术与法律的双重保障。

自动化校验机制面临的挑战首先是如何将宪法原则有效转化为技术标准，特别是在“最小必要”原则等抽象法律概念的具体操作化过程中。宪法原则，尤其是涉及公民基本权利保护的原则，如隐私保护、个人自由、平等权等，在技术化应用中通常面临着如何精确量化的问题。例如，“最小必要”原则要求在收集和使用数据时，必须限制在实现目标所必须的最小数据量之内。为了确保技术遵循这一原则，立法应明确技术参数的映射规则，将法律概念转化为可执行的量化指标。具体而言，可以设置“数据维度删除率”这一指标，确保在数据抓取和分析过程中，非核心数据被有效删除，避免过度采集。在这个框架下，法律规范的技术可转化性要求法律界定的原则在技术应用中直接体现，并且这些转化规则要通过立法明确规定。通过精确界定哪些数据是“最小必要”的，并将这些要求纳入技术标准，系统能够在实际运行中遵循法律规范，降低技术滥用的风险。

自动化校验机制面临的挑战其次是技术系统的法律可解释性。在技术系统运行时，尤其是通过算法作出判断或决策时，必须确保其决策过程具有可追溯性和可解释性。这不仅是为了保障程序正义，也是为了应对技术决策可能带来的法律纠纷或权利侵犯。在实际操作中，算法决策日志应完整记录每一步的价值权衡和法律遵循轨迹，以供司法审查。在进行技术决策时，尤其是进行涉及公民基本权利的决策时，应当准备好详细的决策日志。这些日志应包含算法模型的输入数据、算法所依据的法律框架以及如何评估数据在法律框架下的合法性和必要性。司法机关在审查时，可以通过这些日志来检验技术系统是否遵循了宪法原则，是否遵循了比例原则、“最小必要”原则等。

随着宪法解释与伦理认知的不断发展，技术也在不断进步，这要求自动化校验机制必须具备动态适应性。技术标准和宪法解释之间需要建立联动机制，以便及时根据宪法判例的变化、社会伦理的变动以及新技术的发展进行规则更新与修订。技术系统应具备及时更新算法和数据处理方式的能力，从而确保其始终符合最新的法律要求和伦理标准。例如，在处理个人数据时，随着数据保护法律的不断完善和解释，技术系统必须能够及时调整其数据处理方法，以应对新的法律规定或判例的变化。这一机制不仅要求技术开发者迅速响应法律变化，还要求立法机构与技术开发者之间建立起紧密的合作与沟通渠道，确保技术和法律同步更新。

尽管自动化校验机制有着强大的功能和潜力，但是在其实际应用过程中，仍然有一些潜在的风险，特别是在技术的应用过程中可能出现三种异化风险：第一种，技术可能倾向于将宪法和法律原则进行简化处理，从而忽视个体差异、社会背景等因素。算法在进行法律判断时，容易将复杂的法律问题转化为简化的技术操作，而忽略宪法价值的细微差异，这会导致法律原则的碎片化解构。例如，将“最小必要”原则量化成单一的删除率指标时，可能使数据抓取的标准过于僵化，无法灵活应对不同场景的法律需求。第二种，算法确定性对司法裁量空间的压缩。虽然算法的确定性和精准性是其优势，但也可能压缩司法裁量的空间。在某些复杂案件中，法官需要根据案件的具体情况进行判断，而算法模型的输出结果可能过度影响或限制法官的自由裁量。过度依赖算法的确定性判断，可能导致司法裁量空间的压缩，减少对案件细节和特定情况的充分考虑。第三种，代码封闭性对合宪性审查的规避。算法和技术系统通常是封闭的，这使得外部监督和审查变得困难。技术系统一旦开始自动化运行，往往难以追溯和审查其决策过程，尤其是在涉及宪法权利的情况下。如果技术不具备足够的透明度和可审查性，就可能规避合宪性审查，从而损害公民的基本权利。

## 二、权利救济的实质化保障

数字技术的司法应用在提升诉讼效率的同时，也悄然重塑着诉讼权利的结构性关系。技术的犯罪使得算法模型将深度介入定罪量刑中，数据挖掘也将重构证据体系，在这种情况下，技术权力与诉讼权利的失衡风险必然显著增大。这种失衡不仅体现为技术认知鸿沟导致的防御能力弱化，还在于算法黑箱对程序参与权的实质性剥夺。此时，权利救济的实质化保障将成为维系数字司法正当性的核心命题。它要求通过制度创新与技术治理的协同，重构技术赋能时代的权利救济体系，使技术弱势方能够穿透算法屏障、实现有效防御，让诉讼权利的宪法承诺在数字空间获得真实生命。

### （一）算法异议权的程序建构与价值平衡

算法异议权的确立标志着程序参与权从形式平等向实质正义的转型。在传统诉讼中，当事人对证据的质疑聚焦于事实真伪与法律适用；而在算法介入司法决策的语境下，异议对象已延伸至技术系统的内在逻辑。算法异议权的法理基础源于程序正义原则中的“有效防御权”。当技术实质上影响裁判结论时，当事人有权对技术系统进行质疑。这样一来，算法的价值就显而易见了。通过技术审查，能够打破算法黑箱的信息垄断，从而防范技术权力异化为“数字利维坦”。同时，借助多元参与机制能够重塑司法决策的民主正当性，以防范技术理性把价值判断架空的风险；再通过构建技术治理的纠错反馈机制，倒逼算法模型的持续优化与合规迭代。

复合听证程序的设计需突破传统专家辅助人制度的局限性，保证在技术验证、法律审查和价值衡平三个层面都有所突破。在技术验证层面，应由独立技术专家对算法模型进行全维度检测，通过对抗样本测试评估模型的鲁棒性，利用特征归因分析揭示决策逻辑，运用公平性指标量化群体差异影响。在法律审查层面，法律学者需将技术检测结果转化为规范评价，审查数据采集是否符合《个人信息保护法》的“最小必要”原则，判定特征变量是否隐含违宪歧视，评估模型输出结果与构成要件的规范关联性。在价值衡平层面，公众代表的引入旨在将技术争议置于社会整体利益框架下审视，通过技术伦理听证评估算法应用对行业生态、技术伦理与公众信任的长期影响，防范司法裁判沦为技术偏见的制度化载体。这一程序的创新性在于它将技术争议的解决从封闭的专业对话拓展为开放的价值协商，使算法异议权不仅成为个体权利救济工具，还成为技术治理民主化的重要实现路径。

（二）数字法律援助的体系化构建与技术平权

数字法律援助制度的创设是数字时代诉讼平等的必然要求。当算法审计需要密码学知识、数据溯源依赖区块链解析、质证辩论涉及机器学习原理时，传统法律援助制度已难以应对技术认知鸿沟所导致的权利实现障碍。数字法律援助的本质是通过公共资源再分配实现技术平权，其制度目标不仅在于弥补当事人的技术能力缺陷，还在于通过专业支持重构控辩双方的实质对抗格局。

我们可以通过建立技术辩护人才库的方式实现这一目标，在具体构建时，应当注意人员构成的多元性，要遴选兼具计算机科学、法学与伦理学背景的复合型人才，这是建立跨学科协同的辩护支持网络的基础。此外，还要明确服务内容的范围，保证其精准性，旨在针对算法证据审查、加密数据解析、区块链存证验证等高频技术争议场景。同时，也要进行动态监测，通过司法行政机关建立技术辩护服务评估体系，对辩护方案的质量进行实时控制。实现这样的目标，需要一定的配套机制。在人才方面，应当建立配套技术辩护人资质认证体系，设定算法审计、数据科学、司法鉴定等专业领域的准入标准与继续教育要求，以保证有充分的后备人才储蓄；还应开发技术辩护资源共享平台，整合开源工具库、技术白皮书与类案数据库，形成技术抗辩的知识协同网络；通过完善技术辩护的经费保障制度，以政府购买服务、法律援助基金与社会捐赠等方式保障服务的可持续性。

（三）权利救济机制的协同效应与制度效能

算法异议权与数字法律援助的制度协同实质上是通过程序参与权的技术增强与防御能力的公共补给，构建数字时代权利救济的双层防御体系。算法异议权为当事人提供了挑战技术权威的程序通道，数字法律援助则为这种挑战配备了专业“武器”，两者的耦合效应体现在三个方面：其一，通过技术辩护人的专业介入，将当事人抽象的技术质疑转化为具有法律意义的规范主张；其二，借助复合听证程序的技术验证，将专业意见转化为可采信的证据形式；其三，依托持续的技术援助支持，推动司法系统形成技术治理的反思性机制。这种协同不仅提升了个案救济的实效性，还通过技术争议的司法化解积累算法治理的规则共识。

在更深层的制度演进维度，权利救济的实质化保障正在推动司法权力结构的深刻变革。当技术辩护人通过算法审计揭示模型偏差、当公众代表在听证程序中表达伦理关切、当法官在裁判文书中回应对技术异议的审查结论时，司法决策的权力图谱逐渐从封闭的技术权威垄断转向开放的多元协商模式。这种变革的终极意义在于它使数字司法系统摆脱了技术精英主义的窠臼，在技术理性与人文关怀、专业判断与民主参与、效率追求与权利保障的张力中，探索出更具包容性与生命力的法治实现路径。当技术弱势群体能够借助制度化的救济机制与技术权威平等对话时，数字时代的司法正义才真正获得了超越技术崇拜的文明品格。

第五章

# 互联网金融犯罪侦查的数字化革新

## 第一节　互联网金融犯罪案件的侦查困境

在新科技革命下，互联网金融犯罪因其技术性、隐蔽性及跨国性特征，给侦查工作带来了前所未有的挑战。如前文所述，犯罪分子利用高科技手段实施犯罪，同时通过跨国运作逃避法律制裁，使得传统侦查手段难以应对。可以说，当前互联网金融犯罪案件的侦查工作仍面临多重困境。犯罪手法不断升级、隐蔽性和技术性显著增强，跨境协作机制不完善、法律适用存在滞后性，这些都将导致侦查效率低下。要破解这些难题，必须紧密结合前文（第一章）互联网金融犯罪案件呈现出来的现象，深入分析产生侦查困境的根源，从而提出切实可行的应对策略。只有通过多维度、系统化的治理手段，公安机关才能在复杂多变的犯罪环境中掌握主动权，实现对互联网金融犯罪的有效打击。

### 一、手段滞后难以应对高科技犯罪

随着互联网金融的快速发展，犯罪手段日益依赖高科技的助力，特别是在区块链、加密货币、智能合约等前沿技术的助力下，犯罪分子能够更精准、隐蔽地实施非法行为。这些新兴技术的运用让公安机关在侦查互联网金融犯罪时面临巨大的挑战，尤其是公安机关在技术手段上明显滞后，侦查能力未能有效跟上犯罪手段的演变，制约了案件的快速侦破和及时打击犯罪。

传统的侦查手段大多依赖现场取证和传统证据搜集，但是现代互联网金融犯罪往往完全依托虚拟空间的复杂算法和自动化操作。犯罪分子通过人工智能、大数据、智能合约等技术工具，精密设计并隐匿其犯罪行为。这些技术手段不仅提升了犯罪行为的隐蔽性，还强化了其逃避法律监管的能力，使得公安机关面临严峻的侦查挑战。以虚拟币质押借贷平台为例，犯罪团伙通常通过区块链技术和智能合约实现资金的自动化归集与分配。这些操作不再依赖人工干预，而是完全通过智能合约在区块链上自动执行，这种去中心化的自动化机制使得公安机关很难追踪资金流向。一旦犯罪资金进入区块链进行交易，侦查机关往往只能看到一些不完整的交易记录，而无法在没有足够技术支持的情况下对犯罪资金进行有效追踪或冻结。此外，智能合约的自执行性使得犯罪行为具有“不可篡改”的特点，一旦被设定，交易流程几乎不能被修改或打断，这也为公安机关的侦查工作带来了极大的困难。

加密货币，尤其是比特币、以太坊等公开的数字货币，因其交易的匿名性和去中心化特性，成为了犯罪分子进行资金转移和洗钱的理想工具。[①]虽然一些平台和交易所试图加强监管，要求用户进行身份验证，但是由于加密货币网络的去中心化结构，犯罪分子依然可以绕过这些监管措施，利用匿名钱包、去中心化交易平台等方式转移资金，躲避公安机关的追踪。一些隐私币，如门罗币和Zcash，采用了更为严格的匿名化技术，使得其交易数据几乎无法追踪。[②]通过这些加密货币，犯罪分子能够将非法所得进行隐匿并转移至境外，这种匿名性和去中心化特点大大增加了公安机关在资金流动追踪过程中的难度。即便警方能够发现资金的流向，一旦资金进入加密货币市场，其隐蔽性和去中心化特性就使得追踪过程变得异常复杂，跨境司法合作和信息共享也因此受到限制。

除了使用加密货币外，许多互联网金融犯罪团伙还采用了分布式服务器架构，将数据存储分布在多个国家和地区，甚至通过境外云服务平台进行托管。这种架构不仅增加了对数据存储和追踪的难度，也加大了国际司法协作的难度。许多犯罪平台将其服务器部署在法律监管松散的国家或地区，利用当地宽松的法律环境规避监管，进一步增大了侦查的难度。

在此背景下，公安机关需要通过国际司法协作来获取涉案平台的数据和证据，但是跨国界的司法合作往往面临着时效性和跨法域性等问题。例如，不同国家的法律对数据保护、隐私权和取证程序的规定不同，这使得跨境取证过程繁琐且时间较长。在没有健全的国际合作框架和机制的情况下，公安机关常常陷入“信息孤岛”的困境，难以在全球范围内迅速调取关键证据。这一问题不仅加剧了案件侦查的复杂性，也降低了打击犯罪的效率，进一步阻碍了对互联网金融犯罪的

① 卢建平，刘嘉. 虚拟货币洗钱犯罪的治理方案——基于风险视角的分析［J］. 北京社会科学，2025（2）：105-116.

② 俞亮，张驰. 加密货币洗钱犯罪治理［J］. 公安研究，2025（1）：56-65.

有效打击。

与此同时，犯罪团伙还利用现代通信技术进行内部协调与犯罪策划。犯罪团伙越来越多地使用加密通信工具和匿名网络进行沟通。这些工具使得犯罪分子能够在虚拟空间匿名活动，隐藏他们的身份和行为，增大了公安机关对犯罪团伙活动的侦查难度。

通过这些加密工具，犯罪分子可以安全地交换信息，制订并调整犯罪计划，而不必担心被侦查机关发现。通信手段的隐蔽性极大地增强了犯罪分子逃避侦查的能力，使公安机关不仅难以获取关键信息，在一定程度上也无法有效地渗透犯罪团伙。这种技术上的滞后使得传统的侦查方法在面对新型犯罪手段时显得力不从心，迫切需要引入更先进的技术手段和跨领域的合作机制。

## 二、法律适用困难与跨境取证障碍

近年来，互联网金融犯罪的手段和工具已经从传统的金融操作向数字化、去中心化模式转变。去中心化自治组织（DAO）和非同质化代币（NFT）作为新兴的金融工具，正在成为犯罪分子逃避监管和法律制裁的手段。例如，某些元宇宙借贷平台通过抵押发放贷款，但是由于NFT的物权属性尚未得到法律明确界定，案件的定性可能引发法律争议。这使得司法机关在面对这类新型犯罪时，陷入了如何定性和如何适用法律的双重困境。

DAO因其去中心化、分布式特性而没有传统意义上的中央管理机构，对其进行任何法律责任的追究都变得异常复杂。[①]DAO的运作机制通常通过智能合约和共识协议来完成，而这些行为并不依赖单一的法人或机构进行控制，这使得法律责任的追溯变得模糊不清，传统的法律手段往往无法有效介入和追查。同样，NFT作为数字资产的一种新型表现形式，其是否具有物权属性以及该属性如何在法律上加以认定，仍然是一个悬而未决的问题。NFT在某些情况下被作为资产抵押、借贷担保的工具，但是其在法律上的地位和对应的权益保障尚未完全明确。这种法律滞后性使得金融犯罪分子能够在这一模糊的法律

① 张海鹏．去中心化自治组织法律性质的解释论与立法论［J］．东方法学，2024（6）：111-121．

地带进行非法活动，从而逃避监管。

除了法律上的障碍外，跨境取证在技术上也存在巨大挑战。随着互联网技术的发展，许多金融犯罪案件都涉及跨境数据传输和存储，犯罪分子利用分布式存储、云计算等技术，将证据分散在全球各地的服务器上。这使得公安机关在取证时面临更加复杂的技术问题，如数据加密、数据同步、服务器隐匿等。尤其是当数据存储在国外服务器或云平台上时，公安机关往往面临"数据主权"问题[①]，需要经过复杂的国际法律程序才能获取相关证据。在某些情况下，国家之间的法律合作和取证协议可能不足，这就可能使犯罪分子利用跨境取证的难题逃避制裁。

## 三、证据获取困难与电子证据易灭失

在互联网金融犯罪案件的侦查过程中，证据获取是核心环节，但是电子证据的隐蔽性、易损性以及资金流向的复杂性，使得这一环节面临诸多挑战。我们从电子证据的特性、证据链碎片化以及资金流向追踪三个方面，分析当前侦查工作中的主要困境。

（一）电子证据的隐蔽性与易损性

在互联网金融犯罪案件中，犯罪分子常采用"零信任架构"等技术手段分割和隐藏数据，极大地增加了证据获取的难度。例如，某些平台将用户数据分布式存储在多个国家的Tor隐藏节点中，取证时需破解多层加密，技术门槛高且耗时长。而电子证据又具有极强的时效性和易损性，服务器日志可能被快速覆盖或删除，从而使关键交易记录灭失。同时，犯罪分子还可能利用高级加密技术保护数据，使得取证工作更加复杂。分布式存储和多层加密不仅使数据分散于全球多个服务器，还延长了取证时间，进一步增大了证据灭失的风险。

（二）证据链碎片化问题突出

互联网金融犯罪的资金流动涉及链上链下双重路径，证据链往往呈现碎片化特征。例如，某平台通过"加密货币→稳定币→境外法币"的三层转换进行洗钱，公安机关需要获取交易所、银行等多个机

---

① 胡裕岭，姚浩亮．刑事数据被动出境的影响、成因及其应对［J］．公安学研究，2024，7（6）：83-100；122.

构的数据才能还原完整的资金流向。这种复杂的资金流动模式使得证据链难以完整获取，且跨境操作进一步加剧了证据碎片化问题。由于资金流向涉及多个国家和机构，协调取证工作面临法律和技术的双重障碍，证据链的完整性和有效性受到严重影响。

（三）资金流向复杂，追踪难度大

互联网金融犯罪通过多层转账、虚拟货币交易等手段转移资金，以掩盖其非法行为。例如，犯罪分子将资金分散至多个账户，或通过境外银行账户和加密货币进行洗钱，使得资金流向极为复杂。这种多层次资金转移不仅增大了追踪难度，还延长了侦查周期。特别是利用加密货币的匿名性和跨境特性，犯罪分子能够快速将资金转移至境外，进一步加大了公安机关的追踪难度。资金流向的复杂性和跨境特性使得侦查工作面临巨大挑战，亟需增加技术手段并加强国际合作。

## 四、协作机制不完善与跨部门联动不足

互联网金融犯罪案件的复杂性和跨领域特性决定了其侦查工作需要多部门协同配合，然而，当前跨部门协作机制的不完善以及数据壁垒的存在，严重降低了案件侦查的效率和质量。

（一）跨部门数据壁垒严重，信息整合困难

互联网金融犯罪案件通常涉及金融监管、网络安全、司法侦查等多个领域，需要公安、金融、通信、税务等多部门协同配合。然而，各部门的数据系统独立建设、标准不一，数据壁垒问题尤为突出。例如，公安机关在追踪资金流向时，需要调取银行、第三方支付平台以及加密货币交易所的数据，但是这些机构的数据格式、存储方式和管理权限各不相同，数据整合难度很大。此外，有些部门出于数据安全或隐私保护考虑，对数据共享持保守态度，进一步加剧了“信息孤岛”现象。这种数据壁垒不仅延缓了侦查进度，还可能导致关键信息的遗漏或误判。

（二）信息共享机制不健全，协作效率低下

当前，跨部门信息共享机制尚未形成统一的标准和规范，部门之间的协作多依赖临时性沟通，缺乏常态化的信息互通平台。例如，在互联网金融犯罪案件中，公安机关需要及时获取金融监管部门的风险预警数据或通信部门的网络流量数据，但是由于缺乏高效的信息共享

渠道，往往要通过繁琐的审批流程，使信息传递严重滞后。部门之间的职责分工不明确，也容易出现推诿或重复工作的情况，进一步降低了协作效率。这种低效的协作模式难以适应互联网金融犯罪案件快速变化的侦查需求。

（三）协作机制缺乏顶层设计，联动能力不足

互联网金融犯罪案件的跨境、跨领域特性要求建立高效的跨部门联动机制，但是当前相关机制的顶层设计仍显不足。一方面，缺乏统一的指挥协调机构，部门之间的协作多依赖临时组建的专案组，难以形成长效化的联动模式；另一方面，跨部门协作的法律依据和操作规范尚不完善，在实际操作中容易出现权责不清、程序混乱等问题。例如，在跨境追赃案件中，公安机关需要与外汇管理、海关等部门合作，但是由于缺乏明确的协作流程，侦查工作往往进展缓慢。这种联动能力的不足使得互联网金融犯罪案件的侦查工作难以形成合力。

## 第二节　互联网金融犯罪案件的侦查创新

通过对互联网金融犯罪案件侦查现状的介绍，我们不难发现，随着互联网金融的快速发展，互联网金融犯罪呈现出隐蔽性强、技术手段复杂、跨区域作案等特点，这使公安机关的侦查工作面临着前所未有的挑战。传统的侦查手段在应对此类犯罪时往往显得力不从心，难以有效追踪资金流向、固定电子证据、识别犯罪团伙的组织结构。为了有效打击和预防互联网金融犯罪，公安机关需要在技术手段、人员培养、部门合作等方面进行全面创新。其中，技术手段的升级与应用是侦查创新的核心，人员培养是技术应用的基础，部门合作是侦查创新的保障。

### 一、技术手段的升级与应用

在互联网金融犯罪案件的侦查中，技术手段的升级与应用是提升侦查效率、实现精准打击的关键。公安机关应依托先进技术，构建多维度侦查体系，以应对互联网金融犯罪的新特点。

（一）引进大数据分析技术

大数据分析技术作为现代侦查工作的重要工具，在互联网金融犯

罪案件侦查中发挥着不可替代的作用。随着互联网金融的快速发展，互联网金融犯罪呈现出隐蔽性强、跨区域作案、资金流向复杂等特点，传统的侦查手段已难以应对。大数据分析技术通过对海量数据的整合与分析，能够实时监控资金流向、用户行为及平台运营模式，从而识别可疑平台和异常交易，为公安机关提供精准的侦查线索和决策支持。

1. 构建风险预警模型

大数据分析技术的核心优势在于其能够通过对多源数据的深度挖掘，构建科学的风险预警模型。在互联网金融犯罪案件侦查中，风险预警模型的构建是预防和打击犯罪的关键环节。通过对用户在多个网贷平台上的借贷记录、资金流转情况、交易频率等数据进行综合分析，公安机关可以发现异常交易行为，并提前预警潜在的犯罪活动。例如，利用聚类分析技术，公安机关可以对用户的交易行为进行分类，识别出与正常交易模式显著不同的异常行为。某些用户在短时间内频繁进行大额资金转账，或在不同平台之间进行资金循环流动，这些行为可能涉嫌洗钱或非法集资。通过时间序列分析，公安机关还可以发现交易在时间上的异常规律，例如某些交易集中在深夜或凌晨进行，可能与犯罪活动有关。此外，关联规则挖掘技术可以帮助公安机关揭示犯罪团伙的资金网络。通过对交易数据的关联分析，可以发现不同账户之间的资金流动规律，识别出隐藏在复杂交易背后的犯罪链条。

2. 识别虚拟账户与空壳公司

互联网金融犯罪的一个重要特点是犯罪分子往往使用虚拟账户和空壳公司来掩盖其真实身份和资金流向。大数据分析技术能够有效识别这些虚拟账户和空壳公司，为公安机关提供关键线索。通过对账户的开户信息、交易模式及关联关系的分析，公安机关可以发现异常账户并追踪其资金流向。例如，某些账户的开户信息存在明显问题，如使用虚假身份信息或重复注册多个账户。这些账户的交易模式也可能表现出异常，例如频繁进行小额资金转账，或在短时间内有大额资金流动。

大数据分析技术还可以揭示犯罪分子使用虚假身份和账户进行非法活动的隐蔽方式。例如，通过分析账户之间的关联关系，公安机关可以发现某些账户之间存在复杂的资金流动网络，这些网络可能涉及多个虚拟账户和空壳公司。通过对这些网络的分析，公安机关可以迅速锁定犯罪嫌疑人，并追踪其资金流向。

3.实现跨区域数据联动

互联网金融犯罪往往涉及多个地区甚至多个国家，传统的侦查手段难以应对这种跨区域作案的复杂性。大数据分析技术通过建立全国统一的金融犯罪大数据平台，整合公安、银行、税务、工商等多部门数据，实现跨区域、跨行业的数据共享与联动分析。例如，某地公安机关通过大数据平台发现多个网贷平台的资金流向高度集中于少数几个账户，进一步调查发现这些账户与境外洗钱团伙有关联。通过跨区域数据联动，公安机关追踪到资金流向，发现了犯罪团伙的隐藏网络，并最终成功地破获了案件。

跨区域数据联动不仅提高了侦查工作的效率，还为公安机关提供了更加全面的数据支持。通过整合多部门数据，公安机关可以发现隐藏在复杂交易背后的犯罪链条，识别出跨区域作案的犯罪团伙，并采取有效措施进行打击。通过引进和运用大数据分析技术，公安机关能够更精准、高效地识别和打击互联网金融犯罪。这不仅提高了侦查工作的效率，也为维护金融市场的稳定和保障公众财产安全提供了有力支持。大数据分析技术作为现代侦查工作的核心工具，其重要性不言而喻。

（二）应用人工智能技术

人工智能技术的引入能够显著提升侦查工作的智能化水平，帮助公安机关更高效地应对互联网金融犯罪。随着互联网金融犯罪手段的不断升级，传统的侦查手段往往难以跟上犯罪分子的脚步，人工智能技术因此在侦查工作中展现出巨大的潜力和优势。

1.机器学习与复杂网络分析

在数据挖掘层面，基于监督学习与无监督学习的混合建模技术可对网贷平台用户画像进行多维度分层。通过构建特征因子的评估体系（如设备指纹、操作热力图、资金流转拓扑），算法可以自动识别“羊毛党集群”“傀儡账户矩阵”等异常模式。同时，图神经网络的应用可以从基础社群发现向动态异构图分析演进，通过构建“资金-通信-地理位置”三维关系图谱，结合时空图神经网络技术，可以发现犯罪网络的演化规律。

2. 自然语言处理与多模态分析

在文本挖掘方面，基于Transformer架构的预训练模型展现出显著优势。侦查人员可以通过领域自适应训练，建立模型识别多种金融犯罪相关术语（如“砍头息”“展期费”等违规术语），并建立语义关联规则库。同时，可以采用注意力机制可视化技术，从犯罪嫌疑人的聊天记录中定位“暴力催收话术模式”，为案件定性提供关键证据。此外，多模态融合分析正成为侦查新趋势，通过将语音识别、OCR文字提取与视频内容分析相结合，侦查人员在现场勘查阶段能够对犯罪行为进行现场重构。

3. 计算机视觉与生物特征识别

视频解析技术已从基础的人脸识别发展到行为模式分析。基于3D卷积神经网络（C3D）的算法可以自动识别监控视频中的异常聚集、快速资金交割等可疑行为。例如，对某网贷平台总部监控视频进行时间敏感网络（time-sensitive networking，TSN）分析[①]，发现其夜间办公区持续存在密集键盘操作行为，这可以定位其后台数据篡改窝点。同时，在生物特征交叉验证方面，虹膜识别、步态识别等技术正与声纹识别形成多重验证体系。例如，某平台实际控制人通过易容术逃避追捕，侦查人员就可以通过其特有的手机握持姿势识别（基于关键点检测模型）与方言韵律等特征，在跨境口岸实施精准布控，犯罪嫌疑人一旦进入布控区域就能够被识别出来。

（三）区块链技术的应用

区块链技术的去中心化、不可篡改和可追溯特性，为解决互联网金融犯罪案件中的电子证据存证难、资金追踪复杂等问题提供了新的技术路径。尤其是在犯罪手段日益隐蔽化、跨国化的背景下，传统侦查模式面临数据孤岛、证据易篡改等挑战，而区块链技术通过分布式账本和智能合约机制，为构建可信的司法证据链和动态监管体系提供了可能。

---

① 郭云飞，吴鹏，杨锦林，等. 基于TSN的5G前传网承载分布式电源业务时延分析［J］. 电力信息与通信技术，2024，22（12）：26-32.

1.资金流向追踪：破解隐蔽性犯罪网络

针对互联网金融犯罪常通过多层账户嵌套、虚拟货币交易等手段掩盖资金流向，区块链的透明性和可追溯性为穿透复杂交易网络提供了技术支撑。其核心价值在于通过链上地址关联和交易图谱分析，揭示犯罪团伙的资金转移路径。例如，主流公链（如以太坊、波场）的协议差异导致数据提取困难，侦查人员可以利用异构链解析技术，开发多链兼容的解析工具自动提取交易哈希值、Gas费用等关键字段；也可以利用动态关系图谱，将海量交易数据转化为可视化的资金流动网络，识别出混币器中的资金关联节点；还可以进行链下数据融合验证，通过KYC认证信息与银行流水相结合，建立链上虚拟身份与现实实体的映射关系，这种跨域数据关联方法在跨境洗钱案件的侦办中具有重要价值。

2.电子证据固化：构建司法可信存证体系

在互联网金融犯罪案件侦办中，电子证据的固定与保存是司法实践的核心环节。由于网贷平台交易数据体量庞大、操作痕迹易被篡改，传统的电子取证常面临证据链断裂、真实性存疑等挑战[①]。区块链技术的不可篡改特性为解决这一难题提供了技术保障。通过将交易记录、用户协议等关键数据上链存储，公安机关可以构建从数据生成到司法采信的全周期可信证据链。例如，可以建立多节点协同存证机制，由公安机关、公证机构、第三方存证平台共同组建联盟链网络，采用实用拜占庭容错（Practical Byzantine Fault Tolerance，PBFT）算法实现数据一致性[②]；也可以将原始文件加密存储于星际文件系统（InterPlanetary File System，IPFS）分布式网络，同时将其哈希值与元数据同步上链，建立双重验证模式，这种双重验证模式可以在网贷合同纠纷案中发挥关键作用，即通过比对链上哈希值与服务器文件，能够成功识别非法添加的“隐性服务费”条款。

3.智能合约预警：从被动响应到主动预防

智能合约的自动执行特性，为网贷平台案件刑事风险预警提供了

① WALKER C. Digital evidence and computer crime: forensic science, computers, and the Internet [J]. Crime Prevention and Community Safety, 2001, 3 (1): 87-88.

② 曹碧娟，黄迎春. 面向联盟链的优化PBFT共识算法［J］. 信息技术与信息化，2024（10）：139-142.

"规则代码化"的创新路径。通过将法律法规转化为可执行的算法逻辑，可实现从"事后追责"到"事中阻断"的风险识别模式转型。通过智能合约预警，可以实现合规阈值动态控制，如根据《网络借贷信息中介机构业务活动管理暂行办法》将单笔借款上限（如同一自然人在同一网络借贷信息中介机构平台的借款余额上限不超过人民币20万元）、禁止期限拆分等规则写入合约代码①；亦可实现实时风险干预，当智能合约检测到资金池异常归集或利率超过36%法定红线时，可自动冻结关联账户并推送预警信号②。

（四）云计算与边缘计算的结合

云计算与边缘计算技术的结合为互联网金融犯罪案件侦查提供了高效的数据处理与实时监控能力。这种技术组合不仅能够应对海量数据的分析需求，还能在数据采集端实现快速响应，从而显著提升侦查效率。

一方面，云计算技术通过强大的计算能力和存储资源，能够高效处理互联网金融犯罪案件中的海量数据。例如，公安机关可以利用云计算平台对网贷平台的交易数据进行深度分析，识别异常交易模式。通过分布式计算和并行处理技术，云计算能够在短时间内完成对大规模数据的清洗、整合与分析，帮助侦查人员快速锁定可疑交易和犯罪线索。此外，云计算平台还可以支持多部门的数据共享与协同分析，为跨区域、跨行业的案件侦破提供技术支持。

另一方面，边缘计算技术通过在数据采集端进行初步分析，能够有效减少数据传输压力，并提高实时监控能力。例如，在网贷平台的实时监控中，边缘计算设备可以对交易数据进行初步筛选，识别异常行为（如短时间内大量资金流入和流出、高频小额交易等），并将可疑数据上传至云端进行深度分析。这种"边缘+云端"的协同模式不仅降低了数据传输的延迟性，还提高了侦查的实时性和精准性。例如，在某起案件中，边缘计算设备在发现某网贷平台的异常交易后，立即向公安机关发送了预警信息，帮助侦查人员及时介入并阻止了犯

---

① LEI K，GAI K，LI Z.Blockchain and internet of things for digital identity management［J］. IEEE Internet of Things Journal，2021，8（5）：3682-3693.

② BARTOLETTI M，CARTA S，LANDE S，et al. Dissecting DeFi Protocols：a case study of Uniswap［M］// ZOHAR A，EYAL I，TEAGUE V. Financial cryptography and data security，Berlin：Springer，2019：486-506.

罪活动的进一步扩大。

云计算与边缘计算的结合不仅提升了数据处理效率，还为公安机关提供了更加灵活的侦查手段。将边缘计算的实时响应与云计算的深度分析相结合，公安机关能够实现对互联网金融犯罪的全方位监控与精准打击。这种技术组合的应用为应对复杂多变的互联网金融犯罪提供了强有力的支持。

（五）物联网技术的辅助

物联网技术在互联网金融犯罪案件侦查中的应用主要体现在对物理设备的实时监控与管理上。通过物联网技术，公安机关能够及时发现异常情况，并为案件侦破提供关键证据。

物联网技术能够对网贷平台的服务器、办公场所等物理设备进行实时监控。例如，通过在服务器上部署物联网传感器，公安机关可以实时监测设备的运行状态、数据访问记录等信息。当服务器被非法入侵或办公场所出现可疑人员时，系统会自动向公安机关发送警报，帮助侦查人员及时采取行动。此外，物联网技术还可以用于监控网贷平台的硬件设备（如路由器、交换机等），防止犯罪分子通过物理手段破坏证据或实施犯罪。例如，在某起互联网金融犯罪案件中，公安机关通过物联网技术对一个涉嫌犯罪的网贷平台进行了全天候监控。监控数据显示，该平台的服务器在深夜频繁进行数据迁移操作，且访问流量异常。公安机关进一步调查发现，该平台试图销毁关键证据。得益于物联网技术的实时监控，公安机关及时介入并固定了关键证据，最终成功破获了该案件。这一案例充分体现了物联网技术在案件侦查中的重要作用。

物联网技术的应用不仅局限于设备监控，还可以与其他技术手段相结合，进一步提升侦查能力。例如，结合人工智能技术，物联网设备可以自动识别异常行为并生成预警报告；结合区块链技术，物联网设备采集的数据可以直接上链存储，确保数据的真实性和完整性。未来，随着物联网技术的不断发展，其在互联网金融犯罪案件侦查中的应用前景将更加广阔。

## 二、国际合作与跨境侦查

互联网金融犯罪通常具有跨境化、网络化特征，犯罪团伙利用各国法律差异和监管漏洞，通过离岸账户、虚拟货币等手段转移资金、隐匿证据[①]。在此背景下，单一国家的侦查能力有显著的局限性，亟需通过国际合作构建系统性应对机制。以下我们基于全球治理理论[②]，从合作机制构建、司法协助优化、追赃网络完善三个维度，探讨跨境侦查的实践路径与创新方向。

（一）建立跨国侦查合作机制：主权让渡与协同治理的辩证统一

传统刑事司法合作以“主权优先”为原则，但是在涉网金融犯罪中，这一原则可能异化为犯罪庇护的漏洞。跨国侦查合作机制的构建需突破主权壁垒与技术障碍。当前，国际刑警组织（Interpol）已有196个成员国[③]，但是涉网金融犯罪案件的实际协作效率仍受制于法律冲突与数据共享障碍[④]。为此，可以尝试建立分层协作体系：

1.区域化协作的“功能共同体”构建

区域化协作的“功能共同体”构建可以基于新功能主义理论，该理论强调通过技术标准的统一来实现合作和一体化，进而产生“溢出效应”。具体来说，成员国的司法机关可以将电子证据哈希值同步写入联盟链，利用技术刚性来突破证据互认的法律障碍，从而建立区块链存证互认机制。这种机制并非毫无依据，欧盟通过《第五反洗钱指令》（5AMLD），强制成员国建立虚拟资产服务商（VASP）注册制度，其核心在于通过技术标准的主权让渡来实现统一。该指令要求成员国采用一致的技术标准，以确保对虚拟资产的有效监管和信息共享。欧盟的这一实践表明，通过技术标准化实现协作和统一是可行的，并且这种主权让渡有助于区域化协作的深化。另外，欧盟的数据接口标准化基础也体现了技术标准化在区域性合作中的重要作用。例如，欧洲刑警组织的FIU.net系统通过统一的可疑交易报告（STRs）格式，使28个国家的金融情报能够实现实时比对和共享。这种通过技术标准化实现的协作不仅提升了信息共享的效率，还增强了各国之

---

① LEVI M，SOUDIJN M.Understanding the laundering of organized crime money［J］. Crime and Justice，2020，49（1）：1-56.

② KEOHANE R O，NYE J S.Power and interdependence：world politics in transition［M］. Boston：Little，Brown，1977.

③ INTERPOL.Interpol has 196 member countries，and we help police in all of them to work together to make the world a safer place［EB/OL］.（2024-12-22）［2025-05-17］. https：//www.interpol.int/About-Interpol/Member-Countries.

④ HIGGINS G E. Cybercrime：an introduction to an emerging phenomenon［M］. Columbus：McGraw-Hill，2010.

间的信任和合作。

技术标准化在超主权治理中扮演着重要角色。通过统一的技术标准，成员国能够在技术层面实现无缝对接，从而促进跨国界的合作和治理。这种机制不仅在法律证据的互认上有显著效果，还可以应用于其他领域，如金融监管、环境保护等，从而实现更广泛的区域化协作和治理。

2.技术协同的“非对称权力”重构

传统的国际合作往往受到国家实力差异的制约，但是新兴技术手段，如联邦学习可以重塑合作逻辑。在不转移原始数据的前提下，联邦学习通过参数交互完成联合建模，体现出技术协同在平衡权力方面的潜力。例如，中美联合训练的FinCrime AI模型展示了联邦学习的优势。在不共享用户隐私数据的条件下，该模型提升了23%的犯罪模式识别准确率[①]。此案例表明，技术手段可以突破传统合作模式中的权力不对称，通过共同技术标准和工具实现更高效的协作。再如，国际刑警组织的GCFD数据库通过步态识别技术，突破了人脸易容的技术限制。这一举措的本质在于生物特征数据的治理权重构，即个体生物信息被赋予了超越国籍的司法资源属性。通过技术手段实现的数据治理不仅提升了跨境追逃的效率，还强化了国际司法合作的深度和广度。

3.法律冲突的“最低限度共识”达成

根据哈贝马斯的交往行为理论，跨境合作需要建立在“交往理性”的基础上，这就意味着通过交流和互动，达成相互理解和共识。在跨境法律冲突中，以下两点是实现“最低限度共识”的关键：

其一，证据标准的程序正义转向。跨境电子证据的审查标准需要从内容真实性转向取证程序的合法性。这是因为不同国家对证据内容的真实性要求可能存在差异，但是取证程序的合法性可以通过技术手段来统一，如区块链存证包含至少三个司法节点的验证记录。这种做法不仅保证了取证过程的透明和公正，还通过技术手段提升了证据的可信度，使各国能够达成在证据标准上的“最低限度共识”，从而减

---

① WANG L, ZHOU X, LI Y. Federated learning for financial crime detection [J]. Journal of Financial Data Science, 2023, 5 (1): 123-145.

少法律冲突。

其二，法律规定不同的突破。在粤港澳大湾区的“联合侦查区”试点中，通过使用多方安全计算等技术手段，实现了数据可用而不可见的状态。这一实践在《个人信息保护法》的框架下进行，探索了在尊重个体隐私的前提下，实现更高效的执法协作。通过这种技术驱动的试验，跨境合作得以在确保数据安全和隐私保护的基础上，提升执法效率。这表明通过技术手段，可以逐步尝试和突破传统法律限制，建立更灵活和高效的跨境执法机制，从而达成法律冲突的“最低限度共识”。

（二）国际司法协助：从“程序正义”到“实质效率”的范式转型

在应对涉网犯罪的即时性特征时，传统司法协助方式往往受制于双重犯罪原则和冗长的司法审查程序，难以满足效率需求。通过技术嵌入和规则再造，国际司法协助可以实现从“程序正义”向“实质效率”的范式转型。

1.电子证据跨境调取的“技术正当程序”

《海牙取证公约》规定了司法文书的跨境传递，但是随着云计算技术的发展，数据主权与司法管辖权逐渐分离，实现了云端证据的“技术在场”调取。例如，通过AWS法律合规网关（LCG），侦查机关可以直接调取境外服务器日志，其合法性基础在于“技术协议对主权的穿透性”——云服务商的技术中立性构成超国家权力[①]。此外，中欧联合开发的JusticeChain系统，通过将取证操作哈希值同步写入多个节点，利用技术刚性替代传统公证程序，实现了“取证即验证”的效率革命。这种区块链存证的“程序自证”机制，确保了取证过程的透明性和可追溯性，提高了跨境电子证据的可信度和接受度。

2.联合侦查的“去中心化执行”模式

传统联合行动依赖中央协调机构，而智能合约技术则可以构建分布式协作网络，大幅提升执行效率。例如，在国际刑警组织的HAECHI-Ⅳ行动中，智能合约自动将涉案地址推送至各国司法系统，

① CHEN J，XU H，LIU Z.Blockchain technology for cross-border evidence collection [J]. Journal of Law and Technology，2023，12（3）：275-298.

触发本地化冻结程序，避免了多轮外交磋商的时间损耗。这种机制显著提升了跨境联合行动的效率和反应速度。此外，第三方协查的“技术信托”机制也很重要，通过普华永道等机构利用零知识证明技术验证数据的真实性，其技术公信力取代了传统的国家间互信，成为敏感区域司法协助的新支点。这也降低了跨境司法协助的难度，提高了协作的可靠性和效率。

3.法律冲突的“技术性规避”路径

当法律协调成本过高时，可以通过技术手段实现规则绕过。例如，在原始数据因主权限制无法获取时，区块链存证的Merkle验证路径可以作为“技术衍生证据”，其合法性源于密码学共识而非国家授权[①]。这种技术性规避路径提高了跨境证据获取的可行性和合法性。此外，还可以通过机器学习识别合作意愿强的司法管辖区，自动优先推送协查请求，形成技术驱动的“合作激励”机制。这种机制有助于优化跨境司法协助的资源配置，提高协作的效率和效果。

（三）全球追赃网络：技术赋权下的“非对称平衡”

在应对跨国犯罪时，追赃工作面临“犯罪全球化”与“治理本地化”的结构性矛盾。为了有效解决这一问题，需要通过技术手段重塑权力关系，构建更为平衡的全球追赃网络。

1.虚拟货币监管的“链上权力”争夺

虚拟货币的普及带来了新的监管挑战。混币器等隐私增强技术（PETs）试图消解国家的监管能力，而链上分析工具则构建起新的技术权力，帮助监管机构重塑对虚拟货币的控制。通过这些技术手段，监管机构能够在虚拟货币流通中获得更多的数据控制权，有效打击金融犯罪。例如，通过追踪稳定币（如Tether）的发行记录，监管机构可以突破混币器的匿名性屏障。2023年，中美联合工作组利用Tether的链上透明性，成功锁定了Bitfinex交易所的1.2亿美元赃款。这一案例展示了链上数据分析如何帮助监管机构在虚拟货币交易中获得更大的控制权，从而有效打击金融犯罪。

预言机技术将链下身份信息与链上交易相关联，平衡了监管与匿

---

① FINCK M. Blockchain regulation and governance in Europe [M]. Cambridge: Cambridge University Press, 2019: 58-60.

名性。通过强制交易所接入中国人民银行数字货币（CBDC）系统，交易所可以在执行交易时获取用户的身份信息，从而有效进行监管。这使得监管机构能够实时掌握虚拟货币交易情况，提高了监管的准确性和效率。通过这些技术创新，监管机构能够在虚拟货币领域重新获得控制权，从而有效应对跨国犯罪的挑战。

2.资产返还的“算法协商”机制

传统的资产返还过程复杂且耗时，通常依赖政治谈判。智能合约技术的应用可以建立基于规则的自动分配机制，显著提升资产返还的效率。例如，在中加追赃协议中，30%-40%-30%的分配比例可以通过智能合约编码。赃款一旦被追回，系统将按照预设比例自动划转，避免人为干预导致的执行滞后。这种机制提高了资产返还的透明性和效率。

## 三、多部门协作机制的建立

互联网金融犯罪的侦办涉及公安、金融、通信等多领域数据整合，传统的“条块分割”治理模式难以应对犯罪活动的网络化特征，必须基于协同治理理论[①]，构建技术赋能下的跨部门协作体系。

（一）数据共享机制：破解“蜂窝状”治理困局

“信息孤岛”本质上是科层制下部门利益固化的产物[②]。在传统治理模式中，各部门往往各自为政，导致信息难以共享、数据割裂。这种条块分割治理模式极大地限制了跨部门协作和信息整合，难以应对现代网络犯罪的复杂性。为了解决这一问题，需要通过技术标准化和制度刚性双重路径，构建数据共享机制，从而破解“蜂窝状”治理困局。

首先，技术标准化是实现数据共享的基础。在不转移原始数据的前提下，可以通过技术手段实现跨部门联合建模。例如，公安机关可以联合金融管理部门、通信管理局等，利用横向联邦学习技术，在不涉及数据隐私的情况下，进行数据分析和模型训练。这种技术标准化

① ANSELL C，GASH A. Collaborative governance in theory and practice［J］. Journal of Public Administration Research and Theory，2008，18（4）：543-571.

② OSTROM E.Governing the commons：the evolution of institutions for collective action［M］. Cambridge：Cambridge University Press，1990：94-100.

方法可以确保各部门的数据在同一标准下进行处理和分析，提高数据整合的效率。具体而言，公安机关可以利用横向联邦学习技术，识别网贷平台通过虚拟运营商号段群发诈骗短信的行为规律。这种技术允许各部门在不共享原始数据的情况下，通过参数交互实现联合建模。例如，通信管理局可以提供虚拟运营商号段的数据，而金融管理部门可以提供相关金融交易数据。通过这种方式，公安机关能够综合分析不同部门的数据，识别出潜在的犯罪行为，从而有效打击互联网金融犯罪活动。

其次，制度刚性是保障数据共享机制顺利运行的关键。通过建立相关法律法规和管理制度，可以明确各部门的数据共享职责和权限。例如，可以制定跨部门数据共享管理条例，明确各部门在数据共享中的责任和义务，确保数据共享的合规性和安全性。同时，建立跨部门数据共享平台，实行统一的数据管理和调度，避免因部门利益纠纷导致的数据共享困难。

事实上，数据共享机制不仅可以提高案件侦破的效率，还可以提升整个社会的治理能力。如前文所述，通过建立全国统一的金融犯罪大数据平台，将公安、银行、税务、工商等多部门的数据整合在一起，实现跨区域、跨行业的数据共享与联动分析。这样一来，不仅能够更加全面地识别和打击犯罪行为，还可以提升公共服务的质量和效率。

（二）常态化协作：制度化与敏捷性的平衡

在互联网金融犯罪案件侦办中，传统的联席会议制度往往存在响应滞后的问题，难以适应犯罪活动的快速变化。为了解决这一问题，需要引入动态治理框架[①]，在提升制度化管理的同时，保证协作的敏捷性。这一框架的引入可以实现跨部门的高效协作，增强应急响应能力。通过引入动态治理框架，公安机关可以在制度化管理和敏捷性协作之间找到平衡，实现对互联网金融犯罪的高效应对。

一方面，通过动态治理框架能够完成智能合约触发协作流程。当大数据平台识别出网贷平台的异常资金流时，可以自动向金融监管部

① TEECE D J. Explicating dynamic capabilities: the nature and microfoundations of (sustainable) enterprise performance [J]. Strategic Management Journal, 2007, 28 (13): 1319-1350.

门推送核查请求，并向通信管理局发起涉案域名封堵指令。例如，某网贷平台爆雷后，系统可以通过智能合约触发协作流程，将部门响应时间大大缩短。这种机制通过预设规则，实现了跨部门的高效协作，显著提升了应急响应的速度和效率。

另一方面，通过动态治理框架还能够实现数字孪生驱动的预案推演。数字孪生技术通过构建虚拟协作沙盘，模拟犯罪升级路径与部门联动效果，可以提升预判和决策能力。例如，公安机关可以通过数字孪生模型预判某平台爆雷风险，提前协调网信部门冻结涉案平台的下载渠道，从而有效避免投资人的损失。数字孪生技术不仅提升了预判和决策能力，还增强了跨部门协作的精确度和效率。

（三）流程再造：法律与技术的规则耦合

在互联网金融犯罪案件侦办中，协作规范需要超越传统的文本制度，借助技术手段实现“代码即法律”[①]的刚性约束，确保法律法规能够得到有效执行。通过将法律与技术相结合，可以大幅提升电子取证效率，确保证据的完整性和可靠性。可以通过机器学习，优化职责分配；通过自然语言处理技术，解析历史案件数据，自动生成部门职责权重矩阵。这样就可以根据实际情况优化资源配置，提高工作效率。这些技术手段能够精确识别出各部门在案件处理中的最优职责配置，减少了资源浪费，提高了协作效率。

## 四、加强人才培养和技术培训

互联网金融犯罪侦查需要突破技术黑箱，培养既懂法律又通技术的复合型人才，打造技术认知共同体。在应对涉网金融犯罪时，传统的专业分工模式往往无法满足复杂案件的需求，公安机关应重构侦查人员的能力，推进从“专业分工”到“T型知识”[②]的转变。在涉网金融犯罪侦查中，传统的专业分工模式可能会让数据分析专家、法律顾问和侦查人员分别处理各自的任务，但是他们之间的协作可能不够

① LESSIG L. Code and other laws of cyberspace [M]. NewYork: Basic Books, 1999: 59-60.

② T型知识结构中的水平横线代表广度，即个人在多个领域拥有的基本知识和技能。垂直竖线代表深度，即在某个特定领域的专业知识和深入理解。这样的知识结构帮助侦查人员在面对复杂和多样化的任务时，既能依靠其专业领域的深厚知识，又能利用广泛的基础知识进行跨学科的思考和合作。

紧密。而推行T型知识培养，侦查人员不仅掌握法律知识和侦查技能，还能够理解数据分析的基本原理、使用技术工具。这样，他们就能够更有效地与数据分析专家和法律顾问合作，提高案件侦破效率。

具体而言，可以通过构建元宇宙模拟训练体系完成人才培养。通过VR技术构建虚拟犯罪现场，侦查人员可以在模拟环境中完成链上数据分析、智能合约解析等任务，这样的训练模式不仅提高了实战能力，还促进了跨学科知识的融合。侦查人员在模拟训练中，不仅深化了对区块链和智能合约的理解，还提升了法律知识的应用能力，体现了T型知识的优势。此外，还可以通过对抗性学习机制实现T型知识人才培养。例如，邀请专业团队模拟犯罪攻击，技术人员需要在24小时内完成漏洞修复与证据固定。这种机制既增强了技术人员的防御能力，又丰富了他们的实战经验，因为这不仅要求他们具备深厚的网络安全知识，还需要掌握证据固定和法律合规的技能。

为了确保侦查人员不断提升技术能力，公安机关需要构建技术扩散平台，促进知识共享和技术创新。例如，设立“金融犯罪侦查算法库”，民警可以提交代码解决实际案件难题。这样的平台促进了知识共享和技术创新，帮助侦查人员不断提升技术能力。此外，还可以与Chainalysis、Elliptic等链上分析公司合作开展联合培训等。同时，将个体经验转化为组织记忆是提升侦查效率和能力的重要手段。通过知识管理系统，公安机关可以确保经验和知识的有效传承和应用。例如，将民警培训记录、案件贡献等数据上链存储，通过零知识证明实现隐私保护下的能力评估。

## 第三节　互联网金融犯罪案件的勘查要点

互联网金融犯罪案件的勘查本质上是现代社会治理中技术理性与法律程序深度融合的实践场域。其核心目标不仅在于通过科学化手段固定证据，更在于通过规范化的法律程序重构犯罪行为的可追溯性，从而在技术化的犯罪图景中还原权力与秩序的交锋逻辑。此类犯罪的技术隐蔽性与证据流动性使得传统侦查模式面临“工具失灵”与“程序失范”的双重困境，因此，需要构建“数据-资金-物理”三维勘查框架，以系统性思维回应技术犯罪对司法权威的消解，并通过证据树模型实现从碎片化取证到逻辑化验证的范式转型。

## 一、电子证据勘查技术化

在数字时代，证据的“真实性”不再依赖物理载体的稳定性，而是要通过技术工具重构法律信任的认知基础。电子证据的勘查过程实质上是法律程序对技术黑箱的祛魅，这一过程重塑了司法权威，并且构建了全新的信任机制。随着科技的进步，电子证据在司法程序中的地位日益重要，其技术化处理不仅提高了证据的可靠性和可采信性，也为司法权威的重构提供了新的路径。通过合法性建构与制度化转译，电子证据勘查技术为司法信任机制的重建铺平了道路。

### （一）数据提取的合法性建构

#### 1.镜像技术的程序正义意涵

全盘镜像技术（如DD、E01格式）的应用不仅是数据保全的技术手段，更是对“证据完整性”这一法律原则的技术诠释。通过无损备份，镜像技术将不可见的数字行为转化为可审查的司法对象，从而在技术操作与法律规范之间架设了桥梁。镜像技术不仅确保了证据的完整性，还传递了其程序正义意涵，确保了司法程序的公正性和透明性。

在某案件中，后台管理员试图通过批量删除交易记录掩盖犯罪行为，然而时间戳锚定技术揭露了这一行为。这一技术细节不仅揭露了犯罪故意，更凸显了法律程序对技术行为的反向规训。犯罪者试图通过技术手段消解证据，却因为技术工具本身的“程序留痕”特性而暴露其意图。这不仅强化了司法的权威性，还提升了公众对司法程序公正性的信任。镜像技术的应用使得电子证据不仅在技术层面得以保全，更在法律层面得到了承认，成为司法裁决的重要依据。

#### 2.云端取证的主权博弈

跨境调取云端数据的过程映射出数字时代司法管辖权的重构逻辑。《海牙取证公约》的援引与法律协作网关（LCG）的使用本质上是通过国际法律框架与技术协议的耦合，突破传统主权的物理边界。当犯罪团伙将数据存储于AWS法兰克福节点时，技术的中立性反而成为穿透主权壁垒的利器——云服务商的技术架构被迫承担起“准司法机构”的职能。

在这一过程中，技术的中立性成为司法取证的关键。云服务商在技术操作中的中立性不仅确保了数据的完整性，还在跨境取证中体现出技术手段对传统主权概念的超越。这既是数字全球化的必然产物，也暴露出技术资本对传统治理体系的挑战。通过这一技术与法律的结合，司法机构能够更有效地对抗跨国犯罪，维护全球数字空间的法治秩序。在跨境取证背景下，云端数据的调取不仅需要技术手段的支持，还需要国际法律框架的保障，使司法管辖权的边界得以重构，为跨国犯罪的追诉和惩治提供新的可能。

（二）从技术可信到司法公信的制度化转译

1.哈希上链的符号政治学

将电子证据哈希值写入司法联盟链的行为可以视为一种“技术仪式”——通过多节点共识机制，将抽象的数据完整性转化为具象的司法共识。杭州互联网法院链的实践表明，区块链不仅是技术工具，更是构建司法公信力的符号系统。当三地司法节点同步记录哈希值时，技术的去中心化特质被巧妙地转化为司法权威的分布式强化。在这个过程中，公众不仅看到了技术的可信性，更看到了司法体系的公正与权威。这种“代码即法律”的话语建构使得区块链在公众认知层面成为司法信任的新基石。通过这一技术符号，法律的执行不仅变得更加透明，还增强了公众对司法体系的信任和依赖。哈希上链技术的应用不仅提高了电子证据的安全性和可靠性，更为司法程序的透明性和公信力提供了坚实的技术支撑。

2.时间戳认证的时间政治

国家授时中心的可信时间戳（TSA）应用揭示了现代司法对“时间”这一基本维度的重新掌控。在服务器镜像生成、哈希计算、存证上链的每个环节加盖时间戳，实质上是通过技术手段将线性时间切割为可验证的司法单元。时间戳认证打破了犯罪者利用时间差制造证据模糊性的策略。通过对时间的精确掌控，法律事实的认定越来越依赖技术参数，司法的“钟表时间”正在取代传统的“叙事时间”。这一转变不仅提升了司法程序的科学性和准确性，还在技术理性的支持下强化了法律的威慑力与权威性。当技术手段成为法律程序的基本工具时，司法体系得以在更高层次上实现程序正义和事实认定的高度统一。时间戳认证技术的应用使得电子证据的时间维度得以准确记录和验证，为司法裁决提供了可靠的时间依据。

综上所述，通过电子证据勘查技术的合法性建构和制度化转译，不仅提升了司法程序的科学性和公正性，也为司法权威的重构和信任机制的重建提供了新的路径。在这个过程中，技术手段与法律规范的紧密结合不仅确保了证据的可信性和完整性，更为司法裁决的公正性和权威性提供了坚实的保障。电子证据勘查技术的发展既是技术进步的体现，也是司法体系在数字时代应对新挑战的重要手段。

## 二、资金流动的可见性政治与监管技术的权力再生产

资金流向的追踪不仅是技术问题，更是权力对资金流动可见性的争夺。随着全球金融市场的复杂化和跨国资金流动的增加，涉罪网贷案件中的资金跨域转移已成为犯罪者逃避监管和法律制裁的重要手段。这些犯罪者利用技术手段构建了隐秘的“资金暗箱”，使得资金流动变得难以追踪。而穿透式分析则是司法权力对这种“资金暗箱”的强制性照亮，通过技术手段揭示隐蔽的资金流向，从而实现对犯罪行为的有效打击。在这个过程中，技术不仅是工具，更是司法权威重建和监管技术权力再生产的关键。

### （一）银行账户分析：金融数据的权力化书写

#### 1.交易图谱的社会网络解构

通过图数据库（Neo4j）构建的“账户-交易-主体”三维关系图谱，本质上是对金融行为的社会网络解构。这种技术手段不仅揭示了资金流动的具体路径，更通过数据的可视化，揭示了隐藏在背后的社会关系网络。当资金归集规律被可视化呈现时，抽象的资金流动被还原为具体的社会关系网络，暴露出亲属账户嵌套背后的“差序格局”式犯罪组织。

例如，在某些网贷犯罪案件中，犯罪者通过亲属关系网和层层嵌套的账户结构，试图隐匿非法资金的流向。利用图数据库技术，执法机关能够构建详细的交易图谱，揭示出这些账户之间的关系和资金流动规律。交易图谱将抽象的金融数据具象化，显示出犯罪组织如何利用复杂的关系网络进行资金洗钱。在这一过程中，司法权力通过技术手段，对犯罪者构建的“资金暗箱”进行强制性照亮，确保了金融数据的透明性和可追溯性。

不难发现，金融数据的社会网络解构是揭示犯罪组织运作模式的关键。通过图数据库技术的应用，侦查机关可以从宏观层面了解资金流动的整体情况，并从微观层面识别具体的可疑交易，进而有效打击金融犯罪。

2.时序模型的制度批判价值

ARIMA模型识别的周期性异常交易在技术层面是数据规律的发现，在社会学层面则是对犯罪者“制度套利”行为的揭露。例如，某“消费返利”平台选择月末通过工资代发洗钱，利用企业财务周期的制度惯性掩盖非法资金流动。这一时序策略的选择反映了犯罪者对正式经济制度的寄生性利用，也暴露出监管体系在时序维度上的结构性漏洞。通过时序模型分析，执法机关不仅能够发现异常交易规律，还能够识别出犯罪者利用制度漏洞进行违法操作的手法，从而在制度层面进行有效的监管和防范。

这种时序模型的应用不仅提高了执法的精确性，也促使监管部门对现行制度进行反思和改进，弥补制度的漏洞，从而增强金融监管的有效性。通过时序模型的应用，执法机关可以在已发现的数据规律的基础上，建立更科学合理的金融监管体系，有效遏制金融犯罪。

（二）虚拟货币追踪：匿名性与监管性的技术辩证法

1.混币器破解的技术政治学

Chainalysis Reactor对混币器（如Wasabi Wallet）的UTXO关联路径追踪实质上是监管技术对加密算法匿名承诺的解构。当USDT的发行记录与混币器地址被强制关联时，技术中立的幻象被打破——看似去中心化的虚拟货币体系，依然无法摆脱发行方数据控制权的制度性权力。在这一过程中，监管技术的应用标志着“监管即服务”（Regulation-as-a-Service）的新型权力形态正在形成。通过对混币器路径的追踪，执法机关能够识别出非法资金的流向和关联账户，从而对虚拟货币的匿名性进行有效打击。监管技术的应用表明了技术与权力之间的紧密关系，同时也揭示了监管手段在维护金融市场秩序中的关键作用。事实上，虚拟货币的监管挑战在于其匿名性和去中心化特点，但是通过监管技术的不断发展，执法机关能够逐步破解这些技术障碍，从而有效应对虚拟货币犯罪。

2.隐私币监管的认知暴力

对Monero（XMR）等隐私币的交易图谱分析，本质上是通过技术手段实施认知暴力——将犯罪者精心构建的匿名网络强制纳入监管者的认知框架。当XMR交易时间戳与IPFS订单信息被关联时，技术匿名性所依赖的“碎片化认知”被系统性分析所瓦解。这种认知层面的技术对抗揭示了数字时代监管权力的再生产逻辑：不仅是规则的执行，更是认知秩序的强制整合。通过对隐私币交易路径的分析，执法机关能够揭示出隐匿的犯罪网络和资金流动，从而在认知层面对犯罪行为进行全面打击。隐私币监管的技术手段既是对犯罪者匿名网络的有效瓦解，也是对金融市场秩序的有力维护。可见，隐私币的监管需要综合运用技术手段和法律措施，通过多层次监管策略，实现对隐匿犯罪的有效打击。在这一过程中，监管技术不仅提高了金融监管的有效性，也增强了公众对金融市场的信任。

## 三、物理场所勘查智能化

物理场所的勘查已超越传统的物证收集，演变为通过智能技术对身体、空间与物质的再诠释，进而构建起新型的微观治理术。现代司法体系正在利用物联网和生物识别技术，通过对物质空间和身体特征的数字化和智能化勘查，实现对犯罪活动的精准打击和有效治理。

（一）物联网取证：物质空间的数字化规训

1.智能设备日志的权力铭刻

智能设备日志的提取不仅是犯罪证据的发现，更揭示了技术物如何成为权力监控的触角。以打印机任务队列记录为例，当日均1 200份的虚假合同打印量被量化呈现时，物质生产行为被转化为可计算的犯罪指标。这标志着福柯所说的“规训权力”向数字空间的延伸——犯罪者的身体动作被物联网设备持续编码，成为司法凝视的对象。

通过对智能设备日志的分析，司法机构能够重构犯罪者的行为轨迹，实现对犯罪活动的精准定位。这不仅强化了技术手段在犯罪侦查中的应用，也凸显了技术物在司法体系中的重要性。智能设备日志记录的提取使得犯罪行为的隐蔽性和复杂性得以暴露，提升了司法机构对犯罪活动的监控能力。近年来，物联网技术的发展使得智能设备在各行各业的应用越来越广泛，这也为司法取证提供了丰富的数据来源。例如，智能家居设备的使用不仅提高了人们的生活便利性，也为司法机关提供了重要的证据线索。通过对智能设备日志的分析，司法机构能够获取犯罪行为的详细记录，从而提高案件侦破的效率和准确性。

2.环境数据反推的认知革命

通过智能电表数据揭露机房断电谎言的过程实质上是司法权力对物质环境的重新诠释。当用电量曲线成为指控证据时，传统的物质空间被数据化重构，物理存在被转化为信息流中的可解析信号。这种认知范式的转变使得“物质即信息”的技术哲学在司法领域得到具象化实践。

通过环境数据反推，司法机构能够从物质空间的数据化表征中，识别出犯罪行为的蛛丝马迹。这种认知革命不仅提升了证据的采信度和可靠性，也增强了司法程序的科学性和准确性。环境数据的反推和分析使得物理场所的勘查变得更加智能化和高效化，为司法机构提供了全新的取证手段和技术路径。例如，通过智能电表数据分析，司法机构可以判断某个时间段内是否存在异常的用电情况，从而推断出犯罪行为的发生。这种基于数据分析的取证方法不仅提高了证据的客观性和科学性，也为司法审判提供了更加有力的支持。

（二）生物识别：身体政治的再技术化

1.微生物群落的司法叙事

键盘皮屑DNA的微生物群落分析将不可见的生物痕迹转化为身份识别的技术文本。这种取证手段不仅拓展了生物证据的范畴，更重塑了身体与司法的关系——当人体微生物成为“生物签名”时，身体被彻底解构为可读取的信息载体，生物政治学在技术的加持下进入分子层面。

通过微生物群落分析，司法机构能够从微观层面识别犯罪嫌疑人的身份，这种高精度的生物识别技术大大提高了犯罪侦查的效率和准确性。微生物群落的司法叙事使得身体的生物特征成为重要的证据来源，提升了司法取证的科学性和可靠性。近年来，随着DNA测序技术的进步，微生物群落分析在司法领域得到了广泛应用。例如，通过对犯罪现场微生物群落的分析，司法机构可以从中提取犯罪嫌疑人的

DNA 信息，从而锁定犯罪嫌疑人的身份。这种高精度的生物识别技术不仅提高了案件侦破的效率，也为司法裁决提供了更加有力的科学依据。

2.步态识别的权力拓扑学

通过步幅与摆臂角度锁定犯罪嫌疑人，标志着司法识别从“面容政治”向“运动政治”的转型。当戴口罩伪装无法掩盖独特的步态特征时，身体运动的时空参数成为新的身份标识符。这种技术不仅改变了侦查手段，更重构了权力对身体的管控方式——从静态特征识别到动态行为解码的权力拓扑学转变。

步态识别技术的应用使得司法机构能够在动态条件下识别和追踪犯罪嫌疑人，克服了传统静态识别方法的局限性。这种权力拓扑学的转变不仅提升了侦查技术的精确性和灵活性，也加深了司法机构对犯罪嫌疑人行为特征的理解和掌控，为司法机构提供了更为全面的侦查手段。近年来，随着人工智能和计算机视觉技术的发展，步态识别技术在司法领域得到了广泛应用。例如，通过对犯罪嫌疑人步态特征的分析，司法机构可以在监控视频中识别出犯罪嫌疑人的身份，从而提高案件侦破效率。这种基于动态行为的识别方法不仅提高了司法取证的准确性和可靠性，也为现代司法体系的进一步发展提供了新的技术支撑。

## 四、勘查流程优化

这种优化不仅是技术工具的升级，更是司法认知范式的结构性变革。在系统论视域下，证据不再是孤立的个体，而是通过系统整合形成的有机整体。这样的证据秩序重构极大地提升了司法效率和准确性。

（一）证据节点的涌现性生成

1.自动化标签的知识生产

自然语言处理技术对证据的自动标注（如“资金归集”“合同伪造”）实质上是通过算法重构司法认知的范畴体系。当标签聚类揭示资金异常与合同造假的时空关联时，技术工具超越了传统工具理性的范畴，成为司法知识生产的主动参与者。这种“人机共谋”的知识生成模式正在重塑证据分析的认知边界。

例如，通过自然语言处理技术，司法机构能够对大量证据文本进行自动化处理，将相关的证据标签化，以便后续分析和检索。当系统自动标注出某些交易记录为“资金归集”或某些文件为“合同伪造”时，司法人员能够快速识别并聚焦于关键证据。这不仅提高了取证效率，还增强了证据分析的准确性和科学性。

此外，自动化标签技术还能够揭示隐藏在大量数据中的时空关联，为司法认知提供更为全面和深入的视角。例如，通过聚类分析，系统能够发现某些异常资金流动与合同造假行为的时空关联，从而为司法机构提供更有力的证据支持。这种自动化知识生产模式不仅拓展了司法人员的认知边界，也提高了司法决策的科学性和可靠性。

2.假设检验的认知暴力

机器学习模型对证据链逻辑一致性的验证本质上是通过算法实施认知规训。当“资金归集量>500万元且合同缺失率>30%”的规则自动触发诈骗嫌疑时，技术标准正在替代法律解释，成为事实认定的前置条件。这种认知权力的算法化转移暴露出技术理性对司法自由裁量权的侵蚀风险。

在实际操作中，机器学习模型能够通过对大量证据数据的分析，自动生成证据链的逻辑规则，并对这些规则进行验证。例如，当系统检测到某案件的资金归集量超过500万元且合同缺失率超过30%时，自动触发对该案件的诈骗嫌疑调查。这种基于算法的证据链验证极大地提升了案件处理的效率和准确性。

然而，这种技术理性对司法自由裁量权的侵蚀风险也不容忽视。当技术标准替代法律解释成为事实认定的前置条件时，司法人员在案件处理中的自由裁量权可能被削弱。这种认知权力的算法化转移要求司法机构在使用技术工具时，保持对技术的警惕，确保技术应用的合理性和合法性，避免因技术过度依赖而影响司法公正。

（二）决策辅助的界面政治

1.可视化看板的权力剧场

风险预警看板的实时数据展示构建起技术化的司法权力剧场。当电子证据提取进度、资金追踪路径以动态图表呈现时，复杂的犯罪网络被简化为可操控的界面符号，决策者通过视觉消费完成了对犯罪图景的认知征服。

在实际操作中，风险预警看板能够通过实时展示案件的各项数据指标，如电子证据提取进度、资金追踪路径等，使司法人员直观地了解案件的进展情况。通过动态图表的形式，复杂的犯罪网络被简化为可视化的界面符号，方便决策者进行分析和判断。这种视觉消费的过程不仅提升了决策效率，也增强了决策的科学性和准确性。可以说，可视化技术在提升司法效率和准确性方面具有重要作用。通过风险预警看板，司法人员能够更加直观和全面地掌握案件信息，从而作出更为准确和科学的决策。这种技术化的权力剧场为司法决策提供了新的工具和方法，有助于提升司法公信力和权威性。

2.智能报告的文本政治

机器人流程自动化（RPA）技术生成的勘查报告通过区块链存证链接将法律文本锚定在技术协议之中。当证据引用错误率下降至0.3%时，这不仅意味着效率提升，更暗示着法律文书的技术化转型——文本的权威性不再仅源于司法印章，而是通过哈希值在数字空间获得了二次确证。

在实际操作中，RPA技术能够自动生成勘查报告，通过区块链技术对报告进行存证和验证。这不仅提高了报告生成的效率，还确保了报告内容的真实性和可靠性。例如，当证据引用错误率下降至0.3%时，说明智能报告在准确性和可靠性方面达到了前所未有的高度。这种技术化的转型使得法律文书的权威性不再仅依赖传统的司法印章，而是通过哈希值在数字空间获得了二次确证。

这种技术化转型的意义在于，通过技术手段提升法律文书的权威性和公信力，为司法体系的进一步发展提供了坚实的技术支撑。通过RPA技术和区块链存证，司法机构能够更加高效和准确地生成和管理法律文书，提升司法效率和公正性。可以说，勘查流程优化通过引入证据树模型，实现了从机械叠加向系统整合的认知跃迁。这不仅提升了取证效率和准确性，还为司法认知范式的结构性变革提供了新的路径。通过自动化标签、机器学习和可视化技术等，司法机构能够更为精准和高效地进行证据分析和案件决策，提升了司法公信力和权威性。

## 第四节　互联网金融犯罪案件的侦查反思

互联网金融犯罪案件的侦查实践既是技术理性与法律程序深度互构的产物，也是传统刑事司法体系应对数字文明冲击的缩影。在技术工具革新与制度调适的张力中，侦查活动暴露出权力重构的异化风险、程序正义的认知失衡与治理效能的边界困境三重深层矛盾。本节以批判性视角审视现有侦查模式的局限性，并提出数字时代犯罪治理的范式转型路径。

### 一、侦查权的算法化重构风险

技术工具的深度嵌入正在重塑侦查权的运行逻辑与权力结构，其潜在异化风险需引起警惕。算法化侦查的勃兴表面上是对传统侦查手段的技术补强，实则暗含权力运行范式的根本性嬗变。这种嬗变既折射出福柯笔下“规训权力”向数字空间的延伸，又暴露出哈贝马斯所批判的“工具理性”对司法场域的殖民。当侦查权从物理强制转向数据操控、从经验判断转向算法决策时，技术中立的面纱下潜藏着深刻的权力异化危机。

（一）算法决策的“黑箱化”危机

1. 认知让渡的合法性困境

机器学习模型通过异常交易识别、资金网络聚类等技术手段生成侦查线索，但是算法决策过程缺乏透明性。例如，如果公安机关使用人工智能学习模型筛选网贷平台风险指数，但是不公开模型训练数据，这将导致法庭质证时无法解释“高风险”判定的具体依据，无疑是对辩方权利的剥削，抑或是对控方权力的扩张，从而引发证据合法性等系列争议。

这一困境的实质是司法认知权从人类主体向算法系统的隐秘让渡。算法模型的“特征工程”本质上是对犯罪现象的降维解释，其通过数据清洗、特征筛选构建的“犯罪画像”实为对复杂社会关系的暴力简化。当多维度的行为动机、社会情境被压缩为二进制的风险标签时，司法的“事实认定”沦为统计学意义的概率游戏。现代司法的权威建立在程序理性与说理公开上，然而算法“黑箱化”对因果链条的遮蔽使得侦查结论成为无法被理性审视的“数字神谕”。这不仅消解了《刑事诉讼法》中的质证权，更动摇了“证据裁判主义”的根基。当机器学习的关联性取代因果性成为定罪依据时，法律推理正在经历从“解释为何”到“预测如何”的范式塌缩。

2.权力转移的隐蔽性

当区块链存证、链上追踪等技术由私营科技公司提供时，侦查权实质上部分让渡给技术资本。例如，公安机关通过与第三方科技公司合作的方式，成功破获了利用网贷平台洗钱的案件并完成了跨境追赃，第三方公司以商业秘密为由拒绝披露关联算法，这将导致法庭无法验证资金追踪结论的科学性，使得技术黑箱成为新型权力壁垒。事实上，这将导致侦查权谱系的重构。知识生产与权力运作具有同构性，在算法侦查场景中，第三方科技公司通过垄断数据解析技术，悄然攫取了“知识-权力”的定义权。当侦查机关依赖第三方技术报告作为定罪依据时，公共司法权正被私营企业的商业秘密所绑架。这种“技术外包”现象实质上是新自由主义公共权力私有化的数字变体。

进一步讲，这种现象在一定程度上也是对程序正义的消蚀。技术资本对侦查流程的深度介入打破了“权力-责任”的对称性结构。区块链存证虽标榜“不可篡改”，但是其共识机制的设计权、节点的准入规则仍掌握在科技公司手中。当存证链的“去中心化”叙事遭遇中心化技术垄断的现实时，程序正义沦为技术精英主义的修辞工具。更危险的是，这种权力转移往往以“效率至上”的名义获得正当性，使得对技术专制的批判被污名为反进步的保守主义。

（二）主体性消解与责任伦理困境

可能有学者提出，如果公安机关自行研发技术，就不存在第三方科技公司使侦查权重构的问题。但事实并非如此，即使公安机关自行掌握技术，同样面临人类主体性消解的问题，因为算法化侦查本身引发的不仅是技术层面的争议，更触及现代法治的哲学根基——人的主体性地位。当机器学习模型替代侦查人员进行线索评估、当智能合约自动触发资产冻结时，司法活动中的“人”正在被降维为技术系统的附庸。

1.从“理性存在者”到“数据实体”的异化

康德哲学强调人是目的而非手段，但是在算法决策系统中，涉案主体的行为数据被解构为特征向量，其道德选择、社会关系被简化为概率分布。这种“数字客体化”过程使得司法对待人如同对待物，违背了启蒙运动以来的人文主义传统。

一方面，算法化侦查会完成认知层面的去主体化。机器学习模型将涉案主体的行为轨迹转化为特征向量，如将“转账频率=0.87”“社交网络密度=0.42”等同，这是道德选择被简化为概率分布的异常值体现。如果将其应用到实际案件中，由于亲属突发重病而频繁借贷的用户就会被算法标记为“高风险欺诈对象”或“高风险洗钱对象”，侦查人员的主体性完全被压缩为可计算的信号噪声。

另一方面，算法化侦查还会完成存在论层面的技术殖民。海德格尔对技术“座架”（Gestell）的批判在此显现——当步态识别技术通过摆臂角度、步幅距离定义个体身份时，人的身体存在被异化为技术规训的参数集合。例如，公安机关在建立步态数据库时，每个公民都会被抽象为“步态向量空间”中的坐标点，存在论意义上的“此在”（Dasein）沦为可检索的技术对象。这种异化不仅消解了人的自由本质，更使司法沦为技术理性的执行工具。

2.算法黑箱中的道德盲区

汉斯·约纳斯在《责任原理》中强调，技术文明需要建立“面向未来的责任伦理”[①]，但是算法化侦查系统陷入了“追溯性追责”与“预防性失控”的双重困境。当侦查结论源于算法模型的统计推断时，责任主体变得模糊不清——是算法开发者、数据标注员，还是采纳技术的侦查机关？这种责任弥散化现象与约纳斯提出的“责任伦理”形成激烈冲突。如果在网贷平台案件侦查中，因算法误判使企业的正常经营受阻，追责时将会陷入“有组织的不负责”困境。同样，如前文所举例子，由于亲属突发重病而频繁借贷的用户被算法标记为“高风险诈骗对象”或“高风险洗钱对象”而纳入侦查视野，公安机关不可避免地会对其进行初查，此时是否应当承担责任也将成为新的难题。

在网贷平台风险预警模型中，责任链条可能被技术系统无限拉长——数据标注员的认知偏差、算法工程师的参数选择、侦查机关的采纳决策共同构成“无责之网”。可以设想一个例子，公安机关使用模型误判某合规平台为“非法集资”导致其融资渠道被冻结，但是在

① 甘绍平．应用伦理学前沿问题研究［M］．南昌：江西人民出版社，2002：112.

追责时，如果算法开发者以“技术中立”推诿、数据提供方以“匿名化处理”免责、侦查机关以“系统输出结果”搪塞，最终将形成约纳斯所警示的“责任蒸发”现象。

究其原因，在于技术替代了伦理判断。这一过程可进一步具像化，如在开发阶段建立智能合约自动执行类似“利率超过36%即冻结账户”“一天频繁转账少于5次”等系列规则，原本需要价值权衡的司法裁量，如企业临时周转、个人生活中某一时段频繁转账的合理性等问题，则被简化为机械的阈值判断。例如，某小微企业因节前工资发放需要临时提高借款利率至36.5%，或由于春节客户需要频繁周转资金，智能合约可能直接触发账户冻结，这种“代码即法律”的执行暴露出技术系统对情境伦理的吞噬。

在侦查权的数字化重构中，法律人既需警惕技术乌托邦的诱惑，也要避免陷入卢德主义式的保守。唯有在技术应用中始终保持批判性反思，方能守护法治文明的人本主义内核。

（三）生物识别的伦理失范

生物识别技术的勃兴表面上标志着刑事侦查手段的现代化跃升，实则暗含着深刻的伦理危机。当人体生物特征被编码为可计算、可交易的数据流时，技术理性对生命政治的殖民已悄然完成。这种殖民不仅表现为对个体生物主权的剥夺，更在司法场域中重构了权力与身体的拓扑关系，使得福科笔下的“生命权力”（Biopower）在数字时代获得了新的技术载体。

1.从身体主权到数字他者

侦查权在数字时代的运行过程中，无可避免地与个人信息权之间存在一定的矛盾。例如，公安机关要建立“生物特征数据库”，将收集无数公民的生物信息，如果在未经同意的情况下进行数据采集，将涉嫌侵犯《个人信息保护法》第十三条[①]规定的“知情同意”原则。

---

① 《个人信息保护法》第十三条规定，符合下列情形之一的，个人信息处理者方可处理个人信息：（一）取得个人的同意；（二）为订立、履行个人作为一方当事人的合同所必需，或者按照依法制定的劳动规章制度和依法签订的集体合同实施人力资源管理所必需；（三）为履行法定职责或者法定义务所必需；（四）为应对突发公共卫生事件，或者紧急情况下为保护自然人的生命健康和财产安全所必需；（五）为公共利益实施新闻报道、舆论监督等行为，在合理的范围内处理个人信息；（六）依照本法规定在合理的范围内处理个人自行公开或者其他已经合法公开的个人信息；（七）法律、行政法规规定的其他情形。依照本法其他有关规定，处理个人信息应当取得个人同意，但是有前款第二项至第七项规定情形的，不需取得个人同意。

如果以公共安全为由，公民个人是否有能力拒绝权利的让渡呢？

如果答案是否定的，这将如同殖民时代对土地与劳动力的掠夺一样。不同的是，数据殖民主义通过技术手段将人体生物特征异化为可提取、可积累的“数据资源”，如步态识别技术将行走姿态转化为特征向量、微生物DNA分析将体表菌群转化为身份标识符等。在此过程中，人的生物性存在被解构为可被权力机器征用的数字他者，这将是可怕的存在。

《个人信息保护法》第三十五条[①]虽规定国家机关处理个人信息需“为履行法定职责所必需”，但是“公共安全”概念的模糊性使生物数据收集陷入“目的泛化”陷阱。当街头监控镜头无声采集行人虹膜信息、当地铁安检系统自动提取乘客掌静脉数据时，公民在公共空间的生物性存在沦为权力的数据矿场。这种“无意识采集”比传统监视更危险，它使个体在不知情中永久丧失了对自己生物特征的处置权。这是法律掩饰下的权力无形扩张。

2.技术偏见与司法歧视的系统性合谋

当技术系统通过步幅、声纹等参数定义“犯罪嫌疑人特征”时，由于算法在处理数据时可能产生的系统性偏见和不公平对待，这些看似客观的数据模型实则在司法实践中再生产结构性歧视。而前文论述的算法决策的“黑箱化”问题，事实上又增大了算法歧视的风险，在不透明的决策过程中使算法偏见难以被发现和纠正，这暴露出技术偏见对程序正义的系统性威胁。训练数据集的殖民性遗产（如以白人男性为主的生物特征样本）、特征工程中的文化无意识（将特定步态关联犯罪倾向），使得算法成为固化社会偏见的“自动化歧视机器”。具体到在网贷案件侦查中，公安机关可能利用声纹识别筛选“诈骗高危人群”，但是因方言识别准确率差异，可能使某一地区的人群被错误标记的概率上升。布尔迪厄指出，权力通过符号系统将支配关系合法化。[②]当生物识别算法将特定身体特征与犯罪风险关联时，实质上是将历史形成的社会不平等转化为“科学客观”的技术结论。

---

① 《个人信息保护法》第三十五条规定，国家机关为履行法定职责处理个人信息，应当依照本法规定履行告知义务；有本法第十八条第一款规定的情形，或者告知将妨碍国家机关履行法定职责的除外。

② BOURDIEU P. Language and symbolic power [M]. Cambridge, MA: Harvard University Press, 1991: 160-200.

## 二、技术效率对司法理性的侵蚀

技术工具在提升侦查效率的同时，它也正在消解传统刑事诉讼程序的价值内核，引发司法理性的结构性危机。这种危机不仅体现为技术对司法程序的工具性改造，更在于其从根本上撼动了程序正义的哲学根基——当技术效率以“客观中立”之名解构法律程序的形式理性时，司法的正当性基础正遭遇启蒙运动以来最严峻的挑战。

（一）取证程序的“去司法化”倾向

1.跨境云取证的主权消解

通常情况下，跨境取证涉及多个司法管辖区，需要通过正式的司法协助程序，如按《海牙取证公约》规定的方式来进行。这些程序包括请求外国司法机构提供协助、搜集证据等，以确保法律程序的正当性和合法性。然而，随着云计算和数据存储技术的发展，数据可能分布在全球各地的服务器上，通过云服务提供商（如AWS）获取数据变得更加便捷和高效。这引发了一个法律和技术的讨论，即是否和如何通过技术手段来实现跨境数据取证，而不依赖传统的司法协助程序。在这种情况下，技术协议（如AWS的法律网关）可能被视为一种新的准则，但是要在法律框架内进行审查和确认。随着技术的发展和数据存储方式的变化，传统的司法协助程序可能受到挑战或被改造。未来，如果能够依据《海牙取证公约》第十八条[①]通过AWS法律网关直接调取境外服务器数据，实质上是架空了传统司法协助程序。例如，在某虚拟货币案中，公安机关调取了境外数据作为证据，辩护律师质疑该取证方式违反《中华人民共和国国际刑事司法协助法》第四条规定[②]的“对等原则”，法院很可能以技术中立性为由驳回异议，此时技术协议将替代国际法成为跨境取证的新准则。

---

① 《海牙取证公约》第十八条规定，缔约国可以声明，根据第十五条、第十六条、第十七条被授权调取证据的外交官员、领事代表或特派员可以申请声明国指定的主管机关采取强制措施，对取证予以适当协助。声明中可包含声明国认为合适的条件。如果主管机关同意该项申请，则应采取其国内法规定的适用于国内诉讼程序的一切合适的强制措施。

② 《中华人民共和国国际刑事司法协助法》第四条规定，中华人民共和国和外国按照平等互惠原则开展国际刑事司法协助。国际刑事司法协助不得损害中华人民共和国的主权、安全和社会公共利益，不得违反中华人民共和国法律的基本原则。非经中华人民共和国主管机关同意，外国机构、组织和个人不得在中华人民共和国境内进行本法规定的刑事诉讼活动，中华人民共和国境内的机构、组织和个人不得向外国提供证据材料和本法规定的协助。

传统主权理论建立在领土边界的物理性之上，而云计算架构使数据存储呈现“去地域化”特征。当侦查机关通过API接口直连境外服务器时，威斯特伐利亚体系下的司法主权让位于“技术利维坦”的全球治理。这种“数字例外主义”实质上是新殖民主义的变体，科技巨头通过控制云基础设施，将发展中国家纳入数据附庸体系。哈贝马斯强调，法律程序的正当性源于交往理性的商谈过程[①]，如果云取证的技术闭环（自动调证→算法验证→直接采纳）消解了国际司法协助中的对等协商机制，程序正义将沦为技术霸权的话语装饰。

2.时间戳认证的权威僭越

国家授时中心的时间戳认证虽增强了证据的可信度，在一定程度上却使司法事实的认定权从法庭转移至技术机构。当被告人质疑时间戳生成机制时，法官可能直接采信技术报告，导致“技术权威”凌驾于司法审查之上。对于传统专门性问题在司法实务中实质化质证尚且不存在，如何保证在新科技背景下的专门性报告能够得到合理的质疑呢？圣奥古斯丁曾追问“时间究竟是什么”[②]，而在数字司法中，时间已被技术权力重新定义。时间戳的“不可篡改性”如不合理规制，将成为技术精英构建的认知霸权，因为其背后依赖的网络时间协议（Network Time Protocol，NTP）、原子钟同步等机制，本质上仍是人为设计的可操控系统。在这种情况下，如果法庭将时间真实性委托给技术机构认证，司法判断的终极性将无可避免地遭遇根本性质疑。

进一步讲，这加剧了司法审判证据审查的形式化危机。根据证据法学原理，任何证据必须经受“合法性、真实性、关联性”三重检验，但是如果没有建立合理的实质化审查机制，技术黑箱必然使得时间戳的真实性验证沦为形式审查，法官不得不在“技术正确性推定”下放弃实质判断权。以传统物证鉴定为例，对于某些很明显的印章是否是同一个这类问题，法官都需要通过鉴定来回答；面对复杂的算法化问题，如何期待法官能进行审查报告的三重检验呢？如果不及时解决对技术权威的盲目信任问题，司法很容易沦为技术决定论的奴隶。

---

① HABERMAS J.Between facts and norms：contributions to a discourse theory of law and democracy［M］. Translated by William Rehg. Cambridge，MA：MIT Press，1996：17-28.

② AUGUSTINE S. Confessions［M］. Translated by Henry Chadwick. Oxford：Oxford University Press，1991：200-220.

（二）权利保障的真空地带

1.数据主体的知情权悬置

联邦学习模型往往声称保护隐私，并通过数据匿名化来实现这一目标。然而，根据差分隐私理论，真正的匿名化需满足$\varepsilon$-差分隐私条件，即在数据处理中保证特定数据主体的存在与否不会显著影响输出结果[①]。在实践中，多数机构仅进行简单的标识符删除，即去除个人身份信息，如姓名、身份证号等。这种简单的处理方法并不能完全保护个人隐私，当公民的交易模式、行为特征仍可通过联邦学习模型反推个人身份时，所谓“匿名化”不过是权力主体规避知情同意的修辞策略。

欧盟法院（Court of Justice of the European Union）在数据保护专员诉诉Facebook爱尔兰有限公司及马克西米利安·施雷姆斯案（Data Protection Commissioner v. Facebook Ireland Limited and Maximillian Schrems，案件编号为C-311/18，也称Schrems Ⅱ案）中明确指出，美国公司的数据匿名化标准无法抵御国家级情报机构的数据关联分析，判定“隐私盾协议”无效。该判决揭示了一个残酷的事实：当数据控制者采用$\varepsilon \geqslant 5$的宽松差分隐私参数（合规标准应$\leqslant 1$）时，用户重识别风险将超过60%[②]，这使得欧盟《通用数据保护条例》（GDPR）第26条规定的“合理匿名化”沦为技术修辞。也就是说，如果某网贷平台用户发现其交易记录被用于训练犯罪预警模型后提起诉讼，法院如果以“数据已匿名化”为由驳回诉求将是不合理的。尽管数据表面上已去标识化，但是交易模式和行为特征等细节仍可能被重构出个人身份。如果不能有效处理这种情况，公民对其数据的主权和控制权实际上就被剥夺了。

此外，德国联邦宪法法院（Bundesverfassungsgericht）在1983年人口普查案（Volkszählungsurteil，案件编号为BVerfGE65，1）中确立的“信息自决权”在算法时代将遭遇根本性挑战。当用户行为数据通过联邦学习转化为犯罪预测模型的输入特征时，个体被降维为《启

① DWORK C，MCSHERRY F，NISSIM K，et al. The algorithmic foundations of differential privacy [M]. Hanover，MA：Now Publishers Inc，2014：211-407.

② BACH F.Differential privacy and noisy confidentiality concepts for European population statistics [J]. Journal of Survey Statistics and Methodology，2022，10（3）：642－687.

蒙辩证法》中霍克海默所批判的“工具理性载体”。联邦学习的参数共享机制实质上构成对人的认知殖民。这一过程中的个体被抽象为若干参数，人的主体性和尊严被消解为算法优化的工具。具体来说，当公民的金融行为被抽象为犯罪预测模型的输入参数时，这种客体化过程导致个体的主体性被忽视。实证研究表明，美国COMPAS再犯评估算法将黑人被告的错误风险评估率提升至白人被告的2倍①，这种算法暴力印证了阿多诺关于“同一性哲学”的警告——技术理性正在将人性差异压缩为可计算的危险系数。

2.辩护权的技术性剥夺

区块链存证与AI证据分析正在重构司法竞技场的力量对比，利用技术无形中压缩了辩方的权利。美国威斯康星州最高法院在2016年的威斯康星州诉埃里克·卢米斯案（Loomis v. Wisconsin，案件编号为881 N.W.2d 749）案中首次认定，被告人因无法获取COMPAS算法的训练数据与逻辑代码，实质上被剥夺了正当程序权利。当津巴布韦马斯温戈高等法院（Masvingo High Court of Zimbabwe）在国家公诉杜贝及另一人案（S v. Dube and Another，案件编号为［2021］ZWMSVHC 12）②中采信未经披露训练集的AI枪支识别证据时，实质上将“无罪推定”异化为“算法推定”。具体来说，AI技术的使用涉及复杂的算法和训练数据，而这些训练数据的内容和来源往往不会被公开披露。在这种情况下，被告可能面临一种困境：即使他们没有实际的证据证明自己有罪，但是AI算法可能给出一个高置信度的结论，从而影响法庭的判决。在这种情况下，“无罪推定”可能被替代为“算法推定”，即被告有罪与否被算法决定，而不是通过传统的证据和审判过程来确定。

事实上，当证据以区块链哈希值、机器学习模型等形态呈现时，辩护方因技术壁垒难以有效质证。如果辩护律师申请调取存证链的节点验证记录，但是因涉及商业秘密未获准许，实质上就剥夺了被告人

---

① ANGWIN J，LARSON J，MATTU S，et al.How we analyzed the COMPAS recidivism algorithm［EB/OL］.（2016-05-23）［2025-05-19］. https：//www.propublica.org/article/how-we-analyzed-the-compas-recidivism-algorithm.

② ZimLII. S v Dube and Another （12 of 2021）［2021］ ZWMSVHC 12 （10 March 2021）［EB/OL］.（2021-03-10）［2025-05-19］. https：//zimlii. org/akn/zw/judgment/zwmsvhc/2021/12/eng@2021-03-10.

的对质权，科技公司的商业秘密主张也会因此形成新型司法豁免权。这种技术鸿沟就是罗尔斯“正义原则”在数字时代的失效。当公诉机关能调用天河超级计算机进行百万次哈希碰撞测试，而辩护律师受限于市售取证软件的固定算法包时，程序正义沦为算力碾压的遮羞布。

（三）司法理性的救赎：在技术迷宫中重建程序价值

破解技术对程序正义的解构，需要回归程序法理的元问题——司法究竟是人类理性的实践，还是技术系统的附庸？借鉴法兰克福学派的工具理性批判理论，必须揭露技术效率背后的支配逻辑。区块链存证的“不可篡改性”不应成为免于司法审查的特权，而需经受“可证伪性”检验——通过引入零知识证明等技术，在保护隐私的同时实现验证过程的可解释性。同时，建立公共技术验证平台，将机器学习模型、加密算法等置于开源社区监督之下。通过技术民主化打破私营企业的知识垄断，使辩护方能够借助公共资源实现有效质证。

现行法律框架仍困于“技术工具论”的认知窠臼。当立法者将联邦学习视为价值中立的“效率工具”时，就必然忽视其作为权力装置的剥削本质。唯有将技术架构本身纳入隐私权审查范围，才能遏制算法系统的权利侵蚀。在这场技术与法律的角力中，程序正义不应是效率至上的牺牲品，而应成为规制技术理性的罗盘。唯有坚守“通过程序的正当化”这一法治精髓，方能避免司法沦为技术乌托邦的献祭。

## 三、技术赋能与犯罪进化的螺旋博弈

技术的进步为犯罪治理提供了强有力的工具，但同时也催生了犯罪手段的复杂化和智能化。技术侦查手段的升级并未终结犯罪治理的“猫鼠游戏”，反而催生出更复杂的技术对抗形态。技术赋能的治理效能始终面临“科林格里奇困境”，即技术的犯罪化应用总在犯罪治理认知完成前进行迭代，形成了“治理-逃逸-再治理”的结构。这种螺旋式的博弈关系使得技术赋能与犯罪进化之间的对抗愈发激烈。

（一）犯罪技术的适应性进化

犯罪技术的进化并非简单的工具升级，而是从工具到生态的系统性重构。以分布式存储技术的犯罪应用为例，暗网市场（Genesis Market）曾利用IPFS技术存储用户数字指纹（如鼠标轨迹、击键习惯），这种分片加密技术使得取证工作变得极为复杂和昂贵。这种现象不仅是技术对抗的体现，更是吉登斯“脱域机制”在犯罪领域的映射，犯罪基础设施从物理空间解耦至分布式网络，传统侦查的时空约束性被彻底打破。

与此同时，犯罪组织通过技术手段不断游走于法律制度的间隙。部分平台通过智能合约自动调整利率至法律临界值，利用技术手段规避刑事风险。这种“合法外衣下的实质犯罪”挑战着传统构成要件的解释框架。例如，某些网贷平台表面上符合监管要求，但实际上通过复杂的资金流转和关联账户操作，实施高利贷、非法集资等违法行为。这种合规化犯罪策略不仅增大了执法难度，还暴露了现行法律体系在应对技术驱动型犯罪时的滞后性和局限性。

然而，技术赋能的犯罪进化并非无懈可击。尽管犯罪组织通过频繁的IP地址轮换来延迟封禁，或利用分布式内容网络规避监测，但这些手段的最终效果仍受限于技术本身的局限性与治理能力的不断提升。虽然这些反取证技术增大了取证和追踪的难度，但其效果取决于犯罪分子是否能持续找到新的IP地址。执法机构也在不断改进技术手段，更快地识别和封禁新的IP地址。同样，分布式内容网络的使用虽然可以规避法律限制，但其网络节点和数据传输路径仍可追踪及分析。

（二）螺旋博弈的破局路径

面对技术赋能与犯罪进化的螺旋博弈，治理效能的提升需要从技术与制度两个维度寻求突破。

在技术层面，量子侦查体系和联邦学习取证等新兴技术为治理范式革命提供了新的可能性。量子计算的发展，尤其是其在破解复杂加密算法中的应用，使得以往难以实现的取证工作变得可行。例如，量子计算的强大算力可以在极短的时间内解密现有的加密算法，从而为执法机构提供及时、可靠的证据支持。此外，联邦学习技术使得多方数据共享和跨平台协作成为可能，在保护数据隐私的前提下，有效提升了追踪和取证的效率。例如，联邦学习通过分布式数据处理，可以在不暴露个人数据的情况下完成跨平台的犯罪模式分析，这大大提高了侦查效率和准确性。

在制度层面，全球治理体系的重构势在必行。现有的国际法律框架和协作机制在应对快速变化的技术和犯罪手段时显得力不从心，因此，各国需要通过国际合作和法律创新，建立更加灵活和适应性更强的治理体系。例如，国际组织和区域合作机制正在积极推动数字证据互认的标准化，减少跨境治理中的技术规范性冲突问题。具体而言，各国可以通过制定统一的技术标准和法律框架，确保数字证据在不同司法管辖区之间的互认和有效性。例如，欧盟通过其成员国之间的紧密协作，实现了对跨国犯罪活动的有效打击。与此同时，亚太经合组织在积极推动“数字证据互认框架”的制定，通过标准化区块链存证的互认条件，缓解跨境治理的技术规范性冲突问题。这些国际合作和法律框架的创新不仅有助于缓解技术标准的冲突，还为全球治理体系的整合奠定了基础。

此外，针对新兴技术带来的犯罪挑战，各国还需不断调整和完善现有法律法规，以确保技术的发展与法律的监督同步进行。例如，随着区块链和智能合约技术的普及，相关法律法规需要明确这些新技术在金融犯罪中的法律责任和监管要求。同时，执法机构需要加强对新技术的培训和应用，提高其在新兴技术环境中的执法能力。

## 四、走向“韧性治理”的侦查体系重构

现代社会的犯罪治理已从传统的秩序维护转向风险应对，技术迭代与社会复杂性交织，催生出侦查体系的深刻伦理困境。在此背景下，“韧性治理”并非简单的技术改良，而是社会治理范式的革命性转向。它要求侦查体系在技术理性与人文价值之间构建动态平衡，通过制度韧性、技术批判与认知升维，抵御技术异化对司法正义的侵蚀，最终实现治理生态的可持续性。

### （一）在技术理性与人文价值之间构建韧性框架

算法技术的司法嵌入本质上是福柯笔下“治理术”（Governmentality）的数字化延伸。当算法权力悄然渗透刑事侦查领域时，传统法律框架的“刚性管控”模式已显乏力。构建韧性制度体系的核心在于以程序正义约束技术权力的无序扩张。未来，应当制定“刑事侦查算法应用管理条例”，以回应两个维度的张力：其一，算法透明性不仅是技术伦理问题，更是现代民主制度中“权力可见性”的政治命题。要求公开算法训练数据与参数设置，实为对“认知偏见”的制度性纠偏。若犯罪预测模型的数据源集中于特定社群，可能将统

计学相关性异化为社会歧视的“科学背书”。其二，司法审查程序的引入暗含对“代码即法律”这一技术现实的承认，要通过司法权对算法权力的制衡，避免技术黑箱成为逃避程序正义的“法外之地”。

同时，应当建立技术伦理委员会并强化其职能，需突破“象征性合规”的制度困境。当前伦理审查的失效源于技术专家与人文社科学者的话语权失衡。解决之道在于构建“参与式治理”框架，公安机关的伦理委员会应吸纳人类学家、科学技术研究学者及社区代表，通过“厚描述”方法[①]评估技术应用的社会影响。这就意味着伦理委员会在评估技术应用的社会影响时，不仅要考虑技术本身的功能和效果，还要深入了解技术应用的背景、潜在的社会影响、社区反馈等。这有助于全面而深入地理解技术对社会的影响，从而作出更为公正和全面的评估。具体来说，伦理委员会可以确保在评估过程中涵盖多个视角，确保技术应用不仅在技术层面合规，还在社会层面得到充分考虑和理解。更进一步，可借鉴欧盟《通用数据保护条例》的“数据保护影响评估”机制，建立技术应用的全周期伦理监测体系，使伦理审查从静态审批转向动态调节。

跨境治理的差序化设计需要直面亨廷顿“文明冲突论”的技术投射。共建“一带一路”金融犯罪侦查联盟的构建实质上是调和数据主权与司法协作矛盾的实验性方案。在虚拟货币追踪、电子证据互认等领域，单纯的技术规则移植可能引发法律文化冲突。例如，伊斯兰金融法禁止利息的教义与西方证券监管逻辑的差异，要求采用“法律多元主义”视角，通过“软法”机制实现规则柔性衔接。同时，须警惕“数字殖民主义”风险——技术援助可能异化为数据攫取手段。非洲联盟《网络安全与个人数据保护公约》中“数据本地化”条款的实践表明，唯有在双边协议中嵌入“技术主权对等原则”，方能避免治理合作沦为技术霸权的遮羞布。

### （二）从工具理性到价值理性的范式重构

可解释人工智能的司法嵌入本质上是对“算法认识论”的重构。

① “厚描述”是一个人类学术语，最早由美国人类学家克利福德·吉尔茨（Clifford Geertz）提出。它指的是对一个文化现象或行为进行详细而深入的描述，不仅包括行为本身，还包括行为背后的意义、动机和环境。这种方法试图通过丰富而具体的描述，捕捉文化现象的复杂性和多样性。

传统证据规则建立在“人类经验可验证性”的根基之上，而机器学习模型的不可解释性动摇了这一司法认知范式。解决路径需融合法律解释学与计算科学，借鉴德沃金的“建构性解释”理论，将算法决策转化为法律论证链条。例如，资金异常交易判定模型需输出“特征重要性权重”，使“借款利率超限”等法律要件成为可辩论的司法命题。美国威斯康星州法院对COMPAS再犯评估算法的限制使用案例表明，唯有通过反事实因果检验（如“若无则不”标准[①]），算法结论方能获得司法正当性。

隐私增强技术的应用则暗含治理哲学的深层悖论。“数据可用不可见”的技术承诺实为边沁“圆形监狱”隐喻的当代变体，即便数据不可见，权力主体仍可通过算法推断实现对个体的全景监控。联邦学习与区块链取证的技术民主化愿景可能因模型聚合权的技术寡头垄断而落空。英国“数据信托”制度的启示是由公共机构担任联邦学习协调者，既能降低数据集中风险，又可防止技术权力再集中。零知识证明技术的推广更需配套“技术扫盲”机制，避免数学复杂性导致公众监督能力退化。英国信息专员办公室（ICO）发布的算法审计公众指南为此提供了实践范本。

（三）风险社会中的治理现代性批判

贝克“风险社会”理论的司法投射要求侦查体系从“犯罪打击”转向“风险预防”。构建网贷犯罪“风险热力图”的深层意义在于实现福柯所说的“安全装置”治理转型——权力运作从干预“异常”转向调控“概率”。但是这种前移治理节点的实践可能引发“时间政治”的伦理争议，当监管科技将侦查触角延伸至平台准入阶段时，实为对“未来犯罪”的预先规制，这与无罪推定原则形成张力。更需要警惕的是，风险图谱可能将特定区域污名化为“高风险地带”，加剧空间排斥效应。引入“流动性正义”视角，通过动态权重调整避免治理技术的空间固化，成为平衡安全与公平的关键。

“新文科”侦查人才的培育需要直面知识生产的范式危机。传统侦查学“技术-法律”二元知识结构在技术治理复杂性面前已显贫

① “若无则不”标准是一种法律逻辑标准，用于确定因果关系。简单来说，它意味着如果某件事情没有发生，那么结果也不会发生。在司法系统中，这种标准用于评估证据的因果关系，以确保法律结论的合理性和正当性。

瘠。破解之道在于知识谱系的重构，科技伦理教育不能简单移植西方AI伦理原则，而需与我国“情理法”传统对话。将儒家“恻隐之心”融入人脸识别使用规范，禁止在非紧急情况下对弱势群体进行生物识别，正是伦理在地化转化的典型实践。同时，数字人权教育应超越权利宣示，培养“责任判断能力”，通过模拟算法证据的对抗性质证训练，使侦查人员具有阿伦特“行动理论”中的反思性平衡思维，在技术应用中守护人的主体性和尊严。

（四）技术治理的终极伦理疆界

生物识别技术的伦理危机实为阿甘本“赤裸生命”命题的技术显影，当指纹、虹膜等生物特征沦为可计算的数据流时，人类面临被降格为“数字神圣人”的风险。事实上，生物特征不仅是客观数据，更是“身体意向性”的物质载体，承载着个体独特的生命叙事。欧盟《通用数据保护条例》将生物数据列为“特殊类别数据”的立法智慧，就在于承认这种人格属性。而列维纳斯“他者伦理”的司法转化要求技术系统保留无法被算法还原的“他者性”，当算法建议与侦查人员的伦理直觉相冲突时，“人文否决权”的行使应成为捍卫主体性的最后防线。

算法正义的实现更需要直面南茜·弗雷泽提出的“承认正义”问题。算法偏见不仅是技术缺陷，更是社会群体“承认蔑视”的数字化再现。加拿大“算法影响评估工具”要求政府部门在算法开发中纳入边缘群体代表，这是通过参与式正义打破技术霸权的尝试。在共建“一带一路”侦查合作中，这种批判意识尤为重要。警惕将西方算法模型作为普世标准，借鉴拉丁美洲“解放技术”运动的经验，发展基于南方国家叙事的犯罪预测范式，方能避免技术治理沦为文化殖民的新形式。

“韧性治理”侦查体系的构建本质上是对技术文明走向的哲学应答。它要求我们摒弃工具理性主导的“技术解决主义”，在制度设计中嵌入哈贝马斯的“沟通理性”，在技术应用中践行约纳斯的“责任伦理”。唯有通过持续的批判反思与民主协商，使技术权力始终处于法治与伦理的双重约束之下，侦查体系方能真正成为数字时代正义的守护者，而非“技术利维坦”的共谋者。这不仅是治理能力的升级，更是对人类文明底线的坚守。在算法的精确性与人性的模糊性之间，永远为“不可计算之物”保留敬畏与空间。

## 五、在技术迷宫中寻找法治之光

互联网金融犯罪案件的侦查困境折射出数字时代犯罪治理的元问题：当技术理性不断突破法律程序的解释框架时，人类如何守护司法作为“正义艺术”的本质属性？未来的侦查体系既不能陷入技术万能论的迷思，也不能退回前数字时代的治理窠臼。唯有通过制度创新、技术驯化与人文精神的协同进化，方能在算法权力与法律价值的辩证运动中，开辟出一条通往数字正义的法治之路。这不仅是犯罪治理的技术升级，更是一场关乎数字文明时代人类尊严的保卫战。

# 参考文献


［1］ 安小雪．个人征信业务中数据共享与信息保护问题研究——以百行征信为例［J］．征信，2021，39（5）：44-48．

［2］ 巴曙松，陈博闻，陈洁．去中心化借贷风险管理机制的比较研究［J］．海南金融，2024（11）：64-75．

［3］ 白建军．罪刑均衡实证研究［M］．北京：法律出版社，2004：158-159．

［4］ 蔡慧芳．网站经营者之作为帮助犯责任与中性业务行为理论之适用［J］．东吴法律学报，2006（1）：16．

［5］ 蔡莹，肖炼格．区块链技术在互联网金融营销中的应用与挑战［J］．市场周刊，2024，37（27）：76-79．

［6］ 曹碧娟，黄卯春．面向联盟链的优化PBFT共识算法［J］．信息技术与信息化，2024（10）：139-142．

［7］ 曹丽峰，万季玲，白金龙，等．面向区块链网络的异常检测方法综述［J］．计算机科学，2023，50（6）：1-15．

［8］ 陈佳佳．去中心化共识算法在金融网络防御中的应用［J］．网络安全和信息化，2024（8）：153-155．

［9］ 陈建华．互联网金融风险法律防范研究［J］．应用法学评论，2021（1）：70-82．

［10］ 陈俊秀，林鸿珠．我国刑罚附随后果之体系检视与调适路径［J］．宁夏大学学报（社会科学版），2024，46（4）：109-121．

［11］ 陈如超．电子证据审查判断的模式重塑——从混合型审查到分离型审查［J］．河北法学，2022，40（7）：46-72．

［12］ 陈湘寒．第三方支付对发展银行网络业务的影响［J］．全国流通经济，2024（20）：156-159．

［13］ 陈兴良．刑法谦抑的价值蕴含［J］．现代法学，1996（3）：14-25．

[14] 程雪军. 互联网消费信贷资产证券化的法律规制研究［J］. 经济法论坛，2022，29（2）：97-114.

[15] 崔永存，程雷. 网络时代法庭的概念变迁与形式改造［J］. 人民司法，2021（22）：106-111.

[16] 大谷实. 刑法总论［M］. 黎宏，译. 北京：法律出版社，2003：177.

[17] 党昭. 互联网异步审理方式法理定位论析［J］. 南海法学，2021，5（6）：22-30.

[18] 费尔巴哈. 德国刑法教科书［M］. 徐久生，译. 2版. 北京：中国方正出版社，2010：25-26.

[19] 冯伊蜓. 算法预测性警务的风险辨析及应对［J］. 长治学院学报，2024，41（1）：43-50.

[20] 高超越. 区块链技术对在线平台用户交易决策的影响研究［D］. 哈尔滨：哈尔滨工业大学，2024.

[21] 高枫，冷严，陈菲. 基于反事实文本去偏的多模态情感分析［J］. 陕西师范大学学报（自然科学版），2025，53（1）：81-91.

[22] 高锋志，巴义尔达拉，吴佳颖，等. 检察听证公开机制研究［J］. 中国检察官，2024（17）：77-80.

[23] 高铭暄. 新经济犯罪研究［M］. 北京：中国方正出版社，2000：14.

[24] 高铭暄，马克昌. 刑法学［M］. 3版. 北京：北京大学出版社，2007：39.

[25] 高勇，陈芸. 征信新规下企业征信市场合规监管和持续发展的路径研究——以安徽省芜湖市为例［J］. 金融科技时代，2023，31（6）：10-13；20.

[26] 甘绍平. 应用伦理学前沿问题研究［M］. 南昌：江西人民出版社，2002：112.

[27] 龚懿婷. 金融资产的风险和收益成正比吗？——基于“低风险—高收益”异象的文献综述［J］. 中国外资，2021（13）：52-55.

[28] 顾尧舜. 非银行支付机构反垄断规制措施研究——兼议《非银行支付机构条例（征求意见稿）》［J］. 上海立信会计金融学院学报，2021，33（5）：25-34.

[29] 郭藏龙，张岚，叶晓俊. 网络安全审查中的透明性研究［J］. 通信技术，2018，51（4）：913-918.

[30] 郭华. 证据法学［M］. 2版. 北京：北京师范大学出版社，2023：59.

[31] 郭云飞，吴鹏，杨锦林，等. 基于TSN的5G前传网承载分布式电源业务时延分析［J］. 电力信息与通信技术，2024，22（12）：26-32.

[32] 韩关锋，陈刚．隐私计算在大数据侦查中的应用研究［J］．中国人民公安大学学报（社会科学版），2023，39（4）：60-69.
[33] 何平平，范思媛，黄健钧．互联网金融［M］．2版．北京：清华大学出版社，2023：25.
[34] 何平平，马倚虹，范思媛．大数据金融与征信［M］．2版．北京：清华大学出版社，2022：95.
[35] 何重贺．摩羯智投业务发展的可行性分析［J］．商讯，2022（12）：5-8.
[36] 侯亚郎．互联网金融诈骗犯罪研究［D］．长春：吉林财经大学，2020.
[37] 胡铭．论刑事涉案虚拟货币处置［J］．现代法学，2024，46（6）：102-118.
[38] 胡铭．论数字时代刑事证据的三元结构［J］．中外法学，2025，37（1）：45-64.
[39] 胡巧莉．人工智能服务提供者侵权责任要件的类型构造——以风险区分为视角［J］．比较法研究，2024（6）：57-71.
[40] 胡玉玺，余梦娜．关于产权交易中第三方支付问题的研究［J］．产权导刊，2022（7）：42-46.
[41] 黄健傑，吴弘．数字经济时代个人投资者知情权的保护研究［J］．特区实践与理论，2023（5）：47-54.
[42] 黄荣．去中心化金融DeFi中的创新与风险分析［D］．北京：中央财经大学，2023.
[43] 黄少安，王晓丹．“数字化经济”：基本概念、核心技术和需要注意的问题［J］．山东社会科学，2023（1）：82-88.
[44] 景奎，徐风敏，王柯蕴．生成式人工智能传播风险：理论内涵、形成机理与治理策略［J］．西安交通大学学报（社会科学版），2025（1）：12.
[45] 赖志茂，冯聪，廖广军．可视身份深度伪造诈骗犯罪的机理分析及防御策略研究［J］．公安研究，2025（2）：80-90.
[46] 李昂．由监管制度演进看《互联网保险业务监管办法》［J］．当代金融家，2021（3）：88-90.
[47] 李晶．浅谈刑事立案制度中的侦查启动程序［J］．学习月刊，2011（22）：40.
[48] 李兰英，等．网络金融犯罪的刑事治理研究［M］．厦门：厦门大学出版社，2021：12.
[49] 李兰英，孙亚．新型网络金融犯罪问题研究［M］．厦门：厦门大学出版社，2021：4.
[50] 李里涓子．第三方支付业务风险防范法律问题研究［D］．长沙：湖南大

学，2012.

[51] 李麒，班艺源. 网络犯罪技术事实认定的认知考察与完善——以裁判文书网507份判决书为样本［J］. 广西大学学报（哲学社会科学版），2025（1）：132-141.

[52] 李蕊佚. 论行政机关辅助合宪性审查的职能［J］. 法学家，2022（6）：46-59；192.

[53] 李文吉. P2P网络借贷平台异化的刑法教义学分析——以《网络借贷信息中介机构业务活动管理暂行办法》为分析对象［J］. 苏州大学学报（法学版），2020，7（1）：106-120.

[54] 李学尧. 人工智能立法的动态演化框架与制度设计［J］. 法律科学（西北政法大学学报），2025（3）：32-44.

[55] 李怡庆，李卫东. 虚拟数字人：万物互联网的新物种［J］. 融媒，2024（4）：17-21.

[56] 李钰彬，覃泽敏. 元宇宙空间犯罪的规制逻辑、风险识别与应对理路［J］. 治安学研究，2024（2）：59-83.

[57] 李韵，李皎. "算法革命"背景下数字帝国主义的政治经济学批判［J］. 教学与研究，2023（12）：73-84.

[58] 廖汉文，程小白. 洗钱犯罪治理面临的问题及完善对策研究［J］. 江西警察学院学报，2023（6）：34-40.

[59] 廖雪彤. 互联网金融发展的中国模式与金融创新研究［J］. 投资与合作，2022（1）：1-2.

[60] 林筱珊. 大数据环境下互联网金融风险管理思考［J］. 投资与合作，2024（7）：10-12.

[61] 刘慧萍，刘勇. 检察机关技术调查官制度的构建［J］. 人民检察，2023（11）：34-36.

[62] 刘建华. 网络陷阱与数据侦查［M］. 武汉：武汉大学出版社，2020：270.

[63] 刘凯，王佳鑫，毛谦昂，等. 区块链游戏生态的角色动态识别与演化分析——以 Axie Infinity 为例［J］. 应用科学学报，2024，42（4）：642-658.

[64] 刘科弟. 马科维茨理论构造投资组合［J］. 现代商业，2018（36）：44-45.

[65] 刘仁文. 网络犯罪的司法面孔［M］. 北京：中国社会科学出版社，2021：386-388.

[66] 刘伟. 经济刑法规范适用原论［M］. 北京：法律出版社，2012：82.

[67] 刘艳红. 刑法学总论［M］. 北京：中国人民大学出版社，2025：332.
[68] 刘永安. 人工智能赋能循环经济的伦理问题与对策［J］. 合作经济与科技，2025（8）：36-38.
[69] 刘颖聪. 互联网金融发展的中国模式与金融创新［J］. 市场瞭望，2025（1）：19-21.
[70] 刘宇琪，秦宗文. 刑事证明中的预测性算法证据研究［J］. 中国人民公安大学学报（社会科学版），2024，40（1）：75-88.
[71] 刘玉江. 刑事立案意义的消解与制度重构［J］. 江苏警官学院学报，2009，24（3）：9-15.
[72] 刘志强. 论大数据侦查与人权保障规范体系重构［J］. 学术界，2021（8）：165-174.
[73] 卢建平，刘嘉. 虚拟货币洗钱犯罪的治理方案——基于风险视角的分析［J］. 北京社会科学，2025（2）：105-116.
[74] 吕雪梅，徐志香. 大数据驱动的犯罪治理模式的现实困境与破解路径［J］. 北京警察学院学报，2021（4）：72-77.
[75] 马方，唐娜. 社会安全风险视域下预测性侦查的风险与多元治理［J］. 兰州学刊，2023（11）：87-100.
[76] 马蔚华. 互联网金融颠覆不了银行！［J］. 经理人，2014（10）：64-65.
[77] 马云. 金融行业需要搅局者［N］. 人民日报，2013-06-21（10）.
[78] 毛煜焕. 修复性刑事责任的价值与实现［M］. 北京：法律出版社，2016：89.
[79] 欧纯智，贾康，张晓. 平台存在的意义在于促进更广泛的低成本交易——我国平台经济的反思与前瞻［J］. 上海商学院学报，2025，26（1）：31-44.
[80] 潘楚婷，张国普. 互联网金融发展的中国模式及金融创新探析［J］. 辽宁经济，2019（7）：22-23.
[81] 潘金贵. 证据运用实务教程［M］. 北京：法律出版社，2023：270-278.
[82] 潘金贵. 数字时代刑事证据运用的风险及其规制——以算法证据为分析视角［J］. 法治研究，2024（6）：26-42.
[83] 彭贵才，娄金炜. 跨部门协同法治化：定位、困境与进路［J］. 青海民族大学学报（社会科学版），2021，47（4）：118-126.
[84] 彭文华. 我国刑法制裁体系的反思与完善［J］. 中国法学，2022（2）：124-143.
[85] 齐爱民，倪达. 元宇宙虚拟法庭的提出及其法律机制［J］. 上海政法学院学报（法治论丛），2023，38（2）：58-72.

[86] 齐恩平. 大数据侵权证明责任分配：法治化国家治理视角下的完善策略［J］. 理论与现代化，2024（6）：36-50.

[87] 邱耕田，强竞丹. 人工智能时代的新科技革命：特点、风险和应对［J］. 阅江学刊，2024，16（4）：5-14；170.

[88] 曲艺奇. 刑事证人在线出庭作证制度研究［J］. 西部学刊，2025（4）：104-107.

[89] 库雨欣，张迪. 论元宇宙虚拟法庭最佳证据规则的适用完善［J］. 市场周刊，2024，37（13）：154-157.

[90] 沈伟. 元宇宙金融：全新场景与风险监管［J］. 上海师范大学学报（哲学社会科学版），2025，54（1）：71-84.

[91] 时延安. 刑事一体化与刑事法学的一体化［J］. 中国刑事法杂志，2024（1）：40-55.

[92] 苏俊雄. 经济犯在刑法概念上的基本问题［J］. 刑事法杂志，1995（6）：273-288.

[93] 苏新建，沈运峰. 算法共谋主观联系标准构建：从主体依赖性迈向算法交互性［J］. 浙江社会科学，2024（12）：36-49；156.

[94] 孙道萃. 反思刑法保障法［J］. 国家检察官学院学报，2012（5）：86-90.

[95] 孙道萃. 我国轻刑体系的反思与完善［J］. 环球法律评论，2025，47（1）：24-42.

[96] 孙全胜. 人工智能的机器学习助力数字法治政府建设的机理、挑战与路径［J］. 学术交流，2023（12）：17-33.

[97] 孙其华. 算法时代的预测性警务：实践样态、多重风险与规制路径［J］. 河南警察学院学报，2025（3）：99-107.

[98] 孙欣祺. 人民日报：区块链技术创新不等于炒作虚拟货币［EB/OL］.（2019-10-28）［2025-05-16］. https：//www.whb.cn/zhuzhan/rd/20191028/297623.html.

[99] 孙喆玥. 互联网平台自治的风险与法律规制［D］. 长春：吉林大学，2024.

[100] 涂龙科. 经济刑法规范特性研究［M］. 上海：上海社会科学院出版社，2012：38.

[101] 万国海. 罪刑法定之“法”应当涵盖非刑事法律［J］. 扬州大学学报，2007（5）：105.

[102] 万季玲，曹利峰，白金龙，等. 面向区块链网络的异常检测方法综述［J］. 计算机工程与应用，2025（13）：78-99.

[103] 王帆，权军庆．我国P2P网贷平台风险管理研究——基于拍拍贷和陆金所的对比分析［J］．征信，2017，35（9）：57-61.
[104] 王斐民，郭辉．股权众筹投资者适当性的法律问题与制度塑造——兼评《私募股权众筹融资管理办法（试行）（征求意见稿）》的相关规定［J］．经济法学评论，2015，15（1）：229-242.
[105] 王佳宁．刑法中居间介绍行为的定性研究［D］．石家庄：河北经贸大学，2024.
[106] 王嘉贤．论信息时代的警务数据开放制度［J］．公安学研究，2021，4（2）：34-50；123.
[107] 王婧．新一轮科技革命的发展特征、影响及举措建议［J］．发展研究，2025，42（2）：25-29.
[108] 王君权．《非银行支付机构网络支付业务管理办法》述评［J］．吉林金融研究，2016（2）：73-76.
[109] 王立梅，刘浩阳．电子数据取证基础研究［M］．北京：中国政法大学出版社，2016：70.
[110] 王洛忠，徐成铭．跨部门协同：我国智慧城市治理的运作机制与实践路径［J］．北京师范大学学报（社会科学版），2024（6）：146-156.
[111] 王宁．电子数据的相关性问题研究［M］．武汉：武汉大学出版社，2021：232.
[112] 王燃．大数据时代侦查模式的变革及其法律问题研究［J］．法制与社会发展，2018，24（5）：110-129.
[113] 王生安．情报信息导向警务模式的实践与思考［J］．中国人民公安大学学报（社会科学版），2006（4）：90-94.
[114] 王晓杰，乔顺利．产业化犯罪中侦查阵地网络化控制体系的构建［J］．湖南警察学院学报，2024，36（2）：100-109.
[115] 王晓伟，郑瑶．人工智能背景下的犯罪演进及其侦查应对［J］．中国人民公安大学学报（社会科学版），2024，40（6）：1-7.
[116] 王烨，孟天广．横向权力结构与地方政府回应性：分职与协同［J］．学术月刊，2024，56（2）：103-114.
[117] 王昭莹，魏明怡，余宗建．P2P爆雷后投资者投资意愿影响因素的实证研究［J］．中国市场，2021（5）：1-5.
[118] 王振生．保安处分在你我国的法律命运［J］．河北法学，2007（8）：94.
[119] 王正位，王新程，廖理．信任与欺骗：投资者为什么陷入庞氏骗局？——来自e租宝88.9万名投资者的经验证据［J］．金融研究，2019（8）：96-112.

[120] 王仲羊. 监控类技术侦查的范围界定与规范完善——论《刑事诉讼法》再修改 [J]. 法治研究, 2024 (5): 119-132.

[121] 武娟. 基于中国模式和金融创新形势下互联网金融的发展 [J]. 商展经济, 2020 (8): 19-21.

[122] 武振国. 人工智能辅助仲裁庭审阅证据的可控性研究 [J]. 上海对外经贸大学学报, 2025, 32 (2): 85-95.

[123] 吴超祥, 陈玉祥, 谢文峰. 基于5G NWDAF实时构建用户画像防范电信诈骗方案的研究 [J]. 中国战略新兴产业, 2024 (35): 67-69.

[124] 肖翔, 邵睿. 宪法原则适用界限的法律行为合宪性视角分析 [J]. 文化学刊, 2025 (2): 170-173.

[125] 谢登科, 裴炜, 品新, 等. 电子证据的法治化路径 [J]. 数字法治, 2024 (4): 6-27.

[126] 谢黎伟. 产品众筹的风险分析与法律规制 [J]. 石河子大学学报(哲学社会科学版), 2024, 38 (1): 64-72.

[127] 谢澍. 刑事诉讼构造之理论传承与知识延拓——以认知科学为视角 [J]. 政治与法律, 2022 (2): 128-141.

[128] 邢会强. 国务院金融稳定发展委员会的目标定位与职能完善——以金融法中的"三足定理"为视角 [J]. 法学评论, 2018, 36 (3): 88-98.

[129] 邢璐璐. 数字经济对制造业绿色发展的影响 [J]. 大众投资指南, 2024 (16): 25-27.

[130] 徐建刚.《民法典》第1032条(隐私权)评注 [J]. 中国应用法学, 2023 (2): 181-194.

[131] 徐松林. 保安处分及我国刑法制度的完善 [J]. 现代法学, 2001 (4): 132.

[132] 徐松林. 非法经营罪合理性质疑 [J]. 现代法学, 2003 (6): 88-90.

[133] 徐昕, 赵震翔. 西方网络银行的发展模式及启示 [J]. 国际金融研究, 2000 (5): 70-73.

[134] 许行舟. 产业数字化转型对我国经济高质量发展的影响研究 [J]. 经营与管理, 2025 (3): 232-240.

[135] 雅科布斯. 规范·人格体·社会 [M]. 冯军, 译. 北京: 法律出版社, 2001.

[136] 严佳灵, 刘春玲. 德国预测警务中个人数据自动化处理的法律风险及其规制 [J]. 公安教育, 2024 (6): 73-77.

[137] 晏亭."断直连"后时代: 网联平台可持续发展问题研究 [J]. 湖北经济学院学报(人文社会科学版), 2019, 16 (7): 79-82.

［138］ 杨幸芳. 论区块链存证真实性审查［J］. 中国应用法学，2023（3）：175-182.
［139］ 姚建涛. 刑事诉讼法理论与实务［M］. 2版. 武汉：武汉大学出版社，2021：168.
［140］ 姚石京，于宝华. 刑事立案制度的“是”与“非”［J］. 华东政法大学学报，2008（5）：88-93.
［141］ 叶良芳. 为风险刑法理论辩护［J］. 四川大学学报（哲学社会科学版），2022（4）：149-160.
［142］ 佚名. 招行“一网通”支付正式上线［J］. 商周刊，2016（11）：58.
［143］ 佚名. 国务院金融稳定发展委员会成立［J］. 中国总会计师，2017（12）：10.
［144］ 俞亮，张驰. 加密货币洗钱犯罪治理［J］. 公安研究，2025（1）：56-65.
［145］ 俞小海. P2P网络借贷平台的刑事责任问题研究［J］. 汕头大学学报（人文社会科学版），2015，31（5）：61-67.
［146］ 袁彬. 刑法与相关部门法的关系模式及其反思［J］. 中南大学学报（社会科学版），2015（1）：45.
［147］ 袁洋. 数字经济时代算法侵权责任的理论变革与制度因应：面向风险责任理论的讨论［J］. 中州学刊，2025（3）：66-73.
［148］ 袁毅. 中国众筹的概念、类型及特征［J］. 河北学刊，2016，36（2）：133-137.
［149］ 曾根威彦. 刑法学基础［M］. 黎宏，译. 北京：法律出版社，2005：214.
［150］ 曾源，邹家荣，宦小答. 预防网贷诈骗及有效取证的对策研究［J］. 产业与科技论坛，2023，22（6）：30-32.
［151］ 张博雯. 人工智能辅助刑事诉讼决策的正当性及风险消解——以量刑辅助系统为视角［J］. 北京警察学院学报，2024（6）：23-31.
［152］ 张迪. 数字时代犯罪数额证明体系反思与重释［J］. 法学，2025（1）：140-156.
［153］ 张海鹏. 去中心化自治组织法律性质的解释论与立法论［J］. 东方法学，2024（6）：111-121.
［154］ 张君逸，赵培培，梁松，等. 基于跨主体交互和多尺度时间增强的行为识别方法［J］. 计算机应用研究，2025（1）：1-10.
［155］ 张可法. 个人金融信息私法保护的困境与出路［J］. 西北民族大学学报（哲学社会科学版），2019（2）：91-97.

[156] 张明楷．刑法在法律体系中的地位——兼论刑法的补充性与法律体系的概念［J］．法学研究，1994（6）：50-56.
[157] 张明楷．行政刑法辨析［J］．中国社会科学，1995（3）：95-97.
[158] 张明楷．外国刑法纲要［M］．2版．北京：清华大学出版社，2007：7.
[159] 张明楷．行政违法加重犯初探［J］．中国法学，2007（6）：62-77.
[160] 张明楷．刑法学（上）［M］．6版．北京：法律出版社，2021：820.
[161] 张伟．中立帮助行为探微［J］．中国刑事法杂志，2010（5）：23-29.
[162] 张卫，张硕．"互联网＋慈善"新模式：内在逻辑、多重困境与对策［J］．现代经济探讨，2021（11）：91-97.
[163] 张璇，张宇琼，王诗颖．大湾区检察听证机制完善路径考量［J］．中国检察官，2025（1）：73-76.
[164] 张正平，胡夏露．网贷平台：国际发展与中国实践［J］．北京工商大学学报（社会科学版），2013，3（2）：87.
[165] 张梓弦．基于领域性支配的保证人义务：反思与重塑［J］．中国法学，2024（6）：226-244.
[166] 赵丽君．智能合约的应用风险及法律规制［J］．理论观察，2024（11）：139-143.
[167] 赵文靖，李佩霖．技术调查官制度的内在逻辑与整体建构［J］．中国石油大学学报（社会科学版），2024，40（4）：40-46.
[168] 赵祖斌．生成式人工智能对个人信息保护的冲击及纾解——基于侦查场景的分析［J］．情报杂志，2024，43（11）：174-180.
[169] 赵祖斌．在合理范围内处理：大数据侦查中个人信息保护与利用的平衡［J］．中国海商法研究，2025（1）：56-65.
[170] 郑通．回报型众筹中的合同关系类型分析——兼评沈志强诉奇酷、京东产品销售者责任纠纷案［J］．厦门大学法律评论，2020（1）：206-217.
[171] 钟维．智能投顾规制：传统框架如何与智能金融业态契合［J］．法学论坛，2024，39（6）：52-62.
[172] 周光友．互联网金融［M］．2版．北京：北京大学出版社，2022：262.
[173] 周乐．政府数据开放共享平台建构中的边缘计算风险及其多元规制［J］．交大法学，2025（2）：78-89.
[174] 周祥为．智能DNS技术在金融分布式系统中的应用研究［J］．金融科技时代，2024，32（12）：6-9；13.
[175] 朱良．我国刑事立案制度的发展轨迹与未来展望［J］．河北法学，2021，39（12）：106-122.
[176] 朱良．论刑事立案标准的三重意蕴［J］．贵州社会科学，2022（3）：

96–104.

[177] 诸悦. 前车之鉴：美国版余额宝PayPal的倒掉［J］. 大众理财顾问，2014（1）：66.

[178] 自正法. 刑事电子证据的审查：学理基础、实践样态与模式选择［J］. 政法论坛，2023，41（2）：157–168.

[179] ANGWIN J，LARSON J，MATTU S，et al. How we analyzed the COMPAS recidivism algorithm［EB/OL］.（2016–05–23）［2025–05–19］. https：//www.propublica.org/article/how–we–analyzed–the–compas–recidivism–algorithm.

[180] ANSELL C，GASH A. Collaborative governance in theory and practice［J］. Journal of Public Administration Research and Theory，2008，18（4）：543–571.

[181] AUGUSTINE S. Confessions［M］. Oxford：Oxford University Press，1991.

[182] BACH F. Differential privacy and noisy confidentiality concepts for European population statistics［J］. Journal of Survey Statistics and Methodology，2022，10（3）：642–687.

[183] BARTOLETTI M，CARTA S，LANDE S，et al. Dissecting DeFi protocols：a case study of Uniswap［M］// ZOHAR A，EYAL I，TEAGUE V. Financial cryptography and data security. Berlin：Springer，2019：486–506.

[184] BOURDIEU P. Language and symbolic power［M］. Cambridge，MA：Harvard University Press，1991.

[185] WALKER C. Digital evidence and computer crime：forensic science，computers，and the Internet［J］. Crime Prevention and Community Safety，2001，3（1）：87–88.

[186] CHEN J，XU H，LIU Z. Blockchain technology for cross–border evidence collection［J］. Journal of Law and Technology，2023，12（3）：275–298.

[187] DWORK C，MCSHERRY F，NISSIM K，et al. The algorithmic foundations of differential privacy［M］. Hanover，MA：Now Publishers Inc，2014.

[188] FINCK M. Blockchain regulation and governance in Europe［M］. Cambridge：Cambridge University Press，2021.

[189] GRANGER C W J. Investigating causal relations by econometric models and cross–spectral methods［J］. Econometrica，1969，37（3）：424–438.

[190] HABERMAS J. Between facts and norms：contributions to a discourse theory of law and democracy［M］. Cambridge，MA：MIT Press，1996.

[191] HARDIN G. The tragedy of the commons［J］. Science，1968，162（3859）：1243–1248.

[192] HASSAN U S, ABDULKADIR J S, ZAHID M S M, et al. Local interpretable model-agnostic explanation approach for medical imaging analysis: A systematic literature review [J]. Computers in Biology and Medicine, 2025, 185 (2): 1-30.

[193] HIGGINS G E. Cybercrime: an introduction to an emerging phenomenon [M]. Columbus: McGraw-Hill, 2010.

[194] LESSIG L. Code and other laws of cyberspace [M]. New York: Basic Books, 1999.

[195] OSTROM E. Governing the commons: The evolution of institutions for collective action [M]. Cambridge: Cambridge University Press, 1990.

# 索引

# 后记

本书初稿完成之际，正是法大校园银杏泛黄的季节，金黄的叶片在风中打着旋儿落下，像极了我这些年跌跌撞撞的足迹。我在主楼下呆立片刻，恍惚间，许多往事涌上心头。感谢自己在每一次崩溃后都能重新站起来，那些被时间碾碎又重新拼凑起来的日子，如今竟显得格外温柔。

在我这个年纪，大多数同龄人早已在学术道路上纵马驰骋，而我却依然为每一篇论文的发表辗转难眠，内心不免有些失落和自卑。所以，我很羞愧于与自己的老师联系，总觉得自己是同门中最笨的一个，也常责备自己为何无法写出满意的作品。然而，老师对我始终宽容，他说："不管你有没有显眼的成就，只要你有健康的身心，我就很高兴。"他的每一句鼓励，我都深深铭记在心。

我想郑重地与过去的自己告别。这些年来，我始终忙碌，假装一切未曾改变，仿佛什么都没有发生。事实上，我不过是在逃避，像鸵鸟一样躲进自欺的世界，不愿直面生活的真相。许多事情，或许早该放下，可我却固执地停留在原地，迟迟不愿迈出下一步。我们每个人都可能被困在自己所认定的"真相"里，彼此误解，但我依然愿意相信美好，也希望阅读本书的你能一切顺利。

感谢我的朋友们，每当我要放弃时你们对我的鼓励都那么重要，我摇摇欲坠时，被那么多人的善意托住。感谢所有让我既崩溃又成长的岁月，像经年累月的雨水，最终将所有沟壑雕刻成风景。

时光镌刻了过去，蹉跎了我，也为我开启了全新的生活！

**著　者**

2025 年 5 月